都市社區工作
生活質素改善

Urban Community Work Practice:
Quality of Living Improvement

姚瀛志◎著

區　序

　　《都市社區工作》的作者姚瀛志先生，是我在台灣天主教輔仁大學讀書時的學弟。現今數算起來，已是三十多年以前的事了。那時的澳門仍處於上世紀七十年代末的時刻，四處保留著濃厚的小城風情。隨著澳門的回歸，政治的大轉折，賭權的開放促使經濟發展突飛猛進。各項博彩設施的出現，也帶動多種類型建築物的林立，在不同的區域內逐步出現。樓宇單位的設計，和管理制度的設立，在有意無意間爲居住在同一幢大廈內，以及同一社區內的個別市民和家庭，營造出現代化城市中，人與人之間，家與家之間的隔閡。各種形形色色的社會問題叢生。而社區工作屬於社會工作三大服務手法之一的專業服務模式，亦隨之逐漸廣泛地被各個地區組織、社團和機構等採用，每有績效。

　　瀛志學弟2000年到濠江服務，爲澳門社會工作專業教育作出貢獻，自千禧年至今，須臾已是近二十年的光景。瀛志學弟對澳門特區的一切人事物，已增添了一層一層的關心，一重一重的關愛。培育了多少屆的澳門社工畢業生，督導過多少名在民間、在政府機構內的社工實習生？參與了、帶動了多少個社區工作的服務計畫？爲澳門特區的發展作出了多少的貢獻？他未嘗計算，但卻繼續爲澳門耕耘！這些點點滴滴，都成了瀛志學弟爲澳門社區工作專業發展的志業。而這本《都市社區工作》正是他的志業佳作。盼望他能藉此讓澳門有志於社區工作的人士，對專業的社區工作服務有著正確的認識，並獲得啓

發，將澳門社區工作的服務模式，爲生活於社區內的每一個家庭獲享
幸福的滋味！

澳門特別行政區社會工作局副局長

區志強

2017於濠江

陳 序

　　一直以來，社區工作是社會工作主要而有效的工作手法之一。透過宏觀的視覺和介入手法，既推動居民的參與、成長和發展，又能促進社區內在及外在環境的改變。在云云社區領域之中，都市社區無疑是重要的一個。現代的都市社區受全球化和地域環境諸種因素的互動而急劇變化，從而產生不少社區互動、需要和問題，進而影響居民的生活質素和福祉。這些需要和問題都亟待政府、民間組織及社工專業的關心和回應。可是，現時社工專業對此領域的研究及實踐不足，有關的學術著作更是缺乏。姚老師新著的《都市社區工作——生活質素改善》一書，嘗試以社區工作的角度，檢視現代都市的特性、功能、需要和問題，並提出回應都市社區需要的介入方法和應用技巧。

　　這專著不單有效回應社會的需要，亦推動了社會工作專業在理論和實務上的持續發展。姚老師有豐富的社區工作及社工教育的經驗，近年來筆耕不斷，繼續在社區工作教學、研究和著述方面付出不少心血。這專著的出版，正好為政府、民間組織、社會福利機構、社會工作專業界別在都市社區工作提供了很豐富的知識，值得細閱和參考。

陳根錦 副教授

2017年秋

自　序

　　社區工作被美國社會工作人員專業協會認定為社會工作三大技巧已有半世紀，它強調以社區為本，直接接觸居民，發掘及組織居民去爭取合理權益，此為其獨特的工作方法。隨著社會發展，社區問題錯綜複雜，居民所受的影響不可忽視。社區工作的工作方法需要與社會變化作出同步調整，建立合適當前社會形勢的社區工作手法，使其功能與社區發展相配合，協助居民解決因社會發生轉變導致的民生問題，減輕對生活的影響，使其百姓安居樂業。

　　都市蘊藏各類問題，當中不少是需要群體的力量才能將問題以正面解決方向處理。社區工作具極大的靈活度與深入度，對社會上出現的問題可作出靈活介入提供協助，透過專業技巧深入瞭解居民情況，組織居民表達他們的意見，讓社會發展有序進行，是協助居民解決社會問題非常有效的技巧。

　　現今的城市結構轉變迅速，都市化所衍生的問題日漸明顯，應用社區工作需要在工作技巧與特質有新的思維，以回應社會的需要及專業上的持續性發展。本書主要從現代都市的特性、都市問題、都市功能角度，配合社區工作的獨特性，闡說社區工作在都市環境的靈活技巧。

　　本書共分為十二章，第一章至第四章主要介紹都市的特質與社區工作之關係，包含都市定義、都市功能、都市問題。深入介紹社區工作在都市發展的融合作用及專業運用，並以現今都市常見的問題為例，提出都市社區工作的工作特性。其中第三章以都市更新的議題，論述社區工作在都市更新推展工作的重要性，如何以居民的特性推展組織工作。社區工作在未來都市的工作方向，第四章根據社會政策與社區規劃、都市重建、樓宇維修與管理問題，以及一般社區服務需求等角度進行介紹。

第五章至第七章是以居民為本運用不同理論分析居民行為，透過理論與實務相互關係，說明如何將理論結合運用在實務情境。介紹已被廣泛接納成為特有工作模式的社區工作的直接介入法與非直接介入法、羅夫曼（J. Rothman）的三方向模式等概念。本書第六章針對都市居民不同特性的介紹，將四類群眾帶領模式及組織工作四個推展階段進行闡述。第七章主要以社區工作員在推展組織工作前階段常遇上的問題作深入說明，包括觀念的困惑、解開社區問題迷思、為未來組織居民方向的探索等。

第八章至第十一章以啟動居民組織工作所涉及的事宜為主體，包括建立組織工作平台、發展組織行動。第九章主要介紹組織行動過程，及社區工作員經常應用調查收集資料的方法，並闡述各種資料分析及建議的方向。

會議及調解是社區工作員在組織過程中不可或缺的工作，帶領居民會議及進行調解在第十章有深入說明。第十一章是有關專業社會工作員必須掌握的報告撰寫工作，內容涉及各類社區工作的報告及書信說明，包括組織工作行動時所需要的會議報告、分析報告、招標報告、請願信、新聞稿等，使報告的形式、內容、技巧及要求有較全面的解構。

最後第十二章選取了社區工作在不同情境、不同議題、不同階段、不同時間但相同目標的九個實例作說明，讓讀者明白社區工作的持續性、變異性、功能性等居民組織工作的特質。

　　都市社區工作涉及不少具爭議的議題，政治與民生往往是相互影響，互相推進，相對相阻，造成社會工作員面對社區及個人的壓力與挫折。本書嘗試從都市與社區工作的角度介紹相關關係，但難免有所疏漏，希望各專家、學者給予指教。

　　在此，對於激勵本人提筆撰寫本書的同事在此致謝。另外還感謝為本書提供案例的同工葉敏芝小姐、周偉華小姐、余世康先生、程嘉樂小姐、吳錦濤先生、陳麗婷小姐、梁芝欣小姐、陳雅玲小姐、岑麗嫦小姐、余佐明先生、莊梅芬小姐、黎曉霖小姐、譚嘉瑜小姐、吳惠娟小姐、施偉強先生及陳思嘉小姐（排名不分先後）。特別感謝林苑女士為本書提供不少的指導，並感謝區志強學長和陳根錦教授為本人提序。

姚瀛志

2017年於澳門理工學院

目　錄

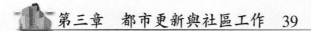

第一章

都市社區工作

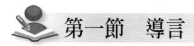 第一節　導言

　　社區工作的專業發展，日漸趨向精益求精以迎合社區的進步。它的理念與技巧漸漸地廣泛被社會服務所應用，發展出各類不同的社區工作服務。以居民為主的社區工作，在面對都市化的發展，社區工作員開展了都市形式的社區工作，它與過往一般的社區工作不同，特點是針對社會都市發展所帶來的轉變，在市區內以教育式、倡導式及組織式等不同手法，推展與社區發展有關的服務。它的本質仍是沿用社區工作理念與技巧，但運用較之鄉郊區及農村地區社區工作有更多更新穎的技巧。都市社區工作主要以預防及矯治社區問題，目的是使居民生活質素改善，促進社區和諧融入社會發展。

　　都市社區工作是回應複雜的都市人口結構、社會政策、居民生活期望、社會發展需求等。在特定地域為不同階層的人士提供切實的服務。它已發展成一套多元化的服務技巧及運用在社區中心、專案的鄰舍服務中心等。它與其他服務領域的社區服務不同之處，它只有特定的服務區域，區域內的所有居民，是它的服務對象，其服務理念沒有特定的服務會員，並不如精神復康、家庭暴力、長者社區護理等。它的重點是整體受到社會發展、社會問題、政府政策等影響的區域。Kevin Lynch（林慶怡、陳朝暉、鄧華譯，2001：28）指出，城市是由許多不同的群體來建設及維護：家庭、工商企業、政府機關、投資者，由於每個群體有自己的利益，所以決策過程是間斷和重複，處於一種討價還價的狀態，其中一部份群體起著主導作用，其餘的則只有服從主導者。

　　Hall（1992）認為移民都市的發展，特色是很多時候移民因遠離主流社會生活以及主流經濟活動，處於缺乏好的工作機會、好的教

育、家庭破碎等漩渦，產生的社會問題是貧窮者過度集中，形成被社會區隔在都市中的貧窮之島。現今社會工作的個案工作、小組工作及社區工作等技巧需要運用在服務使用者身上，尤以社區工作者為甚。在繁忙的都市，人們忙於為生活拚命工作，工作壓力較農村及郊區的生活為大，一般都市居民所居住的地方，較鄉郊區狹窄，社區環境不同，對社會服務需求不一樣，在都市的社區工作者要隨著居民需求的特性，以社區工作專業的方法為都市居民提供適合的服務。

回望香港社區工作策略的發展，香港政府因應都市發展的需要，在各地區展開各類型的鄰舍式工作隊，遠於1998年已展開綜合鄰舍計畫（Integrated Neighbourhood Project），發展到1999年已有六隊服務隊伍，到了2001年增加到十二隊。香港政府的屋宇署也設立駐屋宇署支援服務隊，2008年共有八隊。除此之外，針對社區重建工作，香港政府在2001年建立了市區重建的機構（市區重建局）取代之前土地發展公司，並設立與市區重建有關的社區工作隊，在2007年已有七隊的社會工作人員團隊在所屬社區提供服務。

社區工作會被引用在各地區針對特定的對象提供服務，舉例，天水圍房屋諮詢及服務隊，專為天水圍準公屋居民提供服務。根據香港政府社會福利署2016年，網上資料顯示，以地區方式推展的服務中心包括：殘疾人士社區支援計畫、長者地區中心、長者鄰舍中心、社區照顧服務隊、日間社區康復中心、精神健康綜合社區中心、社區精神健康協作計畫、社區精神健康照顧服務、提供青少年社區支援服務計畫、長者社區中心等。

現代都市社區工作不再是僅僅為改善基本生活需要，還要顧及社會變化所產生的問題而作出靈活應變。隨著科技發展，生活水平提高，社區工作必須邁向為居民應對社區環境整體變化提供服務。

第二節　都市社區工作概念

　　鄉村社區的定義和劃分是以一個村落可被視為一個社區，人口稀少，鄰舍群體，社區與社區相互距離較遠。都市人口密集，區域可能只是一街之隔。台灣台北的三重市、香港的西環、中國的深圳南山、澳門的北區，每個區域人口有多有少，前述的城市均超越十萬人，區與區只是一街之隔。不同政府對劃分區域服務有不同的策略，八〇年代香港社會福利署對社區服務規劃，是在十萬人口的地區設立一個社區中心，中心內設有該地區所需的不同服務，五萬人口的區域設立一個社區會堂，甚至會在特定三千至一萬五千人的發展區域設鄰舍層面發展計畫，或綜合服務隊，政府劃分區域同時會考量社會整體政治經濟發展的需要。

　　都市發展的持續與社會問題的輕重息息相關，如**圖1-1**所示，社會問題與都市發展的關係，社會的發展必將加大社區問題，嚴重轉化為政治問題會直接影響都市發展政策的施行，降低都市持續發展能力。要維持都市持續發展能力，就要降低社區問題對社會發展的影響。

　　政府需要針對都市的特性、特質、發展所衍生的問題作為社區工作規劃的主要考慮因素，如政府以更替舊樓宇問題推展社區為本的重建服務時，也要安排地區的服務隊以地區發展會引發的問題推展出合適的社區支援計畫。社區工作應用是高度靈活、最能切合社區上出現各類問題而發展新的社區工作服務。

一、都市社區

　　「都市」一詞有學者以城市（city）（饒本忠，2008）稱之，也有

4

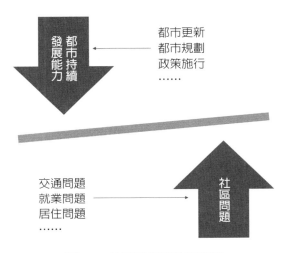

圖1-1　社區工作與社會發展

學者稱之為都市（urban）（Enserink & Koppenjan, 2007; Hall, 1992）。白秀雄將都市稱之為都市社區（urban community）（社會工作辭典編審委員會，2000）。饒本忠（2008：26）指出，城市化是鄉村人口向城市轉移，以及人類的生產生活方式由鄉村型轉向城市型的一種複雜的歷史過程，人口轉移的都市化。Hall（1992）認為都會區的成長和變遷，是人口移動所致，美國戰後的人口移動，一方面是黑人從南部鄉村地區遷到北部城市；另一方面是白人從都會區中心城市遷往郊區。白秀雄（社會工作辭典編審委員會，2000：597-598）認為都市社區的定義是人類社區類型的一種，居民大部份從事非農業活動，這是它有別於農村社區之主要特徵。另外，鄉城社區彼此之間也各有不同，包括管治、人口、財富、職業活動、衛生、教育設備、娛樂活動及其他社會活動等。都市社區可以理解為是一個集中了有限地域內人口的集團，在法律上具有社團法人的地位，在政治上具有地方機關的體制，在經濟上具有分工與互賴的特徵，其主要經營生活的方式不是直接依賴自然或耕種以獲取生活所需，主要依靠經營工商產品、服務及其他的專門技能為生。社會活動與關係多半是集體的與間接的。

　　都市社區工作推展需與社會特質配合，平衡各持份者的權益。徐震、李明政、莊秀美、許雅惠（2005：118-120）指出，都市的人口特質為人口多、密度高、異質性。都市的聚居形態會有不同生活特質，都市發展同心圓論將都市之發展分為多道圓圈，並區分每一圓圈中居民的類別。

　　中心城區：屬於商業中心區，居住者多為商業看管者、單身流浪漢、新來之移民等。

　　外城區：為工作階層及中產之住宅區，居民多依其經濟條件、工作性質、教育文化而組成住宅區，異質性高，但仍具有若干之共同關係，可以組成較具有自治性的社區。

　　郊區：居民多擁有自己的住宅與交通工具，比較具有社區之共同利益與鄰里互助關係，日間在辦地點工作，晚上返家，鄰里關係弱。

　　都市人口特質，生活節奏和互動與農村有所不同。李振福（2003：1）認為城市化是人類的生產活動和生活活動隨著社會生產力的發展，由農村向城市不斷轉移，以及城市空間不斷擴大的過程。城市化包含三個方面：(1)不同地區內人口規模、密度和結構上的變化；(2)社會經濟結構的根本變化；(3)需要特別指出的是人們行為上的變化。許多城市，特別是發展中國家的城市，過度擁擠，住房短缺，環境惡化，社會問題嚴重。在發展的同時，也帶來了許多社區問題：土地問題、住房問題、交通問題、治安問題、通訊問題、環境問題、就業問題等。人口過於集中在有限的土地上，人的基本生活條件會受到壓擠。人類在自行適應的行為反應中建立了都市新秩序，然而新的部份會造成社會日後的新社會治療成本。都市化新衍生的都市問題，在合適時候有社區專業服務介入，協助受影響的社群人士以理性表達意見，讓負責管治部門關注及明白問題所在，化解危機變為契機，培育與建立正向的新社會行為秩序。

　　趙立珍（2005：60）認為城市化為居民帶來新的社會文化，在公共文化需求擴大的情況下，社會必須創造合宜的文化環境，給居民提供學習、工作、生活和增進感情的健康空間、場所和方式。城市化同時因社區的結構轉變帶來個體發展的轉變，會造成大家族模式變成核心小家庭，兒女成長獨立生活，產生了空巢家庭，社區的空巢家庭演變為老齡或獨居長者問題，社會發展的特殊性必帶來新的問題。隨著時間的轉變再演變，生生不息。除了空巢家庭的出現，還有隨著政府政策、就業機會、升學機會而產生的「權變家庭結構」。所謂「權變家庭結構」往往是家庭受到各類因素，家庭自行變化，如因應政府增收買屋稅率，導致有家庭在購買物業時以離婚為虛，減低支付物業稅為實的權變。另外，因生育政策或工作或升學關係，使原有家庭分離，轉成新的家庭結構，形成新的社會現象。

　　隨著全球的經濟發展、工業革命及網路科技影響，都市的生活質素不再僅僅只是物質的滿足。現今社區，生活質素還包括精神健康、體格健康、心靈健康、心身靈的生活質素有所要求。都市的形成可以是依自然環境特性形成的都市，如：港口；基於居民間具共同利益而聚居的經濟性都市，如：大學城；基於政府政策的決定的人為性都市，如：衛星新城市；基於信仰而形成的都市，如：宗教城；基於親族關係而聚居一起的社區，如：唐人街（見**圖1-2**）。各類都市聚居存在不同階層，包括：在高級住宅區有商管主管階級；貧民窟多是失業者、新移民；少數民族聚居區（徐震、李明政、莊秀美、許雅惠2005：120-121）。

　　綜合不同的都市研究，都市社區可定義為：專注第三產業的區域，人口密集，具有複雜性、多元性特質。高層建築物多、新舊樓群交錯。居住者多為外來人士或新移民、有不同宗教信仰、宗親、語言文化、種族等，居民有共同利益關係，同時擁有思想文化、能力的差異。都市中存在著多個社區，難以分野的各種地域區間。

自然性	環境所致	港口
經濟性	共同利益	工業城
人為性	政策所致	新市鎮
宗教性	信仰	宗教城
同宗性	同族關係	唐人街

圖1-2　都市形成觀念

　　社區工作在這種複雜的環境下，為迎合社會環境制訂一套與鄉村、農村或低人口密度的族群地區有別的社區工作方法是必需的。人口密度高的華人地區如台北、香港、澳門、大陸的深圳、廣州等地，都是以特定模式的社區工作方法為居民提供專業協助。

二、都市特色

　　都市的社會工作服務具有多元化的特質，社會工作者在社區內為服務對象所使用的各種專業服務方法，常被混淆一致稱為社區工作方法。專業上，社區工作是一種技巧，它是社會工作三大專業技巧之一（DuBois & Miley, 2014: 76），與一般都市社區組織為居民、街坊提供的地區性服務不同。都市存在各類社區問題，它需要運用特別的工作手法協助居民面對社會發展帶來的變化，社區工作與社會發展形成了共變互賴的關係。

　　社會的變遷會產生社會結構轉變，造成新的社區組合互動，這種互動過程不斷變化，形成新的社會組合，也即是李林艷所指的社會變遷現象（中國社會工作百科全書編委會（1994：413）。這現象包括了社會人口的變化、物質生產的變遷、社會制度的改變、社會價值觀念和生活方式的變異（中國社會工作百科全書編委會，1994：413），形成社會新現象或新規則。新的形勢挑戰著各方的適應、權力分配，資源分配到新生活秩序的面對等，在轉變中獲得最少資源的成爲了弱勢社群。他們的出現正是社區工作方法技巧需要考慮採取支援服務的時候。

都市的新發展，新結構，新秩序，社區工作者在都市區域進行社區工作時倘若仍以鄉郊模式推展都市服務，社區實務工作的社會工作員定將面對不少困難，只有認清都市處於何種發展階段和結構，才能發揮專業工作技巧，眞正爲有需要的人士提供服務。社區探索與社區發展才可界定。兩岸四地的都市化，針對高樓大廈林立，如北京的內環區、上海的浦東區、香港的旺角、澳門的筷子基區，社區工作必須進入大廈，在大廈臨立中推展社區服務，成爲新的社區工作技巧。

社會變遷不斷，推展社區工作服務，要有新的思維，具有針對都市發展情況建立一套適合都市的社區工作模式，爲居住在都市內受社會變遷影響的社會大眾，提供符合社會工作原則的社區服務，持續改善居民的生活質素，協助他們在社會不斷變遷的巨輪下不會成爲新的弱勢群體。

李林艷在中國社會工作百科全書編委會（1994：413），認爲社會變遷有其特點可瞭解，她表示社會變遷的特點具因果性及系統性。

因果性：社會結構體系是一個複雜系統，社會的任何變遷都是由複雜的因果鏈推動的。

系統性：社會結構體系的變遷既有社會經濟、政治、價值觀念等結構要素的變動，又有個人的行爲價值、社會制度規範以至文化等層次結構的變動，二者相互影響。

李林艷的社會變遷特點論值得社區工作者在推展服務時考慮，

從居民的生活環境結構、文化背景出發，鼓勵居民關注社區事務。另外，還需要注意都市發展的社會變遷的連帶關係。社會變遷會產生動力推動社區的發展，相互關連並產生效果，單一種的因素都不可能是唯一決定性的因素（中國社會工作百科全書編委會，1994：413）。社區工作者必須發揮具專業的技巧，掌握社會變遷的因果性與系統性的特點，發掘出具影響力的個人或群體，運用各種資源與力量，推動社會和諧地發展。

　　都市發展的歷史證明人類是追求進步，成為改變社會的基本動力。而都市發展來自於現狀社會結構的改變，透過工業革命，人類對自然環境的控制能力大大提高，可以說都市化是自然現象。隨著科技知識的進步發展，機器代替了人手，減省的農務工作產生工作人口過剩，就業機會減少，然而都市工商業發達，需要大量的大力需求，因此人口往都市遷移（蔡勇美、郭文雄，1984：50）。都市主要以業務機會吸引廠商及勞動者集居，就會產生各種都市問題，這些問題成為都市社區工作者的服務新範疇，舉例：交通問題，勞資問題，居住問題等。在相同發展階段的地區，社區問題一般會很類似相同，如澳門、香港、深圳等地區。

　　蔡勇美、郭文雄（1984：84）認為都市化對於開發中國家的傳統社會產生了各種各樣的影響，如：經濟機會的改進、財富不均、政權不穩定、新舊社會文化組織不能和平相處、社會階層兩極化等等。都市發展至每一個水平，同時產生其他社會問題。因此，社區工作者不能單一以都市變遷的歷史發展經驗設計社區服務，必須關注都市的各類變化。社區工作者必須瞭解政府政策，隨著都市的發展，改變是必然的，政府施政的政策對社區會造成影響是不可避免的，社區工作者需評估影響，瞭解政府部門的功能，分析社會發展所涉及的利益及權力問題。社區工作者作為第三者要努力協調各方關係，特別是為了減低社會轉變帶給居民生活的影響。

　　在都市推展社區工作所遇的困難比傳統社區工作多，尤以都市人的行為特質不易掌握及接觸，導致推展社區工作需要較長時間在發掘及建立關係。蔡勇美、郭文雄（1984：99）認為都市人口行為特質，包括：

　　1.高異動率或流動率（mobility）。

　　2.無根性（rootlessness）。

　　3.高匿名性（anonymity）。

　　4.非人本性（impersonality）。

　　這些特質使推展社區工作時在社區內維繫建立的關係較難。都市人的資產較鄉鎮的流動性高，居民往往受到變化所造成的影響容易有遷移的情況，使推展社區工作的持續性受到衝擊。社區工作者必須具備為特性問題發展出另類工作手法或工具的能力。利用資訊科技的網上分享平台，強化居民的互動關係，透過數碼訊息分享，瞭解社區居民所關心的問題及分享相關部門的施行策略。居民建立起具共同特質的經驗，能降低都市變遷影響。運用科技發展是當代必須有的新的社區工作手法技巧。

三、都市功能

　　社區工作能在都市持續為居民提供協助主要是在都市問題中找出正向功能，使居民在社會發展中找出解決問題的方向。劉豪興在《中國大百科全書・社會學》（1998：34-35）指出，都市具有凝聚、儲存、傳遞並進一步發展人類物質文明和精神文明的社會功能。在都市有限的地域內，大量異質性居民的聚居，需要社區工作者進行為社會協作和人們交往、交流提供良好的溝通橋樑，在時間和空間上擴大人類聯繫的範圍，促進社會和經濟、文化的發展。

現代都市是一個多功能的、綜合性的結構體。都市具有生產建造、貿易、金融、運輸、科學、教育、文化、軍事、政治、信息、服務等多種功能。不同性質的都市功能有所不同。都市發展的功能日趨複雜，既是社會經濟發展的必然結果，也是都市自身發展的必然要求。換言之，都市的發展是受到地域發展而形成它的功能。

吳鐸在《中國大百科全書·社會學》（1998：36-37）認為都市化形成的原因是生產力發展到一定階段的必然結果，是近代工業化的直接產物。近代都市是在工業革命後得到迅速發展的。工業革命所解放出來的生產力，將社會生產推進到一個新階段，產生了大批新興工業，人口被大量地吸收到工業中。現在工業的發展，則是以自然經濟為基礎的舊城市，因為科技的進步，縮短了人群與人群之間的距離，資訊溝通迅速擴開。地區特性覆蓋面不斷擴大，使舊有社區不斷改造、擴大，同時締造了新的市（鎮）大批出現。

都市的另一種吸引力是推動都市化進程的一個重要產物，都市化令職業種類增多，可以容納更多的求職者，向他們提供各種職業選擇的機會。另外，都市服務設施因需求而增多，經濟待遇和服務質量一般高於農村，娛樂活動多樣化，精神生活豐富多采；交通便利，信息廣泛，社交機會多，社會流動快，有助於滿足人們的各種追求，生活方式多樣化，令都市更具有吸引力。強而有力的社會因素使都市聚集的流動力加強，引至社區的組成基調較以往改變的速度更快，居民對社區轉化的認知增加，容易產生共鳴。

吳鐸在《中國大百科全書·社會學》（1998：36-37）同時也認為都市化對社會的發展產生了深遠的影響，它帶動整個國家和地區經濟的進步，帶來人與人相互關係和社會交往的變化，促進生活方式的變遷，改變了家庭的結構和職能，以使其更適合社會發展的要求。都市化對於文化、教育、語言、宗教、倫理和社會心理等，也具有重大的影響。都市化是社會發展的必然趨勢，也一定會帶來各種新的問題，新問題圍繞在衣食住行及身心靈的富足，社區工作應在社會轉變中帶出社會問題的正向面，有利社會持續發展和穩定。

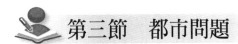

第三節　都市問題

　　李振福（2003：1-2）指出，城市化是人類的生產活動和生活活動隨著社會生產力的發展由農村向城市不斷轉移以及城市空間不斷擴大的過程。隨之而來，各類社會問題不斷出現，包括：

1. 土地使用的房屋用地、休憩區。
2. 通訊的形態、方式。
3. 犯罪的法律定義。
4. 人口集中衍生貿易環境。
5. 交通需求出現的乘車問題、塞車問題、停車問題。
6. 與住屋相關的衛生問題、修建問題、新舊更替問題。
7. 環境問題的空氣污染、噪音、垃圾處理。
8. 與經濟有關的就業相關問題、工資問題、外勞問題。
9. 居住環境改變所出現的人際關係變化，如鄰舍關係、互動模式。
10. 家庭結構改變所出現雙職家庭／空巢家庭、獨居家庭、單親家庭、權變家庭等（見**圖1-3**）。

　　這些社區問題有其結構性的關係，人口增多居住需求增多，產生租金上漲問題，居民需要有足夠收入支付租金，就業需求出現，迎合了營商的資源需要，創造更多就業機會，也吸引更多人遷入都市。

　　隨著城市人口密度的進一步加大，使得城市人口活動空間縮小，加上住宅環境、鄰里關係等方面的原因，會使居民社區的社會治安控制難度加大，犯罪分子能在建立了治安防範制度的區域內作案，都市

圖1-3　都市化問題

群體結構改變居住單位人口少、關係疏落,甚至鄉里間存在隔閡是原因之一。

　　由此可見都市社區內需要有社區工作服務的存在,從鄉郊區到不同城規層級的社區,需要不同的行政架構,為鄉里居民提供協助。與市鎮設施有需要可諮詢當地的鄉里長情況不一樣,在高度密集的都市,沒有鄉里長村長的制度,當居民面對複雜及利益環環相扣的地區問題時,社區工作成為他們有所依賴的專業服務。

　　都市內設有各類的社區工作專業服務團體,目標是針對居民個人或如家庭般的小組織。但社區環境、社會發展改善目標的工作,需要獨特的專業技巧與知識才能提供適切的協助,只有社區工作才能針對社區環境的變化為居民提供協助。

第四節　都市社區工作獨特性

　　社區工作在都市內除了為居民提供解決區內所面對的問題外，還可針對特定群體的生活獨特性提供協助。趙立珍（2005：59-60）認為都市化後，家庭結構出現空巢家庭的結構演變，隨著現代社會的迅速發展和經濟制度的改革，加快了傳統家庭模式的解體。以核心家庭為主流的小型家庭逐漸取代以骨幹家庭為代表的大型家庭。小型家庭的子女長大後遷出剩下兩老成了空巢家庭，加速老年化的問題。

　　在新空巢家庭影響下的城市問題城市公共服務需求擴大，社會要為這樣的一群人創造合適的新環境，空巢家庭在社區的普及和人口占比上升，使其成為社區問題。為解決社區上的空巢家庭所帶來的問題，社區工作就要運用其獨特的工作手法，直接主動深入區內瞭解空巢家庭的問題，評估此獨特群體的需要，協調各服務部門或本身服務單位，設計合適這類家庭的服務。例如：年輕長者計畫、銀髮黃金年華，退而不休，兩性的健康，在文化、工作、生活及娛樂等。

　　社區工作可說是行走在屋簷下的外展工作，運用社工專業各種技巧，包括個案工作技巧和小組工作技巧。社區工作在社會工作上被界定為一種專業工作技巧，而不是一種服務形式的服務類別。社區工作是運用社會學知識，分析社會問題與政策，以心理學知識判別居民的動機。在多元文化及特性的都市，社區工作方法不單應用於被界定為社區服務的機構或工作場所，而在個案工作機構、小組工作機構等場所，社區工作方法都可以因應個案的問題性，以解決問題為目標而被運用。

　　社區工作的發展會涉及地區上的權力結構，工作者與地區領袖關係的發展非常重要，社區內這類地區的權力結構，例如區議員、里長、街道辦主任、立法議員、政協委員等，社區工作者應與他們建立良好互動關係，有利推展社區工作服務。倘若都市沒有確立前述的權力架構，工作員必須以地區接觸方式建立與居民的關係，透過社區中心的基本服務，如班、組等活動，甚至在社區內推展的大型活動，以各類不同活動與居民接觸。

社區工作方法是社會工作者協助居民解決社區問題的方法，屬於直接介入方法，社會工作者在協助案主過程中，因應對象及問題屬性之不同，採取不同的介入方法，每種工作方法都有具其獨特性，不能界定某種方法較其他方法更具效能。社區工作以受共通問題或處境所困擾的地域居民，以社區群體或整體社區為對象。它既有溫和的工作介入，也有激進之工作介入。因此，社區工作人員在工作介入時，必須清楚理解每種介入方法的優缺點及效果。

社區工作人員工作者介入的技巧具五種角色的特性，包括：倡導者（advocate）、領導者（leader）、組織者（organizer）、策劃者（planner）、調查者（researcher）等（Gamble, D. & Marie Weil, 2010: 39），根據當時的社區環境，工作員運用其不同角色，推展組織工作的三個階段：醒覺、教育及行動。由於這種工作的獨特性，社區工作者須對社會上所出現之問題、事件、不公平、不正義、剝削、歧視等處境具有高敏靈度，才能協助對象，真正有效改善處境。

都市發展變化迅速，當居民忽視社會轉變對他們的影響時，需要第三方的喚醒。社區工作是一種介入過程，其重點是鼓勵及協助服務對象覺醒問題，探討問題，制定及推動解決問題的程序。社區工作是針對社會發展影響居民日常生活的問題及事件，針對政策的改變，如福利改革等，或有關社區權力分配及資源分配等，喚醒居民對問題的關注。

社區工作方法是一種協助居民解決問題的技巧，特性不是由社區工作者直接介入解決問題，而是社區工作者鼓勵居民直接參與在問題的解決過程中。缺乏居民的直接參與就無法突顯社區工作方法的特性。

事實上，不論鄉郊區、城鎮地區、都市或都市更新，社區工作在協助案主解決問題的歷程中，不是用單一的方法，而是以問題的屬性及介入目標來決定的方法。因此，在方法應用上應採用整合性而不是分割性。

社區工作傳統觀念

社區工作（community work）這個名詞是很具爭議和令人混淆疑惑的，它既是一種社會工作方法，它也是一種服務類別或形式是一種社會工具等。它著重於工作中居民的自我成長過程，是動態的，包含醒覺、教育、行動三個階段。它也是一種服務，如一般社團宣稱他們舉辦社區工作及服務等。

在社會工作方法上，社區工作只是一種統稱，它包含社區組織及社區發展兩種概念。社區組織（community organization）是社會工作的一種獨特工作技巧，協助社區組織界定社區問題或需要；協助社區組織制定解決問題的方案；協助社區組織推動解決問題方案；協助社區組織進行解決問題方案成效檢討。社區組織的焦點是協助居民群體增強能力，建立合作精神，善用社區內部及外部資源解決自己問題，並透過解決問題建立社區群體間的良好關係。社區發展（community development）是一種過程，社區居民聯同地區上的政府部門，合力改善社區的經濟、社會及文化的處境，促進社區與整體社會的融合，及鼓勵及激勵社區居民對社會有所貢獻。

社區組織及社區發展這兩種方法不是取決於其目的，而是取決於其組織架構。

1. 社區組織的工作對象為社區群體（已存在的組織），其工作範疇包括制定及推動社會服務秩序，協助群體（發展）。
2. 社區發展的服務對象是社區之居民（未經組織之居民或居民群體），俗稱草根階層工作範疇，主要為啟發居民，建立居民的互助精神，改善居民的鄰里關係等。

社區工作中的社區重建工作，對象較為明顯，一般為受清拆的住戶，有關當局或發展商若對安置、賠償處理得當，較易被接受。但是賠償涉及利益問題，在現今都市金錢帶給居民不少引誘。因此，不少重建工作地區設有社區工作隊協助處理居民問題，以保障各方的合理權益。案例4的WHV新邨重建，運用了社區工作方法。由於重建工作計畫出現多次變動，受影響居民較易產生不安，工作員運用居民參與瞭解大家的期望，給予政府相關部門作參考，以便日後安置的安排更接近居民意願，同時亦疏導了居民不安情緒，降低以訛傳訛誤導的訊息。

社區工作人員以問卷調查為工具，收集居民意見及鼓勵參與，同時與政府相關部門協調時間，為居民與部門建起具透明度的互動平台。工作員以居民大會確認工作目標及居民代表性。居民大會讓受影響居民不但獲得參與機會，同時能夠提升居民的代表性，而以居民大會方式公開交代會談的結果能避免訊息誤導。除此之外，工作員以新聞稿方式對外發放信息，以引起社區外的其他社會人士的關注。

經濟發展帶動了都市轉型，居住需要是都市發展一大問題，發展過程舊式樓宇往往面對清拆命運，重建過程涉及龐大金錢利益，吸引各方人士進場爭奪，弱者往往受到壓迫。過往在鄉鎮城區所用的傳統社區工作調解功能，在都市社區更需要強化社區工作的中立性、公平性，以理性的方式協調各方，保障各方權益。

第五節　都市社區工作取向

　　都市化是人口增長及工業化增長後的組合（Netting et al., 2012：34），都市發展所出現的社會問題在難所免，基於人口增長及工業化增長直接影響民生基本生活。若這些影響民生的社會問題不能疏導或解決，問題會惡化成為各類的政治問題。因此，需要特定社區專業服務協助處理受社會問題困擾的居民，引導或組織居民尋找合適的解決方法，使生活質素得以改善，讓都市可持續發展。

　　由於都市的發展迅速，發展往往對社會造成不少影響，不少問題是環環相扣，如勞工問題會帶來交通需求、人口問題會造成醫療需求。政府也會因社會結構或促進社會發展推動各類改善政策，如家庭暴力問題，澳門政府制定了家暴法，防治家暴的發生及給予相關人士的援助。社區工作可針對這政策在區內推展相關大型活動，組織居民成立互助群體，主動協助。所以社區工作者在區內推動倡導工作是社區服務的一部份。

　　不同地區有不同需要，在都市內的社區服務中心亦需要向區內有需要的人士提供合適的服務，在貧窮地區，不少貧窮家庭期望子女得到合適的教育，但子女教育成長中所面對的學業問題，貧窮父母難以協助，尤以教育水平低的家長而言，在經濟上難以負擔子女的補習費用，個人缺乏教育的知識，因此不少社區中心會開辦功課輔導，為有需要人士提供協助。

　　任何一個社會均會出現各類的個人或家庭問題，社區工作者的工作也難免會接觸到這類人士或家庭。從另一角度來說，社區工作者可利用深入社區之便，發掘不少個案及家庭問題。因此社區工作需要即時介入協助，為有需要人士提供個案輔導。

從上述各類的工作手法，社區工作的服務可分為三大取向：

1. 中心為本：吸引鄰舍居民參與服務中心的活動，讓中心與居民建立互動的渠道，透過各類不同的活動，包括個人及家庭輔導工作，聯繫社區，瞭解社區。
2. 社區為本：在社區內推動各類政府政策的倡導工作，讓沒有參與中心服務的人士也瞭解政府的政策發展。
3. 問題解決為本：針對社會的改變帶給居民的影響，居民個人能力難以解決問題，透過居民組織共同參與來修正政府的決定，減少對居民的影響。

基於都市發展涉及問題不單是民生問題，還涉及發展政策、政府推展策略等配合都市發展的需要。社會政策是影整體社會生活質素的原則和行為方式（DuBois & Miley, 2014: 249）。而政策訂定及策略推行是由政府高層決策者作出，與實際在基層生活的居民感受難以一致。社會工作中的社區工作手法是被公認以社區為本，深入社區基層為有需要人士提供服務的方法。它能透過掌握基層居民的感受，為政府與居民提供一道好的溝通渠道。社區工作具有與政府及社區居民的橋樑作用，它在都市發展能擔任重要的角色。社區工作過往集中在鄉郊區、偏遠地區，或以綜合性的社區服務為區內人士提供支援工作，使社區工作手法的服務特性及作用被掩蓋及減低。社區工作手法在如今都市更新中應有新的角色，發揮協助政府和諧地推動都市發展。任何一類社會服務難以解決所有社利需求，社區工作亦是如此，它在社會福利工作只擔當其中一項獨特角色。在社區工作新思維中，它應是結合其他服務的功能，共同協助政府政策的倡導工作（如圖1-4）。

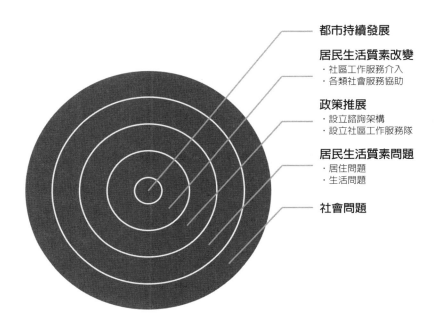

都市持續發展

居民生活質素改變
· 社區工作服務介入
· 各類社會服務協助

政策推展
· 設立諮詢架構
· 設立社區工作服務隊

居民生活質素問題
· 居住問題
· 生活問題

社會問題

圖1-4　社區工作新思維

小　結

　　受到不同因素引起都市變化，讓居民聚集一起，互動及個人需求與期望形成不同的特性，社區工作是依不同的特性，如：人的特性、環境特性、事件特性、地區特性等，以其專業方法，思考分析都市社區呈現的問題，如近年澳門居民面對大廈管理問題，不少社區工作以協助居民參與組織大廈管理委員會的事務。香港市區重建問題，不少以居住的安置及賠償為主要組織工作。社區工作者以地區所需，掌握區內居民所關心的問題收集資料，才能在短時期內推動社區組織工作。

　　值得一提，改變令居民工作面對不少利益關係，居民對這些關係

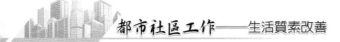

的感受強烈，他們的反應是跟隨利益獲得有所不同，社區工作者應該從不同的角度為居民進行分析，務求在過程中找到公平與公義的平衡點，以免被有心人士利用，成為為他人謀取利潤或權力的工具。

第二章

社區工作與都市關係

第一節　導言

　　社會工作的特點是以民為本，以社會為依歸。都市的不斷變化，其根本是源自人口的發展及複雜的群居中心住民所需演變而成。曾華源（2004）指出，在快速變遷的現代社會中，社區總體營造之文化建設與活動只是一種手段，其目的最重要的還是建立社區成員對社區事務的參與意識，對社區關心、認同、歸屬的情誼，以及提升社區居民在生活上的美感與品質。都市社區工作是回應都市的變化，發展一套可接近居民及協助居民解決社區問題的方法。它基本的助人技巧及本質就是社區工作的根本。

　　都市的發展，並沒有一個特定的模式，社區工作與都市發展的變化是一體不可分割的。社區工作所使用的方法與技巧是要配合都市情況，在特定的區域範圍，推展出各類社區工作模式與技巧。

 第二節　都市與社區工作本質

　　都會社區是社區特有模式的其中一種，與鄉村社區比較，都市社區發展更容易遇上內外的發展瓶頸（黃文彥，2006：413）。社區工作與都市發展息息相關，在社會對福利服務殷切需求下，為有需要人士提供協助專業性的工作是社區需要的，不同類別的社會服務都可以發展成地區式的專項服務。社區工作是一種解決問題的方法與過程，也是教育與組織民眾的過程。社會工作者協助社區居民確認問題，排列問題處理的優先順序，啓導社區居民解決問題的意願與自信，發掘他們的能力，並運用社區內、外的資源，協助居民採取行動及解決問題。在過程中培養社區民眾互助合作的態度，培訓他們達到自立自助的理想。社區工作的最終目標是和社區居民一同做（work with），以及由社區居民自己來做（work by）。社區工作之重點是把社區工作視為是一種解決及預防問題的過程：社區工作是從他助最終而朝向自助。過程的初期階段，社會工作者介入社區為居民提供協助，幫助社區居民發覺並確認社區問題，進而決定社區需求滿足的優先次序，最終希望能透過溝通、協調及合作的過程，培養社區居民的能力，自己運用各種社區資源，彼此互助合作，以改善本身社區的生活條件（曾華源，2004：65）。都市發展引發各類服務需求，當中有一些並不只是特殊性個人服務需要特質，而是社會變化下產生的對一群、一眾受影響居民產生新的服務需要，特色如樓宇老化問題，都市更新同時帶出生活適應問題。因政府政策改變而產生各式各樣的新社區問題等。

　　都市的發展造成社區原有結構的轉變，影響部份居民生活質素，具前瞻性的社區工作者要評估居民對社區事務的參與程度，組織營造各類改善社區問題的居民組織。姚瀛志（2010）指出，社區組織的發展，除了居民的需要外，還需要配合當時社會的各類環境，其中包括的因素可分為：

1. 地域環境：某地區的人民聚居——本世紀澳門大部份居民來自中國大陸或香港，部份因戰亂逃亡或遷移澳門，大部份人經濟上較為貧困，為了生活，聚居於需要勞動力的工業區，例如青洲、筷子基、黑沙環新填海區等。

2. 政治環境：管治的系統操作——澳門過往是葡萄牙殖民地，在1949年至1971年葡國與台灣政府為邦交國。移居澳門的民眾大多來自內地，與大陸政府關係往來較密切。澳門回歸中國後，親近中國的勢力抬頭。宣揚國家民族主義的街坊會、工會等地方組織蓬勃發展。

3.鄰里環境：近鄰社區居民的情況和條件——一般的生活問題，往往來自鄰舍中，如環境衛生問題、照顧問題、噪音問題等，其解決方式亦以鄰舍互助式，地區組織的工作大多是地區內的居民組織，澳門仍以原住居民為多。鄰舍關係密切令居民產生認同及互助協調的心態。

4.族群環境：同時間同地點聚居一起的同族群體——澳門曾經是一個殖民地區但中國人居多，在被統治的情況下，容易產生民族情緒。如澳門123事件，居民在氹仔興建華人學校被葡國政府阻撓造成衝突。產生團結華人對抗葡人政府行動的組織，族群情懷一直存在。

早期針對地區特性而發展的社區組織，一般是居民自發的組織，疏散而隨意，力量有限。長遠而具影響力的社區服務發展是一種專業，應由社會工作者建立。是一套應對都市化轉變專業的社區服務模式。過往，社區工作服務以服務中心或鄰舍服務中心型式推展專項社區工作，但是，社區工作本身具有必須依靠深入社群，才能瞭解社會居民的問題及協助他們改善生活質素的本質。是為配合都市發展為居民服務的社會工作。

 ## 第三節　社區工作與都市發展的融合性

社區工作的發展，基本技巧運用及服務理念是與其他社會服務不同。它除了以社區為工作重點之外，其獨特之處是為社區上出現，但沒有特定服務範疇之服務對象，透過以地區層面式的接觸，瞭解他們所需，進而為他們提供與一般社會服務不同的組織工作，被社工界認定為社會工作的第三類獨特的工作技巧。徐震（2004）指出，「社區發展」是一種過程，由人民以自己的努力與政府當局聯合一致，去改善社區的經濟、社會、文化環境，把社區與整個國家的生活融合為一體。這類與社區發展共融合一，深入服務對象居住環境的工作手法，受到不少以中心為本的社會福利機構及政府所重視。

曾華源（2004）認為社區工作以地理區域為基礎，運用行動的方法，促使社區意識的成長。以社區為本，深入為服務對象家庭提供服務，是近年都市化的服務趨勢，例如長者家居護理服務、社區精神醫護服務、綜合家居及社區照顧服務等。這類服務一般以特定地區範圍內為相關的服務對象提供服務，有特定對象及資料，在資料名單內提供服務，因此服務對象受到限制，與社區融合的概念並不一樣。

黃文彥（2006：413）認為私人部門及第三部門（非政府機構）是社區發展組織應該極力爭取的對象，甚至是公營部門也可以結盟。社區組織除了依照發展綱要成立的輔導型組織之外，尚有自願型組織，例如各地的文史工作協會等。社區存在著不同服務的需求，不少都市化地區社會福利工作發展已有一套明確的政策方案，服務迎合不同需要及為問題設立不同的服務，如復康服務、長者服務。也有的社區服務主要以文娛康體為主，以康樂性小組活動、大型活動推展服務。但是此類服務是有特定的群體，然而政府政策對社區整體的影響，需要透過社區工作服務成立政府與居民的另類服務，如橋樑、緩衝區，為整個社區人士提供服務。

社區工作融合各類專業的服務，相互間進行協作，技巧深入社區，發掘出有特別需要的居民進行轉介服務，讓有需要人士得到合適的服務，正如林蘭因、羅秀華、王潔媛（2004：186）研究表示長者服務需要社區工作者主動走入社區後發現社區的多元與特殊性，在社區老人、非正式服務與正式資源的互動中，是無法僅依賴外展服務單位的有限人力、物力與時間投入而獲得圓滿。因此，社區上需要設立各類社會服務。

1. 復康服務：復康工作可分預防、治療、復健、跟進等階段，治療及復健工作一般是以院舍及中心為本的服務。復健後的跟進是一個長遠的工作，也是社會服務中一個重要部份。所以服務單位需要設立以社區為本的後隨服務，透過深入當事人的生活環境，掌握當事人的實際情況，進一步提供相關協助，這是服務社區化的一個重要理念。

2. 長者服務：長者服務主要有長者中心、長者護理中心、長者院舍等。隨著人口老化的加速，從長者中心至長者護理中心及長者院舍的服務擴展未能趕上，社區老年化的速度，不少長者在未進入護理院，身體機能已日漸老化，行動力漸弱，居家服務需求增大，特顯了社區式家居服務的必要性。近年以社區特定範圍為長者提供家居護理服務漸多，受到長者及家人的歡迎。

3. 家庭服務：家庭服務涉及繁多包括家庭及其成員的需要，如家庭暴力的虐待兒童、虐待妻子、虐待長者、虐待丈夫等，可謂老、中、青少、幼年服務亦包含在內。因為家庭界定含括廣闊，因此，不少社會服務將家庭服務區域化，以綜合方式為家庭成員提供各類服務。

4. 青少年服務：現今社會青少年問題千變萬化，在家庭以外發生可透過外展服務方式接觸服務對象，但是足不出戶的隱蔽青年則需要以個案方式進行。

5. 外展服務：外展服務與社區工作核心服務工作手法明顯不同，它過往是以戶外非民居方式分區進行，如露宿者工作、邊緣青少年服務。

6. 專案服務：它主要是針對社區上出現突發事件，例如台灣811天災事件、香港天水圍危情城市、香港市區重建工作的社區工作隊等，政府在特定區域針對其問題設立專案服務單位。

　　上述的服務雖然以社區爲本提供服務，但本質上並不是以社區工作手法在所屬的服務區域發掘服務對象，而主要是在特定的區域爲界定的服務對象提供服務，社會工作者與地區人士的鄰舍關係發展並不是其主要工作目的。

　　社區工作包含多類不同服務以倡導社會意識，促進居民間的互動、交流、促進居民對公共事務的參與、加強對社區歷史的瞭解等（曾華源，2004）爲根本。在服務上社區工作與其他類型的社會服務不存在衝突，是可兼容及互惠。社區工作最重要的特色是其目標以整個社區的進步和發展，是以宏觀角度，以整體性及全面性的區域工作。

 ## 第四節　社區工作專業性

　　人類需求，隨其所處時位，無論聰、愚、富、貧，總能相互爲助。濟助現象，普遍於過去、現在，也會在未來的人類社會中出現。社會福利政策的目標在於因應社會環境變遷所引發之社會問題，讓國民在遭遇生育、老年、疾病、身心障礙、死亡、失業、貧窮、緊急危難等生命中的危機事件時，可得到政府適足的支持與協助，維護其基本的生活水準，並能擁有安定、健康、尊嚴之生活，而此一目標的達成則需藉由社政組織的建構與發展來加以推動、落實（曾中明，2011：6）。社區工作在都市所提供的服務是多元發展，視乎政府或機構本身的人力資源及服務資源。人力資源一般可分爲專業員工與支援服務員工。支援服務的員工以服務單位爲主，根據社區居民需要設計活動，如興趣班、功課輔導班、康樂小組等。專業員工以進行輔導服務、治療小組、居民組織爲主。

　　社區工作的專業性在於發掘與鼓勵居民參與，這也是其工作的核心，發掘居民所關心的事、物及對政策資料掌握是工作者必須具有的

能力。一般而言，居民關心社區事情大多從居住環境、與工作相關的社區以至與家人活動環境相關，工作員收集各方面的問題，必須建立對社區的敏感度及認識社區居民。除了對社區或居民所關心的環境瞭解外，還需掌握與群體工作有關的技巧。社區工作在都市工作中，必須具備以下條件：

1. 掌握社區：社區有不同深度及多個層面，有不同的文化特色。工作者需促使相關族群或相關人士聚合一起，如：澳門三盞燈，主要以緬甸華人聚居，當中保留不少當地文化特色。在地區推展居民組織，工作員必須掌握區內百姓的文化習慣，才有利工作的推展。

2. 瞭解社區資源：現代的都市社會，群居密集，工作員要熟識區內設有各類為居民提供協助社區服務及行業。如澳門北區或花地瑪堂區，社區中心有八間，及多間綜合服務中心。另外工作員也要瞭解居民在該區資源及其互動關係，在區內找尋可提供協助的相關人士，例如義務律師、會計師、營養師等。

3. 留意房屋發展：居民雖擁有組織及參與結社的自由，但受居民鄰舍關係的影響，大廈的居民組織工作是需要較長的時間推展，為凝聚居民的動力，如大廈的清潔問題，衛生環境受天氣影響迅速轉變，工作員在工作中需緊貼瞭解組織成員的關注點與轉變，才能動員居民的動力，組織居民參與區內事。

4. 有能力在群眾表達意見：社區工作主要特顯組織居民，因此工作員常常需要在群眾中表達意見，起引導居民的作用。工作員應能在群眾中多處身進行帶領，讓居民清晰明白工作員的意思。

5. 找出居民真正關心的問題：社區問題錯綜複雜，存在不少以訛傳訛的訊息。錯誤訊息直接影響居民表達的方式及意思，可能導致工作員作出錯誤的分析與策劃方向。因此，工作員必須具有瞭解居民眞正關心問題的能力，讓工作目標明確。直接的接觸是找出居民眞正關心問題的方法之一。

6.控制混亂場面：居民表達意見的過程混亂場面常會發生，工作員應思考及準備應付可能會出現居民反應過於激動，直接影響其他人的行爲，而且也有羊群心態的隨衆行爲。工作員應具引導及疏導居民情緒的能力，在適當的時間事先介入，控制場面，保障其他居民和平表達意見的機會。尤以在會議期間，居民不理性表達行爲容易出現，工作員要運用當下的資源，盡力以和平的方法控制場面。

7.引導居民參與：社區組織工作是以居民的需要作爲主要理念，以間接方式的表達個人意見，因此容易出現傳達訊息的錯誤。工作員需具備引導居民自行表達意見的能力。

8.引導參與者理性分析：居民對解決社區問題的訴求常出現高於實際情況，以及容易建立不理性的價值觀念，影響日後解決問題的策略與方向。在相互影響下，也必直接影響工作員的協助行爲。工作員應堅持以理性、合理的角度爲居民分析訴求。

9.疏導居民不滿的情緒：解決社區問題是要在居民對問題高度不滿的情況下才能組織他們參與解決的方案。因此工作員必須具備疏導居民不滿情緒的技巧，在工作員能控制的場所，引導居民以和平方法表達不滿及進行討論解決問題的方法。

10.引領居民表達意見：社區組織工作需要面對不同教育背景的居民，居民的表達行爲差異可以很大，工作員有需要協助培育居民建立表達行爲規範，使表達內容更容易被一般人士瞭解及明白。讓各方在共同語言水平下去關注及規範相互交流意見。

11.尊重不同意見：問題的對與錯難以一線劃分。各方有不同理據及思考問題的角度，工作員應以開放態度，尊重以理性及和平方式表達不同意見的人士，盡量給予表達機會。注意尊重不同

意見，各方互相尊重，訴之以理、平等及公正。在被人欺凌、
辱罵下去尊重居民表達行為是愚昧不可及的。

 ## 第五節　社區組織工作在都市發展的角色

　　一般社區中心的服務設計，如小組工作、個案工作、大型活動及
工作坊等是社會工作的服務技巧與方式。而社區工作的核心手法是不
同的，它強調以居民組織為主。在密集的居住人群中，如何發掘及協
助社區內居民面對及關心的事情。

　　社會變化衝擊社區每一個角落，衝突容易因小事而發生。都市社
區的衝突有民和民之間、民和官之間，當雙方互存矛盾，互信不足的
時候，往往產生各方的猜疑，孕育出衝突的環境。政府推行的政策對
民生具有重大及覆蓋面廣的影響，任何的發展工作或策劃都影響一批
既得利益者，造成利益或法律上的爭論。當社區發展對居民自身利益
或社區造成影響時，他們會對某特定問題特別關注，希望政府能發放
出較多及較具體的訊息，倘若溝通不足，互信不夠，兩者間行為均容
易被誤解，形成對立。這些矛盾關係需要透過有效的溝通橋樑，才有
望得到解決。負起政府與民間溝通角色的第三者應具備公平性、合理
性及不涉及任何利益，社區工作服務隊的功能正是擔任此橋樑溝通的
角色，為政府與居民兩者間進行協調與溝通（姚瀛志，2010：50）。

　　都市問題，不少涉及法律與公共行政程序，如：大廈管理工作，
澳門大廈管理委員會的成立是依據第41/95/M號法令及民法典第五章
分層所有權第四節第1327條等條例規範。條例雖然對成立管委會的要
求及權力等有明確規範，但在社會快速的轉變下，新社會問題不斷湧
現，居民爭取權益的傳統手法不斷改變，近年居民運用訴訟渠道爭取
權益漸增。澳門廣福安的大廈管委會間之訴訟。訴訟期間形成管理

爭議的眞空期，這情況在民法典的條例未有詳細列明眞空期的處理方式，產生管理上的合法性問題（姚瀛志，2011a：24）。需要各專業與時並進，審時度世制定緊貼實況的規例。

社區工作有其獨特的工作手法去掌握居民所面對的法律問題，透過聯繫相關部門及人士爲居民提供意見，讓居民在合理合法情況下找出解決問題的方法。舉例住宅樓宇出現「一苑兩管」。澳門就發生過「廣福安」、「海名居」的籌組委員會鬧「雙胞胎」一事（姚瀛志，2011a：21）。都市的問題是會應區內結構不同，形成的問題會是由不同法規規管，社區工作員必須先明瞭管治力的分佈及其部門負責人士的資料，以不同情況，運用不同法規瞭解及分析問題，結合居民的意向計畫可行的組織方案。

都市的社區工作，對問題的掌握與發掘核心居民非常重要，都市隨著時間必會出現各類老化樓宇，也是常見的較易被社區工作員發掘出各類大廈相關問題。除技術性有序地作出發展規劃外，社區整合及團結程度、社區組織複雜性、妥適性以及傳統文化都會影響社區住宅重建之效率（曾志雄，2005：15）。

早年建成的大廈大多樓層少，設備簡陋，用料簡單。隨著時間的流逝，大廈設施日漸老化，複雜的治安、破損的結構、環境衛生等是社區易引發的都市發展問題。曾志雄（2005：14）認爲住宅重建最大的課題來自於溝通協商。不論是居民之間的共識協調、與建商協調賠償、與金融機構協商等，都顯示出其溝通特質。專業團體的輔導與介入，有助於居民對重建的認識，進而加快重建的速度。這表示都市發展需要專業人士協助居民與發展商、居民與政府相關部門等進行溝通與協助。鐘威、楊承志（2010）認爲都市發展可建立第三方參與機制引入第三方全過程參與、協調、監督的模式，邀請社會公信力強的人大代表、政協委員、社區工作者和法律界人士參加，對拆遷人、被拆遷人和相關管理部門進行監督，爲維護相關主體合法權益提供諮詢或

幫助，應會減少都市發展進程對居民的影響。

都市發展會引起涉及衝突問題，社區工作員必須堅守中立第三方的角色才會較容易與各方進行協調，只有讓問題得以解決才能從而改善居民生活質素。姚瀛志（2002）認為社區工作除了可協助政府推行政策外，還包括政策協調、政府與民間的「緩和劑」、和平推動者角色等作用。

1. 政策協調功能：社區工作者主要扮演協調者，透過工作員與居民的良好關係，引導居民對問題作一個理性的分析，從而引導居民以一個理性的方法，向政府有關部門表達居民需要。助政府部門瞭解居民的所需，而訂定出合於居民需要的政策。

2. 緩和劑的作用：由於社區工作的專業較易被居民接受，工作員在分析居民問題時，會以全面性的考慮，較易得到居民的支持。同時，在考慮解決問題方案時，往往會考慮政府的資源及處境。當居民表達不滿情緒時易發揮緩和劑的作用，有利社會的安定。

3. 和平推動者：社區工作是以一種和平合理的方法，引導居民向有關部門表達不滿及其需要。有效發揮疏導居民不滿的情緒的功能，減少造成社會不安的現象。

社區工作具協助解決社會問題特質，以特定區域居民為服務對象，秉持社工專業理念投入服務。澳門與其他大中華地區的發展大致相同，社區工作與居民關係存在各種互動。社區中心透過居民組織工作培育，發掘地區領袖，居民參與中心的關注組，以解決他們所關心的問題，兩者存在互利互助的關係（姚瀛志，2009a：350）。因此，要制定社區服務未來發展策略，需以社區問題、區域變化、專業質素等方向作為主要考慮。姚瀛志在〈澳門社區服務未來發展策略探討〉一文從澳門都市變化的特性提出下述觀點，包括：

第一，樓宇老化帶來的社區問題。

1.社會問題會隨著都市的發展有不同的變化，澳門居民會受到都市的轉變帶來各類的社會問題所影響。現時樓宇老化及管理問題在社區持續出現，為社區居民帶來不同程度的影響，而這類問題是可以預防及協調，因此政府宜事前制定合適的政策減輕這類問題對社區造成的衝擊。樓宇老化的問題，狹窄的觀念認為只是樓宇本身的問題。事實上，老化的樓宇對居民的影響不單只是住在或持有該樓宇的人士，也包括附近居民，例如舊屋宇外牆石屎脫落對居民及路人造成的影響，治安問題對附近居民的影響等。因此樓宇老化問題應被視為整體的社會問題，應以專業的方法在不同層面提供專業的社區服務。

2.都市樓宇密集，一般多層大廈環境、保養、保安均涉及大樓所有人士，大廈協調工作變得特別受關注。妥善的樓宇管理可減輕鄰舍間的衝突及居民的困擾，大廈管理的工作錯綜複雜涉及多方利益，有第三方以中立的角度及公信力平衡各方的衝突，可將誤會或衝突減少（姚瀛志，2006b：303）。

第二，區域變化方面。

1.城市的變化可從澳門近年的轉變說明，澳門人口十年來增長達25%，現時花地瑪堂區人口最多，近年公共房屋在氹仔區建興，相信未來氹仔人口會有明顯增長，政府的社區工作要先作人口流動評估，為受影響區域設立專業社區工作協助團隊，協調社區新變化為社區帶來的衝突。新入住地區居民需要為其提供協助適應新社區，舊區原有的居民同樣需要協助，新的鄰舍組合，破壞了原有居民間的鄰舍關係。對彼此都有不同程度的影響。

2.社會發展新舊交替，在土地有限的都市，不少區域因應發展需要，不斷推動各類發展的配套，帶來新的地域發展機會，但亦

　　爲原有的社區帶來入侵的流動人口，令區內造成不少的機遇與壓力。但不當的機遇亦可能成爲災禍，處理災禍就要作適當的介入，解決問題引導致正向面，轉危爲機。有遠見的政府會因應人口的發展，作預早社區工作服務策劃準備，有系統地設立社區工作隊爲未來人口發展做好社區建造工程前期、中期及後期的準備。

　　都市問題在發展中不斷呈現，社區工作的傳統觀念亦要在與時並行的同時，隨著發展進行新思維改革，社區工作者的角色與服務推展方向同樣要依著地區發展的演變作出改變，以應付社區需求。

 ## 第六節　社區工作價值

　　DuBois與Miley（2014: 234）指出，社區工作者在基層（micro level）上的角色好像介入或倡議者，提供適當有效資源給居民，正如一個個案管理。在中層上（mezzo level）扮演著主持者、調解者角色，以機構層級運用網絡關係策略作協調與發展服務。在宏觀層面（macro level），社工員扮演社會運動者，結合社會不同層面的資源，以社會行動或社會倡導的策略姿態推動社會公義、人權。透過資源分配、游說議員及訴訟等。這各類的角色工作員必須堅持其專業道德要求（Brayne, Carr & Goosey, 2015），才能保障居民應有權益。

　　理論上，社會工作的價值觀亦包含社區工作的基本價值觀，唯因每種工作方法的特性，衍生一些特定的價值觀。在推展群眾服務時，工作員要具備遵守法律、保障人權、秉持公義、中立持平、維護和平、堅守信念六大原則。

　　1.遵守法律：法律是治理國家之本，專業社工必須遵守法律原則，協助居民（Brayne, Carr & Goosey, 2015），工作員協助居民的過程，需遵守法律的要求及準則。同時，工作員必須認識應有的法律，以免參與者墜入法律陷阱，甚至社區行動朝不法行為方向發展。

2. 保障人權：是社區工作基本原則，也是支持社區工作實務的重要理念（Gamble & Weil, 2010: 47），以理性及合法的方式，協助弱勢居民得到應有權益。

3. 秉持公義：社會發展帶來利益機會，不良商人或不法份子往往利用技倆手段希望獲得更多利益，造成不公義的現象，Gamble與Weil（2010: 47）認為社區工作是維護公義的道德價值，是社會工作的核心價值。作為社會工作員在工作上必須秉持社會公義，幫助弱勢人士，維護居民權益（李易駿，2015：175）。

4. 中立持平：是助人應有的態度及合作基礎，Passey與Lyons（2006）認為社會工作是衝突各方的橋樑，偏幫任何一方均難以擔任中立的角色，解決問題。因此，社區工作員必須具中立持平的原則（李易駿，2015：175），讓各持份者獲得應有的權益。

5. 維護和平：讓居民得到安全的保障，社會應在和平的情況下發揮競爭力，Jeffries（1996）所倡議推動社區工作的四個階段思維是以和平方式進行，才能讓社會不斷進步。衝突易產生社會矛盾，在各方相持不下的情況，工作員有需要在衝突中作出調解，使弱勢居民更能得到應有權益。

6. 堅守信念：信念是工作的動力，信念是高度抽象而具有規範性質（李易駿，2015：182），社區工作經常面對弱勢的一群，為他們找出應有權益，在協助過程，往往出現失落與挫敗。工作員必須堅持信念，建立具規範性的動力，有助對抗強權及誘惑，為弱勢的居民提供協助。

　　除了社工的核心價值的原則外，工作員還要注意尊重居民的行爲反應。李易駿（2015：175）認爲社會工作者應尊重人們與生俱來的尊嚴與價值。在社區生活中，每個人都有權享有物質生活及精神生活權，人人享有言論及生活自由權等。因此，社區工作者必須注意尊重居民的權利，它包括：

　　1.尊重每個人都具有尊嚴及價值。

　　2.尊重居民的生活方式。

　　3.尊重居民的參與決定權。

　　4.尊重居民的能力。

　　眞誠是社會工作員應有的態度，也顯示出工作員的工作價值與尊重他人的取向，這些價值觀念在互動中呈現。因此，社區工作員需爲建立社會工作的原則與工作態度，讓弱勢人士接受協助。

小　結

　　都市發展是經濟的指標，直接影響民生生活質素，在發展過程中會產生衝擊，利益瓜分易造成分配不公、貧富不均的現象，形成各類的弱勢群體。都市社區工作是針對這些群體，以專業社區工作的技巧，助他們發展自助能力。

　　都市社區工作面對各樣問題，問題解決方式往往需要平衡各持份者利益，對於需要維護各方利益的第三方中立的社區工作者來說，是件困難之事。因此，社區工作者要堅守社區工作的專業角色是非常重要的，運用他與各持份者關係及專業的知識，調解各方堅持的立場，以理性、公平、公開的態度處理，在都市問題中找出解決方向。

第三章

都市更新與社區工作

第一節　導言

　　老化是大自然的規律，更新是人類的智慧。都市人口多，樓宇數量稠密，自然老化是都市發展常見的問題，「樓宇老齡化」不但受時間摧逝，亦受都市發展的影響，具有歷史的城市，老齡樓宇問題不斷出現，由於影響民生四大支柱「衣、食、住、行」是政府必須重視處理的問題。

　　樓宇老齡化政府大多會以更新或樓宇重建方式解決老化問題，包括美國、中國、台灣、日本、香港、澳門等。老城區更新發展，所用的名詞有都市更新（urban renewal）、都市重建（urban redevelop），它以強調促進都市土地有計畫再開發及利用，使都市更有效地運用，改善居民的生活環境為目標。這類方案以社區基本建設為主導，從不同層級制定法律，包括中央國家層級、省級、城、鄉、區等層級，讓各級地區有法可依，進行都市更新計畫。香港政府市區重建政策是重建發展（redevelopment）、樓宇復修（rehabilitation）、文物保育（rreservation）及舊區活化（revitalization）。

　　都市化讓人口集中於某些區域，居民生活空間不斷受限制及減少，政府利用都市更新計畫在有不同需要的地區進行適合當地需要的市區進行再發展安排，包括綠化、經濟、社會、環境等各類未來發展的安排。

　　都市更新計畫是為提升地區的基礎建設水平，它會直接影響更新地域居民的生活及和持份者的資源利益。利益所及容易引起擔憂及不安。舉例舊城區的老化樓宇、都市更新計畫的提出，隨著的是施工期對相關人士的影響，及更新後的民生適應問題等。

　　社區工作的介入可從老化城區的預防工作開始，並發展至都市更新計畫對受影響的相關人士提供協助與協調，瞭解居民的困擾及協助居民向政府表達他們的合理訴求，有利達致社區和平的發展。

 # 第二節　都市更新特性

　　都市更新涉及多方利益的問題，吸引很多求利者的參與，形成了多方角力，這是都市更新工作的特質。世界銀行（2013）在*Planning, Connecting, and Financing Cities－Now: Priorities for City Leaders*報告表示都市化政策可從規劃、聯繫及財務三主柱思考，三個層面包括價值（value）、協調（coordinate）及平衡（leverage）。由此可見都市更新政策是朝多方面考慮及注意各方利益關係，尤其是基層的市民大眾。它構成都市更新發展所出現的特性。

　　都市更新工作涉及地區重組，當中存在不少利益關係，制定都市更新法規是居民、業主、發展商、社會的角力場。發展商對政府的影響力遠大於單一業主或住戶，因此結合居民力量是一種與發展商角力的方法之一。其次是業主與租客的角力，在賠償與安置問題上，業主的利益與租客安置問題存在利益關係。除了利益關係的角力外，還有社會的價值觀念，如保育問題、綠化問題、文化結構問題等，都是新發展角力的議題。

　　城市在重整工作影響的層面常涉及人口結構、營商機會、高度規劃、道路安排等是為改善居民生活質素的長遠發展計畫。重建發展是一項巨大工程，舉例樓宇重建，它不可能短期內在同一時間遷移所有居民，必須有先後的次序，包括：(1)前期的推展工作；(2)外遷原住戶的影響；(3)附近區域居民影響；(4)社區的影響（見**圖3-1**），導致居民在不同時段都被影響。

1. 前期的推展工作：包括政府相關部門的檢視策劃，意見收集至落實推出重建方案，政府的考慮包括樓宇重建並非一日便可拆卸與重建，它需要時間給居民遷出，在這時段部份樓宇會出現真空與半真空期，容易產生環境衛生問題、大廈治安問題、公共地方管理問題等，對住客及周遭環境造成一定程度的影響。另外，在居民搬遷後與重建工程開始前的階段，人口減少，區內營商者或會減少，對居民生活造成影響。

2. 外遷原住戶的影響：重建單位的住戶必須遷離原有居所，他們需要搬遷，為子女轉校，甚至因新地區路途遙遠而需換工作。

3. 附近區域居民影響：重建期間對仍住在區內人士造成生活上的不便，包括工程噪音、沙塵污染、道路被暫封或改道的不便。

4. 社區的影響：新大廈高度對原區樓宇景觀及光線的影響、人口增多對交通需求的轉變、生活結構變化，改變營商模式，新聚居群對原區居民帶來的未知。

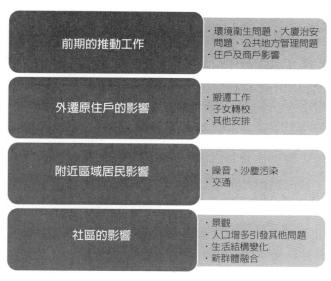

圖3-1　都市更新對居民的影響

　　都市更新的發展會對社區造成獨特的影響，涉及的議題並非單一居民能改變，政府要從大部份居民利益作考慮，以整體性作出革新的建議。因此政府需要為都市發展帶給居民影響的特性，給居民提供協助的服務，減低都市更新對居民影響的程度。

 ## 第三節　都市更新對居民影響

　　現代都市更新最常見的三大政策：重建發展（redevelopment）、樓宇復修（rehabilitation）及樓宇維護（conservation），從早期以拆除重建為主的局部改革，至目前以大地區整體開發的持續再生功能為導向，不僅著重各區域的改建，更強調對整體經濟、社會、產業、文化歷史等各層面的安排。

　　不少地區透過都市更新計畫有序地將原有老化、殘破、缺損的地區，建立成具靈活性、富現代感，具有歷史文化本地情的新地區，如摩洛哥、新加坡、紐約等先後提出各類的都市更新方案，在基礎建設、居住改革、文化發展等，讓居民在公平、合理的情況下，將他們的家園重新建立成具持續性的新都市。

　　都市更新是需要有計畫地依不同地區情況進行。1961年美國紐約制定土地使用分區管制（Zoning Resolution），藉由分區管制規範停車需求、開放空間規範，以回應都市交通擁擠與生活品質的問題（林崇傑、徐燕興、楊少瑜，2011：8）。因此都市更新的工作協助可依不同區域的情況提供協助。

　　紐約於1980年代以公共目的機構（如South Street Seaport-南街海港案件）推動都市更新計畫，至今調整為利用非營利組織的組成平台進行溝通（如High Line Park的NGO-Friends of High Line），政府推動都市更新公私合夥機制更加公共化並且能確保公共性，民營化不等於私有化，政府與民間合作，以非營利組織方式成立溝通平台，解決都市空間所遭遇的課題（林崇傑、徐燕興、楊少瑜，2011：53）。這反映出非營利組織中立位置的重要。

　　推展都市更新工作涉及基本建設規劃及民生議題，當中還有利益與需求的平衡工作，因此社區工作者有需要從不同的角度瞭解受都市更新影響居民的困擾問題及政府對都市發展應有的責任。

　　政府除了要為城市保持競爭優勢，在發展的同時社會上往往出現多類問題，部份問題可由基礎建設及都市發展政策處理，但是都市的形成並不單只是人口集中及經濟發達。都市發展隨之而來的是不少涉及原有居民或存在利益關係的問題，發展再分配的問題。不少這類問題除了政府政策之外，還要第三方以公平及已被居民接受的客觀者協助，為都市居民進行理性的調解。一直以來都市社區工作是普遍較被社會市民認同的公平第三方，社區工作者可以專業方法瞭解居民情況，為居民、政府、相關問題的持份者進行協調與溝通，讓各方在理性及合法下為主要重點推動社會發展。

　　香港城市大學應用社會科學系（2014：26-27）的「九龍城市區更新社會影響評估」最終報告資料顯示，居民表達重建對其影響可歸納為五類群體包括：

1. 重建對業主及租客的影響，居民擔心「收購／賠償金額問題」及「安置問題／難覓合適居所」，他們則較憂慮「搬遷後家庭開支／經濟負擔增加」及「搬遷後子女（孫兒）返學／轉校」問題。租客較重視交通便利、重視社區衛生及社區設施、空氣質素的改善及社區治安。

2. 復修對業主及租客的影響，是「因需要繳付復修工程費用，引致的經濟負擔」，租客的憂慮則是「租金上升」。

3. 更新計畫對天台屋居民的影響，乃天台屋僭建物，在收購的過程中往往不獲賠償，擔心「安置／搬遷問題」及「無家可歸」，其次是「收購／賠償金額問題」、「經濟負擔增加」及「居住質素下降」。

4.更新計畫最令長者及新移民擔心的是「安置／搬遷問題」，其次是「經濟負擔增加」，第三是「收購／賠償金額問題」。

5.更新計畫對商戶帶來的擔心是「收購／賠償金額問題」、「遣散員工問題／失去謀生機會」、「原區重新營運」及「樓宇得到復修」、「搬到其他地區重新營運」，期望「改善社區的配套設施」、「改善社區的吸引力」、「增強商戶網絡」。

　　資料顯示受都市更新影響的人士，他們有相同及不同的期望與訴求，政府進行都市更新工作是需要深入瞭解及引導，才能讓工作順利進行。

　　社區工作者協助都市更新相關人士，需要從瞭解他們所遇到的困難開始，根據香港城市大學應用社會科學系（2014：28-31）表示，業主、租戶及商戶所遇到的困難主要有：樓宇業主對現行支援服務及措施認識不足，表現徬徨無助。由於缺乏專業知識，害怕被私人發展商所騙，錯誤地以低價出售物業。若主動展開重建工作，則難以集合業權啓動重建程序。對於出租物業的賠償問題，有倚靠出租單位收入為生的業主，擔心出租物業會減少所獲賠償，於項目尚未落實便空置單位也不願出租。亦會擔心因重建帶來的費用。對於安置問題／難覓合適居所，業主一般都擔心重建過程及重建後的居所安排。部份長者居民安排搬遷有困難或未能適應新環境，健康狀況及社交網絡受影響。搬遷後家庭開支上升，如交通費、管理費等，特別是長者業主經濟能力有限，擔心未能應付因重建帶來的額外開支及搬遷後負擔較高的生活開支。從居民權益立場協助政府推展都市更新是社區工作的主要功能，它可從居民的擔憂開始展開協助服務，建立政府與居民溝通的平台，推展雙方溝通的工作。

 ## 第四節　社區工作在都市更新的重要性

　　林崇傑、徐燕興、楊少瑜（2011：53：54）表示，美國紐約市過去是成立都市開發公司（UDC）的私營公司，負責進行更新開發，於1980年代轉變成為成立公共目的機構（如South Street Seaport-南街海港案件），至今調整為利用非營利組織的組成平台進行溝通（如High Line Park的NGO-Friends of HighLine）。建議在都市計畫規劃過程中運用非營利組織的特性一同參與討論，共同規劃都市更新願景。

　　社區工作一般透過對社區問題的瞭解，先與居民建立信賴關係，從而組織居民討論居民所關心的問題，服務應朝香港城市大學應用社會科學系（2014）研究報告所說從現行的重建服務不足之處的重點作介入，包括：

1.資訊不足（私人重建項目）。
2.加強長者搬遷後適應新環境的支援。
3.繼續優化的復修支援服務。
4.發放資訊的渠道不足及不集中。
5.租戶有困難尋找租住單位。
6.加強協助少數族裔居民接收資訊。

　　而社區工作主要深入社區，以第三方中立角色，主動發掘居民所困擾的問題，為他們提供協助，香港城市大學應用社會科學系（2014：33）聚焦小組的資料提出居民對重建工作服務的期望包括：

1.提供可信賴資訊：大部份參與者特別贊成設立一站式資訊及支

援中心，為居民提供他們信賴的相關資訊。這些資訊主要圍繞法律、估價、維修工程及政策措施四方面，因此中心的營運應配合有關專業人士支持。

2.主動溝通模式：參與者期望，政府的資訊及支援中心可針對不同人士，包括受重建項目及私人發展商重建項目影響的持份者，主動進行聯絡並提供適時支援，建議中心應主動接觸及協助居民，為區內的弱勢社群提供支援服務。

3.外展支援服務：參與者期望，政府的資訊及支援中心以流動的形式提供服務，以深入區內，走訪上門形式協助弱勢社群，而針對少數族裔的語言問題，中心應予以特殊協助，透過外展的服務，相信可接觸更多主動性不足的持份者，讓更多居民取得有關資訊及協助，早點瞭解面對私人發展商進行收購時應注意的權益及需解決的問題。

　　社區中心扮演政府資訊及支援中心的角色，社區工作者在都市更新工作上需要在規劃階段開始展開地區工作，協助居民表達對都市更新的期望，重建時期安置處理的擔憂，重建後居民搬入新社區的適應問題等。社區工作員應為居民、為社會、為政府進行協調工作，使都市更新順利進行。

 第五節　四層面介入工作法（模式）

　　都市更新策略是因應不同地區的不同問題及需要而規劃，但目的大致相若。主要是協助居民的生活質素，不會因社區持續發展而受影響。

　　社區工作者面對對都市化發展的服務策略，可分為四層面：(1)都

市更新政策推展；(2)都市更新前的樓宇維修及管理協助服務；(3)都
市更新的安置與賠償工作；(4)重建／都市更新發展後的適應協助服務
（**圖3-2**）。

一、都市更新政策推展

　　現今社會，居民對政治非常熱心，行動方向需社區工作者關心與
協助。過往不少社區工作者強調公民參與，積極鼓勵居民參與社會事
務及關注居民應有權益，這是社區工作者應持的基本理念，社區工作
者亦要考慮參與或組織者的背後動機，及在組織過程行動的協調與監
察作用。

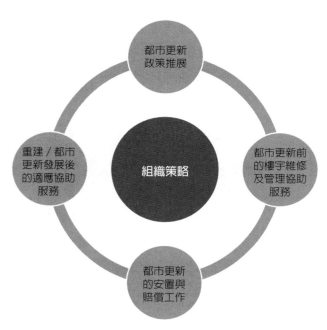

圖3-2　都市更新組織工作四個階段

　　政府新政策的制定，一定會對社會造成影響，影響多少、是否有為受影響的人士提供合適的保障及照顧，這類問題的出現，就是政策制定者與受影響者角力的場地，利益爭奪的山頭，是最容易造成衝突的焦點。任何能帶領及協助相關人士爭取權益，往往可以成為領導者。任何以一己之利的助人行為是完全違背社區工作的核心理念。他們所持的觀點與背後理念是否公正、公開、公平、合理、合法，是社區工作者應要注意的工作重點。

　　推動居民表達對都市政策權益意見的工作，應在政策未立法前進行，讓法例的落實能保障受影響人士的合理權益。社區工作者在政府制定立法內容時宜組織居民進行討論，從居民及業主的角度看都市更新的政策，含括基礎應有的設施、居民未來生活的環境、工作機會、居民質素提升等。

二、都市更新前的樓宇維修及管理協助服務

　　人口集中住屋需求上升，土地價值直線上揚，物業升值在所難免，利益亦在這發展過程中產生，同時都市化不是一朝一夕出現，而是經過一段長時期的發展，也因此都市化往往出現新舊樓宇同時並存的情況，舊的樓宇往往需要跟從新政策才能保持共存的價值，維修保養及合適的管理工作，成為重要的舊社區產生衝突及資源不足的問題，造成這類情況原因很多，首先是舊區人口老化，長者保持持續收入的能力漸減，同時他們也因持有物業的價值未能成為政府援助政策的受益者，在大廈不斷老化，要支付大筆大廈維修經費往往造成他們的壓力，保養維修大廈問題變得嚴重，也成為了一個社區問題，這種都市社區問題需要具相關知識的社區工作者，協助相關居民面對樓宇維修，運用社區資源，利用對政府部門支援計畫的瞭解，甚至是訴求的上呈，使這類問題得到解決。

在樓宇價值提升的情況下，管理及維護特別受到持有者的關注，容易在權益間形成了衝突的場域，管理者、租客、業主，各持份者、鄰舍間的協調等問題是社區工作必須關注的，及早介入問題有助減少衝突的發生。大廈管理工作屬都市更新獨特的社區問題。工作者須儘早接觸居民以建立良好的關係，透過關係的建立瞭解居民問題及所需，運用地區的資源協助居民解決及面對地區問題，讓問題能及早解決，減低對社會成本的消耗。針對都市大廈，社區工作著重在建立以大廈管理法規、維修制度、居民關係聯繫為本的社區工作技巧，推展都廈社區工作。

三、都市更新的安置與賠償工作

在都廈社區工作中，居民安置是利益的爭取，安置問題一般指受影響居住的人士，包括業主、租戶。各方有不同的要求與需要，工作員針對他們的需要提供協助。業主及商戶的要求一般會較高。安置問題涉及的爭議性較大。租住戶方面涉及層面很廣，需求也就複雜，租住戶可以是長者、新移民、少數族裔、多家庭組合、非法占用等，各種各樣不同的擔憂，例如，長者難適應新環境，新移民希望穩定，少數族裔習慣群居，非法占有的怕失去利益。舊住戶、新遷入各有背景和原因歷史，社區工作真正工作的需要是盡可能深入瞭解居民的問題，為他們提供所需的資訊，明確理解安置的實況，協助居民爭取在清拆前獲得合理權益的安排。

另一個問題是金錢賠償。由於各持份者必爭取最高自身利益，往往有些非理性的居民期望獲得高於合理的賠償，也有不想遷出的居民，特別是難適應新環境的年老長者。因此任何賠償安排都難以滿足所有居民的期望，建立一套法規作為評估依據是重要的。社區發展機構推行都市更新工作前都會訂定法規，以示保障住戶、業主、社會發展等各方的權益。可惜法規非個人訂制，難以包含所有不同情境需要的居民。協助感到利益被削奪的居民，需要具相關專業人士提供意見，社區工作者必須留意，在推展工作時，注意法規的資料，運用專業聯繫和脈絡，給予受助者正確的資訊，使他們對賠償持合理的期望。工作員運用理性方式引導居民思考問題，分析居民在爭取非合理權益所作出的代價與回報價值，以減低因賠償問題阻礙了都市更新發展的步伐。

四、重建／都市更新發展後的適應協助服務

都市更新規劃主要是為了地區與社會同步發展。都廈更新安置是一種過渡的安排，當重建後部份原區居民可以遷回。然而新發展區的安排必會導致舊有地域文化的改變。以往的生活次序、鄰舍關係不復在，這些轉變對長者、新移民或少數族群任何居民都須重新適應，因此，社區工作有需要協助這些地區大眾重新融入新社區。

協助居民重新融入新社區，社區工作員可為他們設計不同的服務，這些協助模式可以用專案方式或融合式進行。專案方式是指針對特定社群提供相關服務，如就業服務、語言教育、活動援助等。融合式服務是在一般服務中提供社區支援，社區認識、相關興趣小組及個案輔導服務。

社區工作員在各階段對組織工作需要以整體策略作考慮，在不同階段有不同工作需要，若處理不當，往往會造成嚴重的社區問題，直接影響都市更新的發展。因此，社區工作員在都市更新的不同階段起著不同重要的作用。

小　結

　　社會的發展往往涉及新舊交替，當舊區的樓宇在未能透過維修來保持其優勢，便產生更新發展的念頭。但是老舊的環境保存了舊式文化，是歷史懷舊的地方，某些古物具代表性難以用價值來衡量。重建樓宇的發展往往以物業價值作衡量，兩者間產生的衝突在所難免。古物與故物的處理需平衡各方利益，避免被市民大眾誤視為官商勾結。社區工作團隊可以以第三方的角色，作為調解者發揮緩衝功能，加以疏導。因此社區工作者必須建立調解工作能力，以合法、合理、公平的方法為相關人士進行調解。

　　重建及更新工程包括物業權益的合法性及持有者的業權問題涉及各種專業課題，社區工作者在工作技巧的發展上宜運用社會資本的各類資源，在各專業知識持份者協助下進行有情有理的調解工作。

第四章

都市社區工作方向

第一節　導言

　　社區工作一般亦會被稱為社區組織或社區組織工作。聯合國1955年發表的《經由社區發展獲致社會進步》（*Social Progress Through Community Development*）文獻指出，社區發展是一種由社區居民參與並得充權，得以促進社區的經濟及進步的過程，居民與政府當局配合，一致去改善社區的經濟、社會的環境。居民有所參與，由政府或其他服務機構幫助的一種自覺、自發與自治的過程。

　　第二次世界大戰後，聯合國倡導的社區發展，開始時是希望以社區變化解決鄉鎮由於經濟及文化而產生的社會問題。及後，聯合國再將社區發展推展到都市社區發展。社區工作是由英美國家的慈善組織在城市展開。社區工作普遍被接受為解決社會問題的方法。然而，美國政府經歷大力推行社區工作，由於其工作特色讓居民有參與決策的機會。而決策者與社區工作者、居民對計畫基本及目標有不同解讀，引起不少評論、批判。對政府造成壓力，因而政府逐漸減少對社區工作計畫的推展。自80年代後，美國已將社區服務工作的重點轉向一些社區有需要的貧困團體。

第二節　社區發展為理念的工作方向

　　邵金華（2009：128）指出，加拿大的社區發展具有很強的自治性，居民認為政府管得越少越好，社區中的管理者是義務的。邵金華（2009：128）認為社區工作的內涵契合了社區發展的要求，亦是社區發展的推動進程者。加拿大政府鼓勵各民族發展獨立的社區文化，保持自身民族的特色，社區工作者在不同社區中引導居民參與社區建設、協助居民增權，減緩社區緊張感，改善社區關係。

魯鳴明、馮婉嫻在《社區社工活動手冊》表示社工在介入社區後，在中國國內可以從多層面瞭解社區資源，包括：社區工作站、居委會、學校、社區健康服務中心、義工隊、社區商戶、社區其他特有的單位（深圳市東西方社工服務社、香港家庭福利會編著，2009：1）。

政府除了要為城市保持發展優勢，在發展的同時社會上往往會出現新的各類問題，部份問題可由基礎建設及都市發展政策處理，都市的發展並不只是人口集中、經濟發達。都市發展隨之而來的是涉及原有居民或以舊有存在利益關係的問題。發展等於利益再分配，這些問題如涉及政府政策，倘若可透過被多方認同不涉利益的第三方為居民提供協助，可達到為地區居民進行理性調解作用。社區工作可說是現今社會較被市民認同的第三方，以專業方法瞭解居民情況，為居民、政府、相關問題的持份者進行協調與溝通，讓各方在理性及合法下推動社會發展。

Netting（2012：33-35）表示，社區工作推展社會服務需要瞭解當地的歷史情況，包括人口增長、就業環境、都市化、制度結構轉變等。根據時代都市發展的變化建立貼近時勢的社區工作方向。在現今二十一世紀市民強調隱私，溝通聯繫方式的新科技，鄰舍間的接觸與聯繫方式有別於鄉郊城鎮，社區工作者運用早期的家訪工作較以往困難，工作方向亦較複雜，DuBois與Miley（2014）指出，社區工作實務包含廣泛的活動，包括社區組織、組織發展、社會重組。都市社區工作是針對都市化的發展問題協助居民解決，基於都市發展迅速，政府需要推出不同政策回應社會發展，社區工作方向可分為：(1)社會政策或社區規劃推展；(2)都市更新重建發展；(3)專案服務；(4)一般社區服務。

 第三節　社會政策與社區規劃推展

　　英國學者Henderson與Thomas（2005）認為社區工作有二大目標：
(1)分配資源，為居民的切身利益爭取合理而平均的資源調配；(2)發
動居民培養居民的政治責任感並產生興趣，學習更多政治知識，去參
與政治事務。長期的公民教育，現今社會居民關心社會政策積極而投
入，行動方向值得社區工作者關心與協助。過往社區工作者強調公民
參與，積極鼓勵居民參與社會事務及關注居民應有權益是社區工作應
持的基本理念，但現今社區工作者更要考慮參與或組織者的背後動
機，及在組織行動中是否缺乏有效的組織、協調與監察。

　　政府發展政策制定，難免對社會造成影響，社區有變遷，如何為
受影響的居民提供合適的保障及照顧，這類問題是政策制定者與跟從
政策的居民角力的場地，倘若兩者在計畫上目標不一，理想不同，就
會有差異，偏差是造成衝突的焦點。政客及政治人物常利用這些議題
變身成為代表居民的領導者之關鍵人士，帶領及協助居民爭取權益。
以自己利益為主的助人取向與社區工作的核心理念絕對相違，社區工
作是為了處於弱勢的一群，以專業提供協助，有效解決各方的擔憂，
從而緩和社區不安的情況。

　　政府社會政策工作涉及不少保密資料，對社會的影響錯綜複雜，
具有經驗及分析力強的人士才能為受影響的居民提供合理及客觀的解
決方案。所以社區工作者應具有分析及關心社會政策的興趣及知識。
而提供服務的機構亦應具備獲取相關資料的途徑，能給予工作者適當
的引導與協助，讓社區工作者掌握相關資料及以合法方法鼓勵居民表
達意見，能從居民的角度看居民對都市更新發展的期望，才能保障他
們應有的權益。

社區工作者在社會政策推動環節的社區工作中充當以下六種角色：資料收集者、分析者、倡導者、組織者、協調者、監察者等，讓參與的居民得到學習機會及被保護。

 ## 第四節　都市更新重建發展

都市社區的發展涉及新舊交替，舊區的樓宇如果未能透過維修來保持其優勢，便會產生更新發展的念頭。老舊的環境同時是保存舊式文化的地方，是具有歷史價值懷舊的地方，古物古蹟有時是難以以價值來衡量。新都市的發展往往以未來價值作衡量，兩者間產生了衝突。針對都市更新的發展需要，社區工作者要以都市更新特定群體作為工作目標，協助相關人士與為發展的持份者進行協調。

古物與故物的合適處理，宜由當事人與政府作理性的互動商討。但現今社會上，政府部門與發展商往往被市民大眾視為官商勾結，作為第三方調解者，包括信任，社區工作員可令問題得以疏導。因此，社區工作者必須建立調解工作能力，以合法、合理、公平的方法為相關人士進行調解。社區工作者不但是居民組織的促進者，亦是各方利益團體的搭橋者、查詢者、權益保護者及宣導鼓勵者。

Netting（2012：173）認為社區工作應朝特定的群體的需要作為工作方向的重點。重建及更新工程涉及物業權益的合法性及持有者的業權問題，社區工作者在工作技巧的發展上宜運用社會資本的各類資源，透過各類的專業知識為持份者合理進行調解工作。

都市更新是社會發展必然面對階段，雖然它涉及層面不如社會政策與社區規劃，但它涉及整體區域的連帶關係。組織工作上不能以單一平面方式考慮。

第五節　專案服務

在都市社區工作中的專案服務，新舊樓宇更替是常要處理的工作。人口集中，土地的價值大大提升，物業升值在所難免，利益在發展過程中產生，同時都市化不是一朝一夕出現，而是經過一段長時期的發展，因此都市化出現新舊樓宇同時存在的情況，舊的樓宇需要跟從新政策才能保持共同存在的價值，維修保養及合適的管理工作，是舊社區經常產生衝突及資源不足的地方，這類情況的造成涉及很多情況，如人口老化，長者持續保持收入的能力漸減，要支付大筆大廈維修經費往往造成他們的壓力，同時他們也因持有物業的價值是未能獲得政府援助政策的受益者，令大廈不斷老化，保養維修問題會更嚴重。因此，都市社區問題需要具相關知識的社區工作者協助相關人士如何面對，讓這類問題得到解決。

樓宇價值是一筆重要及貴重資產，其管理及維護受到利益持有者的關注，權益造成爭奪，管理者應如何管理？如何才是好的管理，持份者要承擔多少費用？管理者的權與責，租用者的付出與享受，業主的利與責，維修者的機會與收入，鄰舍間如何協調問題是社區工作應關注的，問題及早介入會減少衝突的發生。大廈管理工作非一般社會工作者能透過過往城市化社區工作手法可以處理，負責都市更新的工作者應儘早與居民建立良好的關係，透過關係的建立瞭解居民問題及所需，運用地區的資源協助居民解決及面對地區問題，讓問題及早解決，減低社會成本的消耗。

政府對樓宇管理要求嚴謹以保障住戶的安全。樓宇結構、大廈環境直接影響居民的生活，居民的感受快而深。因此，社區內有不少這類服務的需求。它涉及的層次不及都市更新覆蓋面的廣闊，問題大多

以大廈所屬區域爲主。現今都市社區工作方向是針對居民所關心的專
案問題作啓動組織工作，如大廈管理、泊車位不足問題、環境衛生問
題、治安問題等專案工作。

 ## 第六節　一般社區服務

　　隱性的社會問題，不易被社會察覺或接觸，例如獨居長者，隱
蔽青年等，被社會大衆、新聞媒體及社會學者專家經常討論的社會問
題，有廣泛的影響，容易引起政府及社會團體的注意，並集結行動去
解決。但社區內個人的問題難引起大衆關注，默隱於社區中，是需要
透過不同方法去尋找，舉例而言，由社區工作員在社區進行家庭訪問
時，基於已建立互信關係，居民會樂意提供沉默於區內的隱性問題。
因此，社區服務中心需要在區內提供恆常的服務，包括小組活動、個
案輔導、倡導性的大型活動等去聯繫區內居民並建立社區網絡。這類
恆常服務可分爲以中心爲本的小組工作、以個案爲本的組織方法及以
社區爲本的組織活動等三大組織方法。

一、以中心爲本的小組工作

　　人類生活於現今社會，必須與他人互動，在互動間建立了個人的
價值觀念、道德觀念及人格特質等。都市發展使人們受到各種不同環
境影響，互動的方式與過往不同，人們所遇到的問題亦較爲複雜，小
組活動需因應服務對象所需應運而生。小組工作方法是社會工作者較
多使用的一種技巧，爲近代社會工作課程中必須學習及掌握的基本技
巧。社區工作者可運用小組活動供專業治療目的的小組服務及一般的
康樂性小組活動。

以中心為基地，由中心工作員主導，提供一個穩定安全的聯繫環境，成立不同種類及主題的小組活動。社區工作員可為區內不同年齡層的人士開辦各類的小組活動，作為培育、治療及一般康樂目的的小組。如聯誼小組、興趣小組、義工小組、情緒治療小組等。為區內提供適當的小組服務。

以中心為本的小組，組員及社區工作者的關係較密切，支援及協助快而明確，聯繫性強，關係容易建立及掌握。

二、以個案為本的組織方法

個案的定義可從宏觀及微觀區分，宏觀之個案以社區群體為案主，微觀個案是指個人與家庭。許臨高（2003：5）指出，採用個別方式，以適應不良或有問題的個人與家庭為對象，透過專業關係的運用，及經由物質的援助或心理的支持與治療，協助案主澄清其問題、發揮其潛能，並結合社會資源、協調社會環境，恢復增強其社會功能，目的解決其問題，就稱之為社會個案工作。社區服務的個案工作要達致社會工作個案專業要求，居民求助時，有一定的工作流程，包括接案的資料收集、問題評估與目標確立、工作員的介入與服務、結案或轉介等。

處理個案輔導社區工作員應以案主的情況進行直接協助。運用社區中心服務範圍、類別、人手資源為服務受助者提供合適的介入協助或轉介工作。若個案的問題涉及其他專業服務，工作員宜以轉介方式處理。許臨高（2003：292）認為工作員運用社會資源需要具備瞭解社團的主導者，並建立互動關係、瞭解社區內可用的設備與資源及其規則，方便工作員轉介個案或申請優惠服務，讓案主獲得更合適的協助。

三、以社區為本的組織活動

　　都市發展帶來社會不少民生議題，導致社區居民有不同的需求。社區工作在區內除了提供各類服務與協助外，還針對社區需求為本的專案工作，為特定對象及社區問題提供以過程目標取向的組織工作（甘炳光，2011：402），社區工作員需要以社區呈現的議題，發掘及探討居民對事件的反應，以共同工作的專題活動，如都市重建問題、交通問題、治安問題等。

　　專題活動主要以居民面對的問題，可以是由服務單位主導推展的服務，如政策倡導活動，以一連串的活動，讓居民醒覺社區問題，它可包含簡介、街站、分享會、座談會、大小公開型活動等，以相同的主題推動專題活動。

　　公開型活動有助將訊息傳達給社會大眾，不少公、私營機構都運用大型活動將有關訊息向社會大眾發布，因大型活動有利推廣活動，以達致活動的目的。由於社區工作的大型活動除了達服務單位的訊息外，還涉及政策倡導及推動社區規劃、培育與充權等的作用。公開型活動需有詳細的計畫，以便在推展大型活動中發揮相關的功能，並讓社會大眾得到正確的訊息。

　　大型活動涉及的人員較多，服務機構人力資源有限，義務工作人員的協助不可缺少，考慮義工協助有兩種目的取向：工作取向（task oriented）及過程取向（process oriented）。在時間及義工基本能力缺乏下，一般工作員會取用工作取向。

　　為不離助人自助的社會工作原則，大型活動多訓練一群義工，協助籌備大型活動的工作。籌備由工作員全面計畫及安排，義工只執行有關的工作，此乃工作取向方式。為達成工作的目標，組合一個團隊來推行，其目的是完成工作目標。

過程取向，由籌備大型活動開始，當機構管理層同意舉辦大型活動後，工作員便需開始招募籌備小組，進行各項活動的細節安排，同時爲參與籌備工作的義工進行訓練的工作，以便義工能在學習中，達致助人自助的目的。

服務機構舉辦大型活動時可同時發揮培訓作用，社會工作員在設計大型活動時應考慮訓練及運用義工資源，達列社區工作功能最大化的目的。

小　結

都市社區工作除了爲區內居民提供必需的社會福利服務，讓相關地區居民獲得應有的社會服務外，它還可以運用社區工作特有的方法，主動深入社區直接接觸居民，發掘居民受困擾的潛藏的問題並提供協助。

社區存在著不同需求，社區工作需要依地區的變遷進行調配，提供社會工作應有的三大技巧功能的主題服務，如個案輔導服務、小組服務及社區工作。社區工作是社區服務的重要特性，因此，社區工作員必須掌握政府政策，在有需要時爲政府、爲居民推展各類的倡導工作。都市社區工作方向是多元發展，在多元化發揮深入民間的組織工作，爲未來社會培育人才，是都市社區工作新方向。

第五章

社區工作理論運用

第一節　導言

　　都市社區工作其概念離不開社區工作的基本理念。都市的社區工作功能就是為社區的弱勢者處理他們面對的社區問題，透過初期的他助、推展至互助，然後發展至自助，來改善社區發展所帶來的都市問題。

　　聯合國發展計署（UNDP）公民社會部自有「社區發展」的理念至今，明確及堅持在社區發展以及建立公民社區以至公民社會對各國發展的重要性，並強調社區居民參與的基本策略方向。

　　自1962年，美國的社會工作教育課程委員會正式認可社區工作為社會工作的基本方法之一，聯合國以及各採取社區工作的國際社會國家，從英國、美國，到亞洲的台灣、香港，從各政府有意識培養公民社會組織的經驗所得，社區發展工作的方式有兩種，即「自上而下」及「自下而上」。

　　「自上而下」的社區發展是由政府機關以行政方法和政府制定的政策目標來推展社區發展。「自下而上」的社區發展，政府仍是社區發展的總策劃者，但社區發展不只是單以國家為主體考慮，而是以社區為主體，更重視居民的參與。因此，組織居民在都市社區工作不可或缺的部份，也被稱為「社區組織工作」。

　　社區組織工作的理論依據難以用單一的情況進行理論分析，居民所關心的社區問題涉及不少個人基本要求與社會的關係。社區工作員必須以不同的情況從不同角度作各方理論分析，在實際推動時得以配合理論所關注的觀念來引導居民。

　　姚瀛志在2011年的《社區組織理論與實務技巧》一書提出各種理論分析組織各階段（如**表5-1**），有助社區工作員在組織工作的思考，引領工作員的思維。除此之外，組織工作還有其他功能，如充權、倡

表5-1　各階段社區組織理論的應用

組織階段	理論應用	目的
地域結構及關係	場域論 社會關係理論 社會結構理論	分析地區上的問題成因
問題成因	衝突理論 公平理論	問題與居民之間的認知造成的影響
居民對解決問題的動機與需求	社會交換理論 社會資本理論 期望理論 社會學習理論	分析居民解決問題的動機與需求

資料來源：姚瀛志（2011a），頁45。

導、培育、網絡關係建立等。社區工作者在組織居民的過程中，運用理論分析帶領居民，起不同作用。居民本身對自身問題及需求的瞭解涉及居民的認知價值觀，是工作員分析居民參與行為及價值取向的基礎。

　　在組織居民參與活動的過程，居民受到社區人、事、物的影響，工作員需要透過居民參與灌輸正確的意識，培育居民建立新的價值觀念，以理性方式找出解決問題的方法。現今的社會，都市或市郊偏遠地區，網絡互動頻繁，人們容易受新文化影響，工作員需要掌握流行文化對居民認知的衝擊。透過不同理論分析居民的認知、行為取向、培育的機會，是工作員對社區問題及居民行為分析所必需的。

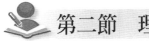 **第二節　理論與應用**

　　姚瀛志（2011）詳細以不同理論分析社會問題的成因、問題與居民之間的認知所造成的影響，分析了居民解決問題的動機與需求（見**表5-1**）。工作員同時運用現今及過往不同專業領域的理論應用在多變的都市社會現象。

　　圖5-1所示，專業工作的思維信念建基於理論，從理論發展出一套專業的技巧。過去社會工作專業是與社會學思維領域中一併成長，獨立成科。然而，社工所應用的理論以具社會科學觀點為主，不少大學將社會工作系納入在社會科學學院或應用社會科學學院的範疇，如香港大學、香港城市大學、台灣大學的社會工作系等。顯示出社會工作實務與理論應用必須相結合的關係。

　　不同理論供社區工作員運用分析不同層面的居民情況，居民所在的地區歸入地域結構及關係、社區問題成因的考量、引用居民對解決問題的動機與需求。社會工作員在組織居民參與時，居民的行為動機，可用各種相關理論引導工作員深入瞭解居民行為訊息。

圖5-1　理論與應用關係

第三節　居民動力理論

在社會化歷程裡，當個體離開家庭之後，在積極參與社會、國家的過程中，往往會經過社區的洗禮（陳淑敏，2005：401）。每個人在與社會的互動中，社會環境、知識經驗的累積都影響著他們所建立的個人的價值。換言之，他們的行為是會因為激勵、教育、引導作出轉變。因此，社區工作員推展居民工作也可運用適當的理論去分析居民的行為，或者為居民設立行為規範，透過組織過程的參與，引導他們接納新群體規範，盡量趨向以理性角度爭取解決社區及社會問題。

居民組織工作必須居民對社區問題有正確理解以及認同工作員的思維相當重要，正如陳淑敏（2005：406）指出，社區發展的核心在於認同的建構，長期以來，認同不斷地被關注，認同及贊同是個人與某一群體之間擁有共同的思想、理念。涂爾幹的「集體意識」（collective conscience）、馬克思的「階級意識」（class conscience）及韋伯的「理解」（Verstehen）。傳統的社會學理論傾向於將「認同」視為建構的社會現象，Cooley與Mead從微觀的角度探索「我」的概念，近來則轉向至三個方面（Cerulo, 1997: 385-7），逐漸對「認同」被建構的歷程加以重視。社區工作員需要在居民組織工作建立居民對問題的共識，引領居民朝這共識方向，應用**表5-2**的理論，讓居民認同共同的社會問題，激發居民互有共鳴，集結力量解決社區問題的動力。

表5-2　居民組織工作功能理論應用

特性	理論應用	分析觀點
認知： 居民價值觀對行為的影響	·需求理論 ·操作制約理論 ·超我觀 ·階級衝突理論	·居民的真正需要 ·減少激進的居民做出違反居民原意的行為 ·理性的觀點思維 ·居民行為可能會與相關部門或人士出現衝突
培育： 能力發展有助以理性解決問題	·目標設定理論 ·社會參照團體理論 ·功能論 ·社會公義 ·人力資本	·給予居民參與方向 ·瞭解居民的比照期望 ·發揮居民的能力 ·地區層面與大社會層面的分別 ·居民個人能力的建立
溝通： 澄清問題所在	·訊息理論 ·流行文行理論 ·批判理論	·訊息影響人的行為，有效運用這功能有助問題解決 ·潮流對居民思維的影響 ·從另一角度探討相關部門或人士的觀點
網絡關係： 群體力量可提升居民力量	·互惠觀 ·雙因子理論	·探討社會群體的合作空間 ·運用不同因素找出參與動力

一、需求理論（Need Theory）

　　基層居民一般要爲生活而忙碌，對於社區問題的關注面主要集中在以基本需要爲主，社區工作員推展居民組織工作時可從需求角度瞭解及分析居民的訴求。Maslow的需求層次論認爲人是有需要，只是層次有高低。低級的如佛洛依德的本我，著重於生理需要，安全需要，再上一層是自我，最高者是超我，是自我實現的需要和超自我的實現。Maslow的社會需要、尊重需要，以需求的層級來看，外在需求則屬較低層次之需求，內在需求次之，而社會需求則屬較高的心理層次需求。Maslow將人類需求劃分爲生理、安全、社會、自尊及自我實現五大層級，認爲只有滿足低一層次的需求後，才能進入下一個較高的層級。在五個層級中生理的需求是最低層次需求，依序而上是高層次需求，並且愈屬高層需求的滿足會愈傾向心理因素（Robbins & Coulter, 2005: 393-394）。

以需求理論的角度探討居民對社區問題的關心面，從居民的基本需要，在組織工作上作出配合，如接觸時間、與居民集會時間等，以便他們可完成生活上的安頓後參與組織活動。

值得注意的是，從需求層次理論看，居民達致基本滿足後會追求上一層的需要，這需要的要求是否已超越合理及應有的需要，社區工作員須留意以免錯誤鼓勵居民以達致個人欲望為目的推展社區行動。

二、階級衝突理論

Karl Marx階級衝突理論對社會發展的衝突現象作出分析具指導思想，社會發展往往出現利益公平的問題，不同群體對利益有不同期望與要求，形成大家爭奪的戰場，弱勢群體會被強者剝奪應有的利益。孟宏斌（2013：52）認為衝突是人們為爭奪同一目標（資源、地位、權力或價值等）而展開的行動及其過程，是不同行動者之間互相反對或阻止對方意圖的自覺的行動。黃文彥（2006）指出，社會上存在有產階級與無產階級的衝突與鬥爭。所有社會問題的產生，都歸咎於無產階級受到有產階級的壓迫與剝削。要改變這種現象，必須改變整個社會現行的經濟制度，打垮資本主義，建立社會主義制度，邁向共產主義的理想。

孟宏斌（2013：49）認為衝突是一種不一致，在個體間、團隊間、組織間或者民族（國家）間源於不可調和的利益、價值或者行動，衝突各方追求自己的利潤最大化，以抵制、妥協甚至擊敗對方而結束。

廖朝明（2010：95）指出，Coser社會衝突的功能基本假定為：(1)衝突因社會報酬不均所引起；(2)社會合法性的消失亦是引起衝突的原

因；(3)衝突有破壞，也有有益的；(4)衝突可能增強社會團體之團結；(5)衝突可能導致新行為模式和新制度產生；(6)衝突一方面是社會變遷之因，也可能是社會變遷之後果。社會衝突的功能，具有正功能和負功能，在一定條件下衝突所導致的社會重組，可增強其適應彈性，減低兩極對立的可能性，解決社會變遷問題。

孟宏斌（2013：51）在文獻探討對有關衝突轉化的成果，在衝突干預的最終目的不僅在於預防衝突本身，更在於駕馭衝突並轉化衝突，使其發揮積極作用。衝突轉化的相關行動，包括增加公眾參與程度、增強調解員識別衝突根源的能力、為自然資源共同管理提供機會、增強民眾對於自身權利的認識等。促進衝突轉化的關鍵因素包括參與決策性制定過程、談判過程、構建信任、權力均衡等。

澳門的交通問題，案例9所示居住區域交通擁塞，造成居民出入困難問題，居民對出入需要有切身的關注及瞭解。而政府當局是政策決策者，但未必能親身體會居民的情況，透過居民向政府表達意見，將兩者的長處結合，讓政府政策能切合地區人士的生活需要，作出改善的方案。

社區工作員應注意不同群組的衝突關係，運用群體間利益衝突的關係，轉化為互惠作用，透過組織改變弱化利益衝突，增強合群後的利益，發揮雙贏的機會。

三、社會公義

社會公義有不同層面，尤以都市社會規範多、利益多，每個居民有一把個人的尺度判斷社會公義。為居民爭取社會公義是社區工作的核心價值，社會公義是由道德、社會文化認知及歷史傳承的價值觀念組成的。張福建（2006：2）認為公民觀念從傳統到現代，其演變基於平等自由權利原則以及差異原則，可以說是包括了公民權、政治權以及社會權。

　　《正義論》及《政治自由主義》兩者的探討，張福建（2006：5-6）認為正義原則的文字雖略有出入，正義原則一直援用社會契約論的傳統。相較於傳統契約論的自然狀態，人們由於受無知之幕的遮蔽，將會理性的選擇以上的正義原則作為社會基本結構的規範，就是價值的權威性分配是依照以上兩個正義原則作為準繩，這樣的一個社會就是「良序社會」。一個合乎正義的社會，必須藉由適當的原則來規範其社會基本結構。在此一正義社會中，每個人保有各項基本自由權以及平等的政治自由權；確保社會中的每個人教育、就業的機會平等，進而依照差異原則來逐漸地改善社會中處境最不利的人。也就是說，居民或工作員有權依個人觀點對公義表達意見。

　　張福建（2006：8）認為所有公民，不管其社會經濟地位為何，對他們而言，各項政治自由權的價值（作用）必須大致平等，或者至少是相當平等的。但在都市發展的過程中，由於人口多，決策往往以代議政制的方式進行，決策權集中於小部份人手中。相反之弱勢群體占大多數，在利益分配上難免有少部份代議者未能全面掌握實際情況或因私利作出決定，形成決策錯誤違反社會公義，受影響者往往是大多數的群眾。澳門望廈重建的安置問題，受影響者是重建區的所有居民，他們擔心重建後的安置，而重建安置安排，決策者不依居民實際需要作出妥善計畫，如重建單位數目、單位房間數目與原來的居住面積不一致等，因此，社區工作員要清晰瞭解推展居民工作時所遇的社會公義問題是否出現在社區層面，若在社區層面，涉及居民生活上的不公義事情，社區工作員有需要激發居民對問題的關注，讓居民以集體方式保障居民的合理權益。對社會上的不公義，社區工作員有責任理性地思考居民參與後會對他們造成的影響，他們在政治的變化下保護自己的能力，工作員保障他們應有權益的能力。

　　社區工作員對社會公義表達立場及不滿意見時要注意，為社會不公義事情表達意見是個人的行為，因此居民隨時可依個人的決定參與行動。當工作員在推展社區組織工作時，不要因個人對社會公義的立場，運用與居民的關係，強迫居民表達意見及參與。居民參與社會公義運動的真心難以測量，處理社會出現不公義的事情，在工作上，不要以私人情感參與為宜。

四、社會參照團體理論（Social Reference Group Theory）

居民對社會問題的不滿，會與相同的情況作出比較。Kadushin與Kulys（1995）研究從社會參照團體理論分析團隊內人員的行為，指出組織內隊員的滿足是會參照其他同僑或工作相似的員工之工作滿意情況，期望個人的獲得，這些期望的滿意度是取決於與參照團體或個人的投入與結果。社會參照團體理論的觀點同樣可應用在居民對社區問題的滿意與否，如案例5，UWH大廈第一及第三座的組織工作，居民對大廈安全的要求，是參照與類似大廈的情況作出比較。工作員可以以參照理論激發居民參與的動力，以作出行動的決定。這與社會決定論（Social Decision Theory）的觀念相似，它認為個人行為受到個人內在及外在環境影響（Maccheroni, Marinacci & Rustichini, 2012）。居民的參與行為受到鄰舍影響。

社區工作員探索社區發掘相似社區問題，並找出居民所關心問題的相同點，以相類似前例，讓居民對問題的解決方案有所參照。社區工作員要注意的是被參照的地區問題能保障居民原有權益。要避免居民本身的合理期望過於受參照的例子影響，造成決定錯誤。

五、功能論（Functionalism）

功能派理論（Parsons, Nisbet & Merton）強調社會內每個人、每單位，彼此之間有著緊密的關係，功能性的關係互為影響，牽一髮可以動全身。無論出現任何的變動，社會始終要維持穩定和平衡。社會穩定及平衡，不但是社會所追求的目標，而且有其必然性，同樣是居民的願望。

廖朝明（2010：85-87）表示，每一個個體在結構中占領了一個地位或位置，只要角色在運作、結構平穩運作，表示個人正在這些結構中實行他的功能和角色，維持結構順利運作。居民在其生活環境同樣具有特定的位置與角色，值得社區工作員注意及發掘他們的能力，運用居民本身的身分或位置功能，達至他們的需要與訴求。

居住在社區內不同居民對解決社區問題可以有不同的位置及功能，舉例成立大廈管理委員會的工作。在澳門法例下，大廈業主（大廈單位的法定擁有者，包括公司）才能有表決權、參選權及被選權。在組織委員會過程中需要大量人力協助，去進行派發及簽署召集書、準備表決資料、會議簽到工作等。協助人員不受法例限制必須為業主的要求，它可包括業主或非業主持有人。因此，社區工作員要準確掌握有權參與大廈管委會工作的合法人選。非大廈業主，在大廈管理委員會組織工作能擔任什麼工作，以至更有效及合法地發揮各人的功能。

六、目標設定理論（Goal Setting Theory）

目標設定理論是洛克（Edwin A. Locke）認為目標影響動機。工作目標的設定會直接影響到工作表現，目標本身就具有激勵作用，能把個人的需要轉變為動機，使人的行為向特定方向努力，並將自己的行為結果與既定的目標相對照，及時進行調整和修正，從而能實現目標。一個明確、具有挑戰性的目標，配合合適的回饋，可以令個人的工作表現獲得更大的提升。

Erez與Zidon（1984）提出了目標接受與表現的關係模式，他人指出，訂立的目標需經過認知和評價的過程，才決定其可接受性，一旦接受目標，便如自設目標，會直接影響表現。而表現所形成的回饋，則用來重新評估目標達成之可能性，並修正未來目標的決定。在指定目標的形式下，個人的認知（自覺能力、自我效能）會影響其評價（主觀難度），而自覺能力、自我效能及主觀難度也會影響其目標接受程度，進而影響個人的意向（自設目標）及其表現（陳益祥，2001）。對社區居民亦然，在解決社區問題的各環節，他們會設定行為達致的目標，但在不明朗的情況下，這類目標不一定會呈現給社區工作員或其他居民知曉。

管理學者德魯克（Peter Drucker）認為，不是有了工作才有目標，而是相反，有了目標才能確定每個人的工作。社區工作員可為社區居民對解決問題明確設定不同工作目標，驅使居民的參與動力，正如超過五十年樓齡大廈的組織工作，居民關注大廈重建問題，但重建工作並不是一時三刻便可進行，它涉及政府政策，重建法規、重建時機等問題，這些問題需要較長時間。在未有明確重建計畫時，工作員應提早探索區內存在的問題，以鼓勵居民朝解決這些問題為目標，以維繫居民的參與動力。

七、雙因子理論（Two-Factor Theory）

從社會的角度，居民面對的問題，社區工作者可從多方面激發居民參與的動機，包括居民的投入管理與環境質素等的存在關係。社區工作者推動居民工作時從相互關係的影響作分析以激勵居民參與。雙因子理論以兩個關聯性的關係考慮激勵個人行為。簡如君、廖容仙（2013）指出，Herzberg提出雙因子理論，分別以保健因子與激勵因子來探討人員工作滿意度。

　　保健因子（hygiene factors）大多與其工作環境有關，包括薪資、工作條件、地位、生活的安定、主管的監督方式、組織的行政與政策管理，以及職場人際關係等。保健因子的作用只是預防人員的不滿，防止工作績效的下降。換言之，改善保健因子不能產生激勵的正效果，只能避免負效果的發生，而維持激勵於零的狀態。社區工作者在與居民的聯繫中，用保健因子觀念，例如，環境的改善及安穩會令居民心安，避免居民挑戰政府的政策。

　　激勵因子（motivator factors）產生積極的正向效果稱為滿足因子，包括成就感、升遷、工作本身、所承擔的責任、被賞識的程度，以及個人進步與成長的可能性等，較偏重於工作的本質方面。激勵因子能對員工產生某種程度的激勵效果，使人員對組織更加忠誠，更具歸屬感與認同感，進而促使整個組織系統更加健康，更富活力。

　　要令社區居民提升自我能力和自信心，對社區有忠誠及有歸屬感，社區工作者要懂得運用激勵因子，例如知識的灌輸，各方能力的充權，對居民委以信任及責任。雙因子理論強調改善工作條件或保健因子並不會提升員工的工作滿意，保健因子只是提升績效的必要條件，但並不是充分條件。從雙因子理論的觀念可看出，若工作員推動居民工作時，朝正向因子的發展，運用正向的激勵作對居民工作的支持、認同、讚賞等，可提升居民的功能。

八、人力資本（Human Capital）

　　組織居民工作需要大量人手協助，舉例成立大廈業主管理委員會召開業主大會，在法規要求下，它必須依從各項步驟，包括各業主在限定時間期要簽署收到會議召集書，若以一千戶為例，在數天內完成這工作便需要數十人協助，同時在過程中要遵守法定要求，否則便可能成為日後被訴訟的理由。可見發掘及培育地區人力資源是工作的重

要工作之一。柯江林、孫健敏、石金濤、顧琴軒（2010：29）指出，人力資本是指個體透過教育、培訓投資，形成的知識、技能與經驗。

　　社區工作就是透過為居民建立協助解決他們問題的技巧，培育居民讓他們日後能自行解決區內的問題，建立居民個人資本。簡如君、廖容仙（2013：1）認為「人力資本」才是讓企業得以維持其營運效能的重要關鍵。確實掌握員工的工作滿意情形再輔之以積極的管理革新作為，能有效協助居民在快速變遷的環境下持續發展。

　　顯然，社區工作者提升居民個人資本，形同提升他們解決問題的能力。社區工作者推展居民工作時，必須關注如何提升居民本身的能力，營造自我成長的學習意識，使居民在參與活動組織工作中提升個人資本的能力，以便日後他們可有能力自行解決問題。

九、訊息理論（Information Theory）

　　居民間的互動途徑其中重要的一環是訊息傳遞，MacKay（2005）指出，訊息存在社會各處，收集訊息有不同的方法，如電腦所接受的訊息需要用其特定編碼進行運作。訊息收發一旦因理解問題，出現不同的陳述會產生誤會。

　　楊中信（1997：4-5）認為溝通可透過人的五官，資訊65%來自眼睛、25%來自耳朵。訊息質量影響吸引力，要全面準確訊息需符合接收者的背景、學習能力、智能狀況。Watson與West（2006：32）認為資訊與權力掌握存在關係，持有資訊的人會獲得較多權力及實踐的機會。毫無疑問地，資訊能力的提升與運用具密切關係，充權可透過不同的途徑獲得資訊，透過實踐分享與管理的經驗獲得進一步的權力。在不同的訊息傳遞中，協助者應給予相關人士明確知道及理解他們的期望清晰度，讓他們掌握期望要求的合理性，以適當地運用其充權的能力。

王省淑（2011）認為人對環境事件的內在認知會影響其在環境中的行為表現。Dodge（1986）提出「社會訊息處理模式」（Social Information Processing Model, SIP）解釋人際互動歷程，人面對社會線索，做出反應之前會有一連串的心理歷程，此過程包括線索的編碼、線索的解釋、目標的澄清、反應的搜尋、反應決定及行動。他強調此認知歷程中任何一個步驟的不足或缺陷可能會影響個人適當的行為表現。社區工作訊息處理與居民解決問題取向是有非常大的關聯，訊息可激發居民參與的動力，亦可透過收集不同的訊息供居民組織作出全面理性分析。正確理解訊息是解決問題要素。社區工作者運用及掌握訊息傳送能力高低會影響組織工作的成效。

十、操作制約理論（Operant Conditioning Theory）

居民參與組織工作的行為及權力會透過在參與過程中成長，社區工作者利用這時期建立居民的理性思想行為非常重要。Skinner的操作制約理論主要運用正增強（positive reinforcement）、負增強（negative reinforcement）及消弱行為（weakens behavior）三個方向建立行為觀念（McLeod, 2015: 2）。

社區工作者可運用操作制約觀念建立制約機制，讓居民學習表達意見應有的理性行為，設立參與居民組織工作應遵守組織的規範。社會工作在培育居民的過程中，透過操作制約機制，讓居民參與組織活動時學習正確道德準則及明確方向，培養居民在獲得權力後的行為是有利社會。社區工作者在推展居民培育政策時運用制約觀念建立居民合理化地運用權力是其中一種常用的理論思維。

工作員有需要時應運用本身組織者的權力及專業技巧，對不理性、有其他意圖人士做出制約行為，讓居民在理性的平台上思考如何解決問題，如大廈管理委員會要更換管理公司，工作員必須制約非理性思維，引導管理委員會成員考慮依從法律所給予的權力與程序，更換管理公司。

十一、超我觀（Superego）

佛洛依德提出的超我觀層次。所謂「超我」是指傳統和意識形態透過超我的活動發揮重要作用，是一切道德限制的代表。社區工作者宜培養居民參與社區事務主要以社群謀福利，追求社會完美為目的。超我是將本我和自我與社會規範、道德標準及大眾價值內化並調整，以符合現實環境，管制因本我及自我而產生不被接受的行為和思維。追求社會完美，擁有超我的心境，為社會正義服務，對社會發展非常有意義（姚瀛志，2012：29）。社區工作者為居民充權的最終目標就是引領居民培養並堅持崇高的道德水平。

佛洛依德認為人格結構中的超我（superego）經內在相互作用支配著個人的行為選擇（姚瀛志，2012：28-1），讓個人的行為或欲望轉化為超越個人的滿足需要，以社會的需要為己任。

社區工作者在推動居民權力獲得的過程中，需考慮加入居民的價值觀的建構，以免產生自我矛盾或生理心理失調。佛洛依德的本我（ego）階段，將影響權力的合理運用。社會工作者運用不同情境為居民創造真正的權力，舉例在服務單位成立義工組織、關注小組、舉辦論壇，令參與者有機會學習擔任該組織主席、主持、幹事、委員等職位，在該項活動掌握權力，學習權力的運用使個人能力成長。給居民直接運用權力的機會。大大提升居民投入未來社會的議事經驗，給予與實踐權力的機會。居民在參與過程不斷學習，得到能力提升的機會與接觸的環境，能力得以發揮。

十二、社會流行文化論（Social Pop Culture）

　　近年流行文化顯然對社區居民的價值觀造成直接影響，大眾傳媒的訊息強烈影響居民生活的意識形態。楊宗義、陳渝苓（2015：92、93）表示大眾傳播媒體促進日常生活形態改變，使得流行文化迅速傳播，成為當代生活中重要的文化現象。廣義的流行文化，就是指特定時期內，以一定的週期和一定形式而廣泛傳播於社會中的各種文化，包含了該社會中所流行的一切文化形式，並遠遠超出流行藝術的範圍，且與當代的商業和媒體系統的高度結合，流行文化同時具有文化、商業和意識形態並重的三重性質。社區工作者要與時並進運用新文化的創意思維，運用在集合群體居民力量，施加在相關部門考慮居民的訴求，作出行動改善居民的生活。

　　楊宗義、陳渝苓（2015：94）認為商業、媒體與科技帶來對文化與休閒之衝擊是有關聯的。社區工作員應注意傳播媒體的訊息對居民期望的影響，非理性的要求或行動變成居民欲望，超出居民的現實情況及訴求的能力。社區工作員要為居民的正確意識建立互相交流影響的平台，減低流行文化對居民造成負面的影響，避免他們建立非理性的欲望群眾思維。

十三、批判理論（Critical Theory）

　　在爭取合理權益的過程中，社區工作者要有足夠的批判思想，預防一些從非合理的角度作出合理陳述，引導居民認同及附和他們的思維，而作出錯誤的判斷。社區工作員具備批判的觀點非常重要，找出清晰準確的問題。

　　張永宗（2003：15）指出，批判是一種自我反省及檢視的能力，透過此一反省及檢視，將主體建構起屬於自己的體系，凡壓抑主體自由意識的思想或觀點，皆是主體批判的對象。以批判的態度對待社會，尤其是針對主流社會，才能讓社會朝正向發展。

值得注意，批判的作用是提升自我反省的能力，使社會不斷追求完善的發展，洪鎌德（2010：21）認爲批判理論不只推動政治社群的重新安排、重新洗牌，也期待把政治社群從原來的國界推向國際（廣化），更在國界內進行自由化與民主化（深化）。因此，它提供更爲複雜的、多層的治理結構之建議。建議國家採取不同以往之政治活動，讓國家負擔更多的責任，減少社會排除（排除婦女、少數民族、弱勢團體、同性戀者之參與權利），而實現人人平等、自由、發揮其本身潛能之機會。同時提醒這思維若過度運用，容易引導帶領者，朝推翻政府政策爲目標的取向，與社區工作的原目標及核心價值有所不同。社區工作者必須特別注意引領居民以批判的思維對政府政策或社區出現的問題全歸咎於政府相關部門的行政不善，忽視居民本身的行爲習慣，容易培育居民的非理性思維，以批判他人來保護自己，不利相互合作及協調。也是違反批判理論的原意，違反社區工作的原則，違反社會工作的根本概念。

十四、互惠觀（Reciprocity Theory）

社會存在各樣的資源，資源是可以相互運用並得以增強利潤。汪崇金、盧洪友（2014：81-82）從投資的角度看資源的互惠作用，研究報告表示「強互惠」（strong reciprocity）是相對於互動層次上的「弱互惠」（weak reciprocity）而言的，弱互惠模型強調博奕各方會選擇實現局部均衡的策略，而強互惠模型則允許博奕方選擇次優策略，當別人選擇合作時，強互惠者選擇的不是搭便車而是合作，這被稱作條件性合作（conditional cooperation）或積極的強互惠行爲（positive strong reciprocity）；當別人選擇不合作時，強互惠者不是置之不理，而是不惜花費個人成本對不合作者施以懲罰，即使這些成本得不到預期的利益補償，這被稱作利他懲罰（altruistic punishment）或消極的強互惠行為（negative strong reciprocity）。互惠行為在依賴時或不合作時往往有不同的反應。社區工作員在結合各方群體造成互惠作用應注意群體本身的利益關係，避免形成強、弱差異大的互惠情況，出現利他懲罰的反效果。

　　強調互惠維持在人類社會的合作是非常重要的，在一個群體中，即使只有一小部份人選擇搭便車，嘗試合作的條件性合作者也會仿效，進而導致合作的退化。不過，利他懲罰恰好可對搭便車者形成威懾，並有助於條件性合作者形成合作預期，從而避免社會合作的退化（汪崇金、盧洪友，2014：82）。這顯示出在社會中，只要好好運用其合作關係，才可真正產生互惠的作用，社區工作員理應結合社會上相約的關係群體，進行合作。

小　結

　　理論的運用取決於工作的點與線，即人和物、事件與環境。對居民進行心態分析，激發居民關心及參與社區問題。由於居民參與後群體便會產生微妙的變化，如能力的提升、權力的產生、壓力的出現等等。社區工作員需要以理論思考居民心態變化的可能性，從而以制約、激勵等策略，減低個人思想行為問題出現，創造居民組織成功機會。

　　並沒有單一理論最適合工作員分析居民的行為，社區工作員要隨著居民不同的情況及社區問題的真相以不同理論進行分析。社區工作專業的新發展，會建立新的理論。社區工作員在應用理論分析時可依實際情況，累積經驗，作出修訂，任何時期都發展出一套新的居民組

織理論，作為日後工作員參照的可能性。社區的特色就是隨機而變，
沒有特定的框架，只有迎合實際情況的彈性。

第六章

社區組織模式及階段

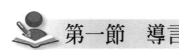

第一節　導言

　　都市發展，在各方資源中，人力資源是其中一個非常重要的決定性元素，都市的人力來自四方八面，人口結構非常複雜。在地球村的理念下，隨著交通、科技的發達，不同的人種都會在同一社區匯集。以「居民為本，社區為基」推動社區發展工作是需要一套隨時代改變及不斷迎合社會的模式及思維，值得社區工作員思考運用能達致理性化地組織居民，表達他們訴求及爭取應有權益的技巧。社區工作發展已過半世紀，工作的專業模式明確。美國是傳統的社區組織模式及理念工作模式的先導者。

　　在實踐中，我們發現組織工作的四個模式可讓社區工作員依據居民的特性更有效地推展工作。常運用的四個模式：(1)Battens的直接與非直接法；(2)Rothman的三方向模式，地區／社區組織、社會發展、社會行動；(3)四類群體帶領模式；(4)姚瀛志居民組織四階段。這四項觀念是中國、香港、台灣、澳門等地社區組織的主要思維，以推展不同情況的社區工作。

　　各模式有其分別，也有它們的共通性，並且可以在社區工作推展階段混合使用。工作員根據參與居民的特性、能力及協助處理的問題，使用適合的組織工作技巧，使參與者能發揮所長，共同合作解決問題。

第二節　直接介入與非直接法

　　都市社區存在著各類不同的社會問題，成功的社區組織工作有賴居民的觸角及工作員運用適合方式推展。Battens於1967年的*The Non-Directive Approach in Group and Community Work*一書提出直接法（directive approaches）與非直接法（non-directive approaches）觀念（Battens, 1967: 4-5）。Battens的直接法與非直接法，不少社區工作書籍以及學者專家均對其進行了闡述，舉例：莫邦豪、甘炳光、蘇景輝、王思斌等。

　　Leaper（1968）指出，社區的特性是面積小的地區，居民關係或鄰舍關係高。因此工作員需要掌握區內的資訊，與居民建立關係。他認為社區工作員對居民存在一定程度影響，如居民的價值觀、思維、態度、關係、行為等。但這必須建基於工作員對區內問題瞭解是否真實，因此，工作員進行社區調查需要有效的調查方法，收集區內情況。Leaper也指出，社區工作往往需要綜合居民對其需要的不同意見。以香港和澳門地區為例，政府推出新的政策會在新聞媒體公布或在相關部門的網頁介紹，也許再進一步召開公眾諮詢大會。作為推動社區發展協調角色的社區工作員，面對一般居民因著重於擔負繁重的家庭經濟生活，忙碌於工作，對社會問題或居住環境的轉變關注度低的特性，社區工作員需要在不同層面及不同需要的情況引導居民，讓居民醒覺及思考他們所遇的問題（姚瀛志，2011）。所以社區工作員經常會運用直接法介入及非直接法介入推展居民組織。

一、直接介入

政府政策對居民的影響可以是短暫或深遠，然而社區居民因個人背景對相同問題有不同的認知，社區工作員在政策議題的掌握非常重要，因為他們需要為社區居民作整體的資訊整理，發掘政府政策對居民潛藏問題的影響。社區工作理念是以居民為主導，工作員需要首先喚起居民對問題的關注，透過組織工作、培育工作和各項的充權，達到讓居民自己向相關部門表達他們的需要與訴求的目的。直接法強調由機構或工作員在適合情況，為服務對象計畫合適他們需要的服務（Battens, 1967: 4-5）。他們的觀點以居民所需作考慮，為相關居民作合適的決定，帶領居民解決問題。工作員直接介入主導居民關注政策是一般社區工作員在與居民接觸及推展居民組織工作引領居民對問題瞭解的其中一個方法。

社區工作員直接為有需要人士提供解決問題，這種直接方式的優點是成果明顯，效率快。最容易獲得求助者的讚美與認同。因此直接法方式成為社區工作者推展組織工作的其中一種經常被運用的介入手法。運用直接法組織居民參與社區事務工作有多種因素，包括：(1)工作員以解決問題為目的；(2)居民能力不足；(3)時間限制；(4)工作員或機構資源運用等。以直接法組織居民解決問題需要注意：

1.工作員對問題的瞭解及掌握資料的是否真實性及全面性。

2.對居民的瞭解及問題所在有真正的依據。

3.沒有其他方法給居民參與。

4.沒有時間給居民提出意見修改政策。

5.機構給居民表達的機會。

6.工作員本身價值與專業價值的平衡。

7.居民能力無法透過過程培育或增強。

8.居民以出席代替其他的付出。

　　運用直接法介入這方式是以目的達致爲主要考量，達到居民參與的要求，有代表性；時間較易掌握，容易與社區資源配合；再者是機構掌握行動或工作目的，保證組織工作與機構理念及宗旨一致。因此，直接法在社區組織工作策略中經常被使用，尤以在社區問題呈現初期的倡導工作，這時期需要工作員主動把社區問題引介給居民。在整個工作過程中居民只是一個跟從者，難起著主導作用，居民主動參與力弱；關注層面易受其他影響；決策難滿足所有居民需要；達到社區工作目的助人自助的功能低；促進鄰舍互動關係網絡建立動力弱（姚瀛志，2011）。

　　推動居民參與解決社區問題，在情況許可下，工作員應以非直接法，由居民自覺地找出他們處理及期望解決的問題，有利居民日後自己建立解決社區問題的網絡關係，達到社區自助的目標。

二、非直接法

　　Battens的非直接法觀念，模式強調組織工作由居民主導，不強調由工作員爲居民設定目的及方向，而是居民以自助自決的方式推展社區工作，推動組織、計畫及行動的合理方案來改善自己的生活質素（Battens, 1967: 11）。非直接法有以下功能：

1.組織：協助居民解決社區問題是社區組織工作的重點，不是以解決居民個人面對的問題，不是爲了工作員或機構的目的而工作。因此，是透過組織居民參與，共同找出解決社區問題的方法。

2.聚焦：透過居民參與找出眾人關注的目標，由居民表達他們的意願，透過工作員的引領，讓居民聚焦在他們期望解決的問題，成為日後爭取改善社區問題的行動方向。

3.培育：組織過程往往涉及資料收集、分析、會議、發表等各類工作，居民參與在過程中可學習及建立解決問題行為的模式。組織過程各環節具有教育及培育的作用，社區工作員應留意在各環節中建立正確的價值與道德觀念，培育居民能理性思考及分析問題。

4.掌握：居民對社區問題的認知是靠個人認知及區內的信息傳播，當中有哪些是真正居民面對的情況，哪些是被轉達者加上個人的觀點使真實性有所差異，其真實性及可信性將影響居民的決策及計畫。居民參與組織工作，他們透過社區工作員的協助直接瞭解事件，掌握問題真正所在，找出並實行較合適他們所期望的解決方案。

5.實踐：非直接法是工作員組織居民進行各類的推展解決社區問題會議或工作，為居民建立互動平台，讓居民相互合作、相互協助，給予居民有能力發揮的機會。

6.充權：居民在社區組織內進行的互動，往往會展現出個人的帶領能力，領導能力，引領參與的居民。社區工作員透過發掘及給予具領袖才能的人士帶領機會，並作出適當的引導，組織工作是培育地區領袖的好環境。

7.社會資本：要解決社區問題往往需要各方資源，如：法律問題需要專業律師的協助；場地音響需要居民的人力協助；請願表達意見需要傳媒協助；問題分析需要專家解釋等。居民及機構的網絡關係對協助解決社區問題非常重要，社區工作員不但利用服務單位的人脈關係，還有社區的資源脈絡，為社區及居民建立及加強他們的社會資本，在往後自理的階段有更多的支援。

非直接法對機構及社區工作員的缺點是居民的決策未必會與機構

理念及取向一致，造成機構的監控困難（姚瀛志，2011）。然而並不表示機構不能爲居民所決定的行動作出介入，在有需要時社區工作員仍然需要介入居民的自主性工作，特別是在居民作出違反社會道德、違反社會法律，或只以個人私利的決定。社區工作員必須出席居民各類會議，瞭解居民的決策理據，並提供適當的引導。

姚瀛志（2011）表示非直接法強調居民參與，居民在參與過程中學習，服務中心提供教育與培訓環境，同時在參與時，居民間產生互動，容易建立社區內互助網絡，產生資源互補作用，這正是社會工作專業的理念。

直接法與非直接法的運用及時機，沒有一套規範性指引，是依據居民的能力及參與的情況適時配合使用，社區工作的概念是盡量減少由社區工作員用決定式，給居民指示，避免居民的依賴性及服從性，失去社區工作的眞正意義。

第三節　Rothman的三方向模式

美國學者羅夫曼（J. Rothman, 1968）總結美國社區工作的實踐經驗，提出社區工作的三方向模式，主要包括社區營造／地區發展（community building/ locality development）、社會計畫／社會策劃（social planning/ social policy）、社會行動（social action）。不少以推動社區營造或地區發展爲主要工作方向的地區，如香港、台灣及澳門，Rothman的社區工作模式常被社區工作者採用。

一、社區營造／地區發展

都市的地區發展是政府必須考慮的重要工作。在社會發展的帶動下，地區改變是必然的。在地區發展模式內，社區工作是透過解決社區問題的過程目標，整合社區的能力並予以發揮，技巧及策略性地引導社區居民置身並關心區內的問題、事務，透過理性的溝通，討論取得大多數居民的意見，而社區工作員在此模式內是使能者（enable）。模式的主角是社區組織的參與者，在共同配合下促使地區持續發展。然而香港的高鐵事件引起市民不滿政府耗資669億元公帑興建廣深港高速鐵路香港段。澳門近年經濟起飛，社區發展迅速。政府亦計畫興建輕鐵，但兩地政府同樣在發展計畫中遇到了地區居民極大的衝擊。鐵路發展方案，勢必牽連各方利益者的觸覺。方案無疑對社會未來發展是好的，但因涉及各方的利益，一定會造成不少社會衝突（姚瀛志，2010）。也體現了社區工作在事件上的發揮不足。

　　香港政府在1977年開始資助鄰舍層面社區發展計畫工作，令這類計畫有系統地在市區的臨時房屋區、木屋區等設立，計畫在後期推展到新界鄉郊區及離島區，政府透過資助這些計畫，增加政府與環境惡劣地區居民的溝通，減低壓力團體在這些地區的動員能力（區初輝，1986：18）。計畫開展兩三年之後，政府根據成效認為計畫有需要作更深入的瞭解。在1982年進行了全面社區工作的檢討，檢討報告認同鄰舍層面社區發展計畫在邊緣社區內的福利服務角色。1984年政府發表了檢討報告書，並確立了這個服務角色及功能，肯定了政府對鄰舍層面社區發展計畫工作政策的支持及資助（甘炳光等，1998：71）。可見，社區工作在政府的社區發展擔當了一個非常重要角色。香港在八十年代後，鄰舍社區發展計畫服務隊在高峰期達五十隊以上，在有需要的地區提供康樂服務及居民組織工作，協助居民與政府進行理性的溝通。政府因應長遠的社會發展藍圖，雖然2001年計畫工作隊減至三十五隊，2007年更減至二十隊。但政府同時以各類型的鄰舍式工作隊在各地區展開，如綜合鄰舍計畫（Integrated Neighbourhood Project），在1998年展開，1999年有六隊，至2001年增至十二隊。屋宇署設立駐屋宇署支援服務隊於2008年共有八隊。此外，與市區重建有關的工作隊在2007年有七隊。這類鄰舍層面社區服務深入社區，瞭解居民的實際需要，爲政府及相關人士進行協調，協助居民解決當地的社區問題（姚瀛志，2010）。

　　政府是政策決策者，在政策上只能宏觀地考慮各方利益，有困難兼顧每個階層需要，容易忽視了對居民造成直接的影響。社區工作者能協助處理官、民、商之間的衝突問題，爲各方鋪設溝通的平台，減輕因利益受損而造成的社會問題，社區工作在這方面發揮著顯著的成效。香港政府的社會福利政策以地域發展爲工作的主要方向，設立了各類的社區工作團隊，在不同地區推展工作，協助推動地域的發展。社區工作員瞭解地區各方人士的需求，加強政府與當地居民溝通，減低因地區發展所造成的居民情緒。社區工作者在推動地域發展無疑是具有顯著的成效，但工作員必須爲這門獨特工作方法建立專業形象，維持以第三方、持平者的角色推動地域發展。

二、社會計畫／社會策劃

　　社會計畫模式其目的是實質地解決社區存在的問題，踏實地將現實情況，進行理性分析，最後得出可行的解決方案。社區工作員在過程中是引導者，他們爲社區做計畫、組織，使社區居民獲得好的生活環境。

　　文明的政府收集市民意見，以代議政制模式爲例，方式是直接或間接選出居民代表加入議會，給予政府意見。社區工作員的工作是培育居民及發掘居民領袖，提升居民直接參與議政工作的能力，給政府作爲社會規劃或作爲政府政策的意見。

　　由地區層面組織居民向政府表達意見，最後決策權仍是在政府，被動性較強。社區工作者在組織居民過程中進行培育居民發揮領袖的潛能。以配合政府代議政策的施行，營造居民參與決策的機會，透過由下而上的意見收集，然後作出政策決定，更能制定合適居民的政策，是羅夫曼的社會策劃或社會規劃的主要思維。

居民直接參與政府決策工作影響社會大眾，包括地區的生活改善、社會整體發展關係，甚至全世界的利益角力。參與決策者處於高層次的角度，除了掌握地區層面的情況外，還需要考慮整體與地區發展之間的關係。因此，代表者的理性及道德要求比一般地區改善工作要求嚴謹。

社區工作的充權理念已有近一世紀，馮國堅及洪雪蓮在《青年工作與充權》一書認為運用社區工作手法，有促進充權的作用，推動居民權力獲得的過程中，需考慮他們價值觀的建構，以免產生自我矛盾或出現心理失調問題，影響權力的合理應用（趙維生、黃昌榮編，1999：91）。為政府培育及發揮地區領袖成為日後社會發展的人才，是社區工作其中一種元素，培育工作重心是培育地區領袖，為當地居民表達理性的訴求是培育工作理念的重心。因此，社區工作者在培育地區領袖時，宜加強地區與代表者的關係及監察權的建立。社會工作者需考慮弱勢的居民獲得權力後如何真正為弱勢人士爭取合理權益，充權是否一定朝向最高權力發展，應是社會服務界應關注的議題。

居民議政的核心價值觀念必須要清晰，讓人明白及理解，增進不同政見人士的支持（姚瀛志，2012：30-2）。不同的管治者所用的管治方法不同，會產生不同的組織文化，部份文化的產生是受到管治者的管治取向所影響（姚瀛志，2012：29-3）推展充權培育工作，設立體制及約束，議政培育需讓參與者在參與過程中，明白大義及正確方向（姚瀛志，2012：30-2）。

羅夫曼的社會計畫觀念強調以和平理性考慮發展社會，在民意的支持下，與政府決策部門進行交流，分享資訊，使政府作出合符社會大眾利益的決策，讓社會和諧地發展。

　　現今社會利益關係複雜，社區工作者要防範那些表面令人感覺其處道德高地，實以爭取決策權力獲取私利的偽君子。成就他們是與社區工作培育地區領袖原意相違，社區工作員應在培育居民時建立監察制度，使代表者朝理性及合理情況下代表大眾的意願。

　　社區工作者在推動地域發展時著重角色培育，希望對居民、對政府及社會帶來好處。但值得注意，社區工作不少涉及居民組織，它可以形成一股新力量，同樣可影響政府的政策，造成政府施政困難。工作員需要在組織居民過程中給予居民適合的約束，讓居民在受監察中執行與社區發展相關的事情，避免社區發展的障礙。

三、社會行動

　　因是居民的生活質素受到政策變更或政策落後所影響，社區工作員透過組織居民討論及理性分析並達致共同社區關注目標後，會以行動表達意見。行動並不一定是遊行示威，亦不一定只是簽名或遞信行動。它是依據問題對居民影響的嚴重性、居民的參與度、居民的能力、居民的意願等作出行動計畫決定。

　　社會上不少以激進方法以壓力迫使政府或相關人士接納訴求方的意見，他們運用Saul Alinsky（1971）提出的激進十二條規則的方法或策略，建立權力。其目的是透過參與地區群體活動建立個人期望達致的力量，讓政府認為代表者是真正代表居民，表達居民的意見。

　　Saul Alinsky的激進十二規條指出：

規則1：「權力不僅僅是你擁有的，而是敵人認為你擁有的權力」。權力來自兩個主要來源——錢和人。「有沒有」必須從肉和血建立權力。

規則2：「永遠不要站於你的支持者專業以外」。這會導致混亂、恐懼和撤退。感覺安全將加到任何人的中樞感覺。

規則3：「盡可能在敵人的專業知識外」。尋找增加對方不安全、焦慮和不確定性的方法。

規則4：「使敵人遵守自己的規則」。倘若對方遵守要回覆所有人的信，你可以發動寄出很多的信給對方，讓它忙於遵守回信的規則遊戲，你可以用這個殺死他們，因為沒有人可以服從他們自己的所有規則。

規則5：「嘲諷是最有力的武器」。讓人沒法防禦，它是不理性的，令人發怒。它也是一個關鍵的壓力點，迫使敵人做出讓步。

規則6：「一個好的策略是你的支持者喜歡」。他們會繼續做，沒有強迫並且會做更多。他們會依自己的情況做自己喜歡的事，甚至會比建議的更好。

規則7：「拖得太久的策略就成了拖累」。不要成為舊的新聞。

規則8：「保持壓力。永遠不要寬大對待對方」。繼續嘗試新事情，以使對方不平衡。因為反對派掌握一種方法，你可從側面用新的事情打擊他們，或「攻擊要來自各方，不給予對方休息、重組、恢復和重新策劃的機會」。

規則9：「威脅通常比事情本身更可怕」。想像力和自我可以造出更多成果。

規則10：「如果你付出大的負面力度，它會成為正向」。對方的暴力可以贏得公眾對你的同情，因為公眾同情失敗者。

規則11：「成功攻擊的代價是一個更替」。絕不要讓敵人得分，因為你未解決問題。

規則12：「選擇目標，凍結，個性化和兩極化」。切斷對方的支持網絡，將目標與同情隔離。追求是人而非制度；人們傷害比制度快。

　　Alinsky的觀點在爭取權益的策略上被較多的社區工作者取用，它以壓迫對方使他退讓，以達致行動的目的。上述激進規則顯示，行動沒有考慮道德性及理性，不過它仍強調以和平方式進行。社區工作，工作員應注意社會工作的核心價值與持平及中立的立場。激進的手法在道德上理據不足，合理運用不合理的方法爭取，產生矛盾現象，反而對社會造成混亂及新的反叛文化，不利社會的融合。

　　爭取居民權益過程需要協商，運用Alinsky的激進規條第五條當中「嘲諷是最有力的武器」以嘲諷方式讓對方沒法防禦及發怒，或第六條「一個好的策略是你的支持者喜歡」來帶領支持者，值得深思。工作員在找尋居民代表時，需注意參與者的背後動機及其本身的身分資格，道德要求，以免影響居民決定採取行動的方式。

　　社區行動並不是以影響社會吸引社會關注為最高成功目標。反之，社區工作員需要依不同層次及問題引導居民作出行動方案。包括在地區層面的行動、社會層面的行動。地區層面的行動主要與居住環境有關，尤以大廈管理、清潔問題、治安問題等，居民的組織行動技巧如下：

1. 地區調查：社區工作者應以居民對社區問題的關注層面，建議解決問題的方向及解決問題的行動對策。組織居民向有關的社區人士收集意見，瞭解居民情況及意見。

2. 簽名行動：針對地區上的居民意見，簽名行動收集更多居民認同與支持，讓不便親身參與社區行動人士對問題有瞭解及認同行動目標。簽名是對爭取目標的支持。收集簽名應針對受影響居民為對象。

3. 遞信請願：主要是為引起社會大眾對事件的關注與支持，行動應以社會大眾認同與支持的行為作考慮，避免以引起社會大眾恐慌及影響日常生活作為壓迫對方。同時遞信請願對象應以能

解決問題的執行相關人士，將遞信對象層級提升，不利解決問題及被社會大眾認同。遞信行動應與相關部門或人士有理性對話安排，讓各方進行溝通及直接交流。行動需注意的事項包括：

(1)認明解決問題的直接相關部門。

(2)事前聯絡傳媒及準備新聞稿。

(3)事前準備請願信的居民要求及解決問題的期限。

(4)選出被認可的代表。

(5)被認可的公眾人士或議員支持。

(6)監察參與者的行為，避免偏離居民原意。

(7)預防居民與原組織群成員的衝突。

(8)保障參與者的安全。

(9)堅持和平及合法進行。

(10)建立相互尊重的行為準則。

4.組織遊行請願或示威請願：這類行動對社會大眾影響最大。面積、空間、人員是最難控制的行動。居民和外來人士有直接的互動，容易激發居民非理性的情緒與行為。遊行或示威請願，是以高層的掌權人士為對象，希望透過最高層級的決策者給予下屬的壓力，改變政策決定。行動的規模及影響範圍以越多及越大為目標。解決問題的期限與方式欠明確，直接相互溝通的成效薄弱。工作員應注意這類的行動較易被Alinsky的思維激發，產生負面的影響。

社區工作者要注意所有在社會層面的行動，特別是活動超出地區居民日常生活的區域，如行動的沿途路線、音量、表達意見的行為等會對附近居民造成某程度的影響，它對社會不相關的人士會造成直接的影響。工作員在引導居民發起這類社會層面的社區行動時需要考慮周全。

社會行動模式對社區組織的工作而言是值得參考的，但它必須是理性、合法及和平地進行。在影響他人最少下進行。社會行動將議題關注具體化付之成爲行動、質問、面質、挖苦等技巧引起廣大群衆的關切。對於社會層面的治安及融合有所挑戰。社區工作員不應輕易地鼓勵居民採用社會行動模式去爭取權益。

第四節　四類群體帶領模式

徐震、李明政、莊秀美、許雅惠（2005：118）指出，都市聚居有不同的群組，它們因不同的情況或共同興趣聚居一起，形成都市的地緣社區與事緣社區現象。地緣社區指居住在同一地區的人士聚居一起，稱爲地緣社區或空間社區；事緣社區指以超空間社區的心理認同與共同利益或文化背景而形成。事緣社區或非空間社區可分爲：以種族文化爲中心，如宗親會、同鄉會；以職業利益爲中心，如工會團體、社團；以宗教信仰爲中心，如宗教會堂、寺院。不同組合的社區居民對問題有不同的看法與觀點，社區工作者明確瞭解區域居民的行爲及實際生活情況，以決定所運用的工作技巧。

社區問題在貧困及居民參與度低的區域較多，他們的問題源自被社會忽視。其次是具教育水平，對社區有歸屬及責任感的人士，他們希望有自己理想的社區，因此特別留意社區發展的一舉一動及融合性。以宗親或事緣關係群居的居民，他們互動關係高，個人受群體影響大，與他人的互動或發展以融合爲基本。都市人口結構難以單一分類，融多元不同人士聚居，社區問題更加複雜。依據社區居民的特性，社區工作員面對不同結構的社區要運用不同的組織技巧。社區組織工作可分爲：(1)基層帶領模式；(2)合作伙伴模式；(3)混合模式；(4)融合模式四類（見**圖6-1**）。

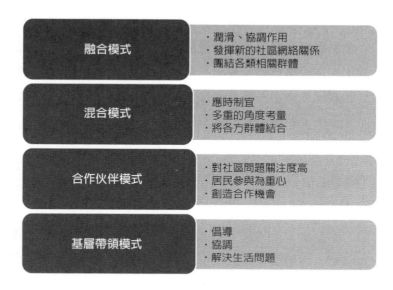

融合模式	・潤滑、協調作用 ・發揮新的社區網絡關係 ・團結各類相關群體
混合模式	・應時制宜 ・多重的角度考量 ・將各方群體結合
合作伙伴模式	・對社區問題關注度高 ・居民參與為重心 ・創造合作機會
基層帶領模式	・倡導 ・協調 ・解決生活問題

圖6-1　四類群體帶領模式

一、基層帶領模式

　　都市集結了各類不同背景的人口，包括勞動階層、知識份子、新移民、退休人士等等。較多社區問題的區域，多聚居了勞動階層的人士，他們日出而作，日落而息，為經濟及生活忙碌。在知識上、分析能力上較為薄弱，他們對於社區內出現的問題往往是以被動方法處理。社區工作員協助這些居民對象時，由於基層人士居多，工作員多需主導方式帶領，稱之為「基層帶領模式」（residential based approach）。

　　「基層帶領模式」主要的參與者是受工作時間、知識水平、分析能力影響對社區問題的看法及期望。他們較具依賴性、服從性，甚至是較易受訛傳訊息影響。社區工作員可運用心理學及社會學的知識客觀及理性地分析他們的情況。以直接介入及半非直接介入方法（semi-non-directive approach），引領居民。直接法的使用是當工作員瞭解到社區發展對居民造成直接影響時，以及喚起組織居民參與改變。由社工員直接給予居民意見，領導居民進行討論與決策，讓居民明白向政府表達及爭取的目標。這方法工作員需要同時運用支持或鼓勵居民表達的技巧，給予居民分享意見機會。

姚瀛志（2012：303-304）表示社區工作強調鼓勵居民參與，透過直接與居民接觸，瞭解社區居民所關心及面對的問題，以引導方式向有關部門反映意見。社區工作特色是協助政府發揮其功能，透過瞭解居民需要及政府政策，發揮緩和劑作用、政策協調作用及和平推動者作用，從而解決分歧改善居民生活質素。

社區中心與社區關係密切，中心能掌握社區脈絡及區內資源，利用中心與社區的關係及資源，為居民建立鄰舍網絡關係。社區網絡關係可分為正式及非正式，它們可共同建立網絡關係，正式的社區網絡是以服務案主為導向的網絡，包括人力、財力、物力、時間、方案、活動、資訊的分享、協調、交換、諮詢、合作。非正式的，以網絡中分子為核心的網絡，包括感情交流及彼此學習、交談聯誼的網絡。不管是正式或非正式的網絡，都可使用面對面及遠距溝通的支援系統（如電腦資訊與電傳視訊）給服務對象支援，與之維繫關係。透過關係的建立與維持，工作員可從所得訊息掌握居民需要與期望，提出建議。

基層帶領模式有助直接協助缺乏個人能力的居民解決社區問題，建立居民日後參與地區工作的動力。缺點是工作員或機構主導的觀點可能並不是居民的真正需要。甚至因抱有少許改善比沒有改善為好的心態，接納工作員的意見。另外是因為對專業人士的尊重，不願意反對專業人士或社團的計畫，服從工作員的意見及決定。

二、合作伙伴模式

　　都市社區內的居民擁有的知識，個人能力是決定社區工作員採用技巧的重要評估因素，具高學歷經濟能力強，對社區問題關注度高，對解決問題有期望，這類群體在組織工作過程中，有廣闊的資源脈絡。他們對所屬的社區有強烈的歸屬感及責任感，因此，是否願意參與及擔任領導，需要工作員細心的觀察瞭解，與他們建立信任及合作關係。強調以工作員及居民共同推展居民組織工作，相互尊重、知識分享、相互配合等合作關係，這模式稱之為「合作伙伴模式」（partnership approach）。

　　社區工作以居民參與為工作的重心目標，針對社區問題，社區工作員為居民創造互動平台，給予居民可信任、可自由表達、分享個人意見及相互尊重的機會。

　　社區工作與不同的團體建立合作關係的互助服務平台是互惠互利達致服務目標。合作伙伴視受助者為組織內的群體，發展合作伙伴關係，各方必須共同存有社會責任與社會義務的相同理念。在共同理念下透過機構的協調、溝通、共同的承諾意識、助人動機等，建立共同價值取向（姚瀛志，2005）。組織的功能其重要一環，是建立組員共識以達致組織目標，將相關人士集結，透過互動的角色與方式，促進目標達成。居民與服務中心的互動源自中心員工長久透過各種社區工作活動，例如家訪方式與居民建立關係，相互間有意識地建立起互信的關係，關係主要建基於居民對社區問題的認知與對中心協助的反應。在產生信任基礎上，當社區問題出現時，中心與居民容易組織起來，發揮各自的優勢，改善區內問題。中心與居民的角色關係產生了合作互惠的功能，它們的關係如合作伙伴的情況（姚瀛志，2009a：355）。

三、混合模式

　　社會發展變化快，居民組織的參與者會因個人需要決定參與組織活動與否。因此工作員對組織工作模式需要因參與情況作出轉變，以不同成員的背景考慮推展組織手法。正如羅夫曼的三個組織取向，可以混合使用，組織工作推展混式可應時制宜，以混合模式推展工作。

　　所謂混合模式，主要是居民群體中出現多元的層體結構，不能單一以一種模式推展組織工作，因此工作員可以混合式推動，這類組織手法可稱之為「混合模式」（mix approach）或「多元素混合模式」（multi-mix approach）。由於社區問題會隨時間、居民對問題需求程度、機遇等影響組織的機會，所以工作員可從多重的角度考慮組織模式，也可稱之為多元素混合模式，這模式著重於多變及多層次的合作問題。

　　社區問題不少涉及多部門及多方利益，單以一個群組力量難以從多方利益中爭取居民基本應有的權益，在這情況下，工作員需結合多方面的資源，發揮居民最大的力量。在基層居民上可運用直接主導方式給予居民訊息，同時可配合高知識份子的一群建立雙方的互動及互助關係。若區內有同鄉會或宗教團體，工作員可運用融合模式將各方群體結合，形成一個多方互動平台。

　　社會資源除了專業人士外，現今政府的議政政策大多以代議政制為主，如香港的區議會議員、立法會議員、澳門的直選與間選的立法會議員等，他們對政府政策具一定實質的影響力，因此，不少解決社區問題需要有議員的參與及支持。這部份一般進入組織行動階段。但工作員需注意，運用議員的力量往往會造成日後工作時的限制，所以要找能與機構本身的理念結合及可協商的議員參與。

四、融合模式

都市發展人才匯集自四方百面，在地球村的世紀，社區居民不單是來自不同鄉、不同宗祖、不同宗教，甚至是來自不同的國家。舉例香港北角以福建語系的生活文化爲主、澳門三盞燈以越南及緬甸人士爲多，他們有自己的民族特性，團結力強，從而發展出當地社區獨有文化，這類群體宜以倡導模式帶領，可稱之爲「融合模式」（re-structure approach）。

融合是將兩種或以上的事物融會在一起，融合不是容易的事，必須兩事物的性質相近，原有的在融合中消失，而產生出新的物體。一個成熟而有經驗的社區工作員，可將不同階層的居民組織成員，將其個別的專長融會在一起，產生新的力量，促進社區發展的動力。

Passey與Lyons（2006）認爲組織的重要角色，就如社會的潤滑劑（social oil）讓組織成員在互動時產生協調作用，從而能讓成員在組織的環境中獲得所需資源。服務機構具有互動及溝通的元素（姚瀛志，2009a：355），協助居民建立新的社區網絡關係，更有效、直接、快速，甚至是更全面，將社區問題發放到當地受影響居民中。社區工作員隨後引導居民對社區問題進行瞭解及商議。

融合工作可透過互助服務平台方式推展，但工作需注意平台成員間的互動情況，不要讓平台成爲群族間的衝突。或讓平台成爲排除異己單一體系的機會。因此，融合工作要注意下列各點（姚瀛志，2005：68-69）：

1.合作成員必須建立共同目標，透過共同的目標，維繫各元素關係。

2.溝通問題，溝通對合作是非常重要的，若溝通不良，會產生相互猜疑情況，不利合作的發展。

3.協調合作，各自利益問題，每群族會爲達致本身目的而努力，成員間必然希望合作中得到最大利益，因而忽視了合作的共同目標，所以協調者需以公平、公正、公開及合理情況下解決利益分配問題。

由於工作員在組織居民過程將不同群體關係建立，針對社區問題，融合各方力量，以提高解決問題的能力。工作員建立一個融合互助服務需考慮下列情況（姚瀛志，2005：68-69）：

1.建立合作互助，考慮相互的共同價值取向。

2.發揮協調、溝通、承諾、動機等互動作用，良好的互動，增強持續合作的可行性。

3.透過互相特性，發揮所長，增加居民組織的價值。

4.達致各元素的期望，各元素包括合作伙伴或支持者、機構、員工、服務使用者及社會大眾。

5.遵循社會責任及社會義務，社會責任與社會義務乃志願服務的一個基本要求，融合的群體必須共同存有社會責任與社會義務的理念。

值得注意融合模式主要存在兩大缺點：(1)組織成員的異質性高，各人的期望與目的差異大，不易協調；(2)從眾心態容易形成，知識及工作職位低的居民服務性高，難掌握這群居民的眞實期望。社區工作員推展這模式時應加以留意參與居民的差異，以作出適時的介入與協調。

 ## 第五節　姚瀛志居民組織四階段

　　姚瀛志在《社區工作——實踐技巧、計劃、與實例》一書提出了四個居民組織模式，認為社區組織項目（community organization project）需要考慮居民參與，他提出了社區組織工作四個發展階段，分為：(1)關係建構階段（relationship build-up phase）；(2)策動階段（organization phase）；(3)居民參與階段（participation and action phase）；(4)檢討、評估與跟進階段（evaluation and follow-up phase）。

一、建構階段

　　社會工作者的專業發展已被市民大眾接納，但社區工作員與地區居民關係是需要互動去建立及創造。工作者需要進入社區，探索居民所面對及關心的問題。中國有一諺語謂「家家有本難念的經」，亦有所謂「家醜不外揚」，對於家內出現的問題，不願對外表述。因此，工作員是需要透過不同的方法與居民建立關係，讓居民願意與工作員分享「家事」，透過關係鼓勵及引發居民參與社區組織的活動。而且是建構關係的基本技巧之一。

　　Farley等人（2006）認為社區工作或居民組織工作，基本要素是社會關係的建立。Leaper（1968: 8）認為好的社會關係有助居民解決社區問題。如何運用活動帶動居民參與社區組織工作是建構階段主要部份，在初階段應用理念，各類相關的活動推展並不是一次便能引發居民對問題關注及願意投入居民組織工作，因此建構活動可能需要多次的推動，才能達致建構目的，所以活動施行可能會出現多次情況，形成循環現象，直接達到居民參與的目的（姚瀛志，2011）。

姚瀛志（2004：45）表示透過建構期的活動，將來自區內不同的居民，結合一起，引導居民共同關注地區事務，成立地區居民關注組，進一步為社區服務。這時期運用Batten的直接法觀念，給予居民直接指引，透過召開講解會，由工作員帶領會議。

在建構階段，由於工作員與居民的關係尚未建立，初期的計畫層次不宜太深。技巧是以一般興趣小組的形式，推行具有社區工作目的的活動，當居民有所認同及表達要提升小組影響力時，才是成立居民關注組的好時機（姚瀛志，2011）。

工作員在建構階段除了要推展各類活動外，其工作重點以與居民建立關係為本，只有在關係建立後才可利用各種機會，與居民交換意見，探索他們參與事務的動力及不參與的問題所在，以便日後的組織工作能順利推展（姚瀛志，2011）。

二、策動階段

姚瀛志（2004：46）指出，策動階段建基於已有居民關注組織的情況下開始。它強調建立討論及分享的環境，並以探討區內問題為主題，期間透過計畫多次小組聚會，給予組員對問題作較深入瞭解及討論居民所需（Leaper, 1968: 117），然後策動能提升組員能力的活動，鼓勵組員提出可行的以改善社區居住環境的行動方案，這階段明顯以解決問題及組織作導向，因此亦可稱之為組織階段。

徐震等人（2005：10）認為社會問題（social problem）的發展需經過三個階段：(1)孕育與揭發的過程；(2)廣播與爭議的過程；(3)決策與行動的過程。工作員可以這三個階段在區內培育對問題解決的氣氛。經揭發社區問題過程，讓居民參與機會，深入瞭解社區問題的原因及問題的真實面（姚瀛志，2011）。

在訂定共同目標的過程，須強調公開透明，大眾居民得知問題所在。給予居民討論機會，達致共同認識及認同的目的。這過程涉及公平性及合理性，工作員在這階段帶引居民學習及建立理性的規範，如避嫌制度——參與決策的居民，依決策議題與個人利益相關時，應在表決前聲明其利益關係，或離席，或放棄投表權，由其他參與者作最後決定（姚瀛志，2011）。姚瀛志（2004：47）指出，策動計畫可分兩方面進行，一方面透過小組會議確定探討社區問題及小組的初級目標。另一方面，透過活動過程提升組員能力的培訓，學習收集資料的方法、溝通技巧、主持會議技巧等。提升組員能力，爲推動小組策動社區組織行動作好準備。

策動期的方案可分兩大主要方向，包括：由居民關注組開始策動；及由居民大會開始策動。前者與社區工作的居民參與理念較配合，居民大會召開可由關注組負責，由居民經商議及決定行動方案，給予居民在過程中參與的機會。反之是以居民大會爲開始介入點，直接以特定主題吸引居民關注，然後組織居民成立關注組，這類介入策略較爲簡易，但若工作員與居民關係薄弱，會出現難掌握背後參與的動機（姚瀛志，2011）。

三、居民參與階段

姚瀛志（2011）認爲社會行動取向的階段是需要經過多次與居民討論及決定，才能作出行動計畫。有居民參與的組織工作，可帶出居民力量。在這階段以動員居民的力量爲主（Farley, Smith & Boyle, 2006: 10），針對居民的回應，鼓勵及促使居民參與，爲自己所需作決定（Battens, 1967: 11）。

姚瀛志（2004：49）強調社會行動應以公平、合理及符合大多數居民利益爲依歸的方案作爲行動目標，組織及行動過程必須透過多種途徑，收集其他居民對有關問題的看法和要求，舉辦居民大會、社區意見問卷調查等，以決定行動方案。不少社區問題沒法解決，是因為居民對解決問題的要求有錯誤瞭解及期望，以致因有關部門權力所限，令居民無法達成協議或解決方法，引致問題更加嚴重。澳門倫敦街輕軌事件，澳門政府在興建輕軌路線計畫，原先諮詢方案在新口岸部份行經觀音像，即是在社區外圍興建，但後期的方案則建議輕軌路線行經倫敦街，導致該區居民非常不滿，引發當地居民的抗爭行動。另外香港高鐵事件的例子，香港政府需發展高速鐵路，工程需收地興建，產生了賠償及安置問題，引發受影響的菜園村居民不滿，多次在香港立法會抗議。這類社會行動，對社會造成某程度的影響。工作員協助居民時，需瞭解有關部門的能力及相關部門能處理的問題，對解決社區問題才有助益。在計畫社會行動時，工作員必須清楚瞭解有關政府部門工作範圍、執行能力、在事件中誰是權力決策者可作決定解決問題。同時瞭解問題能否進行協調，誰可作為協調者，是單一還是涉及多個部門及人士，哪個政府部門能促使它們進行協調等，這些問題都是必須涵蓋在行動策劃內。

倘若居民組織決定採用激烈的行動方案，工作員必須注意激進的社區組織行動，可能發展成有參與者以過強烈的行為表達訴求，導致偏離原有行動計畫。在遊行、示威請願行動中出現自殘行為、暴力衝突行為、個別人士不依主辦單位原有遊行路線安排等等情況。考慮行動時，工作員需考慮激烈行動對居民及社會的影響。當一些不理性行為發生時，工作員及組員控制及處理的能力，均值得深入考量（姚瀛志，2004：50）。因此，在決定採取激烈組織行動時，應先引導居民考慮非暴力方法解決問題的觀念。

居民參與階段是建基於一群社區居民已組織起來，已建立共同目標（common goal），進行研究行動方案。針對行動方案進行檢討及跟進工作。過程中工作員涉及與居民達成共識及行動的一致性（姚瀛

志，2011）。

當取得行動目的共識，工作員可透過在區內進行各類相關活動收集居民意見，社區需求問卷調查、居民大會、居民座談會、居民分享會等，促使居民交流意見及達致共識。所謂行動一致性，工作應注意實質性與理論性問題，當居民決定社會行動後，心理上期望更多居民參與，因此，有可能在不知不覺間吸納一些對社區問題不清晰或未符合資格的人士參與行動，導致部份人對行動目標不一致，會有以個人目的取向的爭取偏差行為。甚至某些參與者以激進的表達方式爭取所需，與原有的目標相違，因而破壞工作員與居民的合作關係（姚瀛志，2011）。

姚瀛志（2011）指出，當推展社會行動階段時，工作員要強化維繫居民間關係，團結居民力量，特別是核心成員的共同責任感及團隊歸屬感，在行動中盡力抑制個別人士的激烈行為，確保行動依計畫進行。

行動後，檢討及跟進工作是必須的，內容包括評估組織行動策略是否恰當、行動過程是否順利、過程中出現的問題、哪些問題並未列入，事前缺乏考慮、居民接納有關行動的回應、日後監督及跟進工作安排等（姚瀛志，2004：50）。

四、檢討、評估與跟進階段

姚瀛志（2011）表示社會不斷發展與改變，社區問題亦不斷出現，要長久改善居民生活質素，就要教育居民建立持續的觀念，因此，社區組織的檢討工作是非常重要的，每一個環節都會影響爭取的結果，失敗後亦可經過檢討，修改行動方法及策略（張兆球、蘇國安、陳錦漢，2006：53），作為日後工作的借鏡，將成功與失敗作為經驗所得，反省工作情況，使工作不斷有所進步。

　　姚瀛志（2004：51）的居民組織工作第四階段為檢討、評估與跟進階段。檢討分個別性或整體性。個別性檢討是指組織工作由初始階段的每一個環節，均進行檢討，讓組織者及參與者掌握每個環節的特性，從而進行反省，具教育功能。這方法在各項活動後都需進行。缺點是所花時間較多，及吸引性較弱，參與者未必有興趣參與各環節的檢討工作。個別性檢討在組織工作上較難運作，因居民組織工作較受活動結果影響，參與者較重視整體結果。

　　整體性檢討，主要針對問題探索明確性，醞釀或推展工作的恰當性，行動時與計畫相配合，目的達致，行動後可作跟進等為重點工作內容。根據這類問題，工作員應在檢討工作中引導居民參與討論。姚瀛志（2004：52）認為整體性檢討應注意：

1. 問題探索：社區問題的出現及解決方法可能涉及多個情況，出現問題偏差，在收集資料時出現錯誤，影響行動計畫制訂及行動成效，工作員需在檢討時分析。

2. 醞釀或推展工作：社區行動要依賴居民參與，醞釀工作直接影響居民參與情況，在推展行動過程，出現嚴重錯誤或偏差，會導致決定爭取目的時作出錯誤判斷，直接影響行動理據。

3. 行動配合預先計畫：行動的基礎建基於居民需求及能力，行動過程中未能配合計畫安排，會出現與預期目標不符的結果，影響後續的安排。

4. 目的達致：行動結果與目標的一致性，居民接納行動的結果，以及後續行動都包括在檢討中。

　　因政府部門的行政規則，導致未能即時解決的問題，工作員有需要協助居民建立對問題跟進的行動方案。跟進工作主要是監察政府部門的承諾事項是否有進行。跟進目的是希望有關人士或部門真正解決社區問題，改善生活質素。社區問題不能在行動後便即時改善，工作

需要時間安排，社區行動在後階段需設立監督或跟進小組，跟進有關部門是否履行承諾（姚瀛志，2011）。

　　跟進工作可分正式與非正式進行，正式的跟進行動是成立監察行動小組，定期召開會議討論改善工作進展情況，並與有關部門作相關回應。正式的跟進工作較具監察作用，可迫使有關部門依承諾辦事（姚瀛志，2011）。

　　非正式的跟進，姚瀛志（2011）認為某些社區改善行動會造成居民分化的情況，如居住遷移安排，導致居民組成員數量減少；情況改善後組員的參與動力減退；組員的生活情況轉變等均會影響參與工作的人數，對此可採取非正式監察方法進行跟進工作，所謂非正式跟進行動，乃在非特定時間由居民成員跟進行動工作進展。工作員應持續保持與居民接觸，並建立一套合適的記錄系統，記載各類相關的事項，如報章的報導、實質的改善工程等，以便日後如有需要再次推動組織相關工作。

小　結

　　社區組織模式可作為專業工作的指引，工作員應對都市問題的變化不能一成不變全部依從指引，Battens的二分法及羅夫曼的社區發展、社會規劃、社會行動三分法的觀念指出需要是隨居民情況作依歸。

　　工作員隨社區不同情況推展居民組織四階段，各階段有相關性但並不表示是必然性，也即是說，階段發展可混合使用。值得注意是組織工作的目的是否可實現，行動後的跟進工作，不少實務工作者只求行動的過程，在過程得到滿足與成就感，而忽略了行動的實質目的。社區工作員切記居民組織工作不單是以過程為主，實質目的達致對組織工作同樣重要。因此，考慮社會行動時也需注意實質達致的可行性。

第七章

組織工作基本概念

第一節　導言

社區工作技巧變化萬千，它是一種藝術同時也是一門專業學問。社區工作員能掌握及巧妙地運用各種工作技巧，成功地達到社區工作目的，改善居民生活質素，社區和諧平衡各持份者的利益。

社區工作技巧能融合民意、理想及經驗，即能創造出許多的不同和唯一的平和共融。它們的功能抽象，但有真實的結果，正如藝術廣義的解說是技能與思想，無法脫離人和大自然。技巧及藝術是能表現出思想及情感，同是追求和諧平衡的心靈感受。任何的專業工作有其自由度與獨特性，但它必須能通過檢驗。社區工作的組織亦是如此，需要一套明確的思維與過程，靈活變動各種技巧，但最終原理是能被測量、檢驗，具有可信性。

組織工作建基在可測量及能達致居民需要，只有居民對社區問題的瞭解及掌握議題，才能真正展開社區工作為居民推展社區組織，協助居民解決問題。推行社區工作的工作員，有著難以捉摸及無形的壓力感，甚至影響個人的自信心。因為社區工作的特色較其他社會工作牽涉更廣泛的層面，更複雜的內況，以及對居民及社區具更深遠的影響。

第二節　組織工作的困惑

組織工作面對不同問題，有不同理念、不同目的及運用不同的方式。Kevin Lynch（林慶怡、陳朝暉、鄧華譯，2001：28）指出，城市是由許多不同的群體組合，每個群體有自己的利益，處理社區問題會是一種討價還價的博奕，其中一部份群體起著主導作用，其餘的則只有服從這些主導者。社區工作員對組織工作的理解及推展對整個工作計畫起著非常重要的作用。

　　社區發展社論（2004）認為社區發展是協助農業社會邁向工業化、都市化發展的一種適應及轉型。透過社區基礎建設、生產福利建設及精神倫理建設，使得社會在社會發展的基礎工程條件上有了相當雛形，社區發展確實有其不容抹煞而值得肯定之處。工作員投入組織工作目的是對社區的人和事有所改進，包括：

1.生產福利建設對人民經濟生活的改善有助益。
2.精神倫理建設提升人民生活的素質。
3.社區發展帶動人民參與是團體運作的民主表現。
4.組織工作是培育人民的公民權益意識及推進社會文明。

　　社區發展社論（2004）表示社區發展需存在實質改善的目的、居民參與的需要，及倫理的要求。毫無疑問，組織工作者是：

1.使能者：協助服務使用者取得必需的資源。
2.動員者：綜合個人及團體的社會支持網絡，動員各方組織，協助服務使用者。
3.調解者：介入社區及居民問題／事件，進行協調及解難。
4.倡導者：由社工率先提出所瞭解的問題，引領居民去為自身應有的利益進行爭取。

　　激進式的組織方法，直接影響近年社會工作者的組織思維，常慣以此方式為居民爭取權益。Alinsky的激進十二規則思維是推動達致工作成效的目的，以過往的歷史經驗，顯示這些規則使執政者容易讓步。他的激進思維一直影響近年社會工作發展，反映在頻密以激進方式推動的社會服務，尤以關注社會政策的工作者。他們的方式被稱之為激進社會工作（黃源協，2000：184）。事實上，社會工作是強調以倫理道德為重，以尊重為核心，是歷年社工人員嚴謹遵守的規條。這十二規則有違社區工作的原意，社區組織的方法或策略，工作者在考慮運用Alinsky的手法時，須堅守專業精神還是服務使用者的訴求，造成工作員如何以工作目標的達致作為主要組織策略的困惑。

組織工作過程存在教育及培育的作用，目的取向的工作方法，需注意合理的取向，組織行動對社會造成的間接影響。工作員的行動觀念容易給居民建立榜樣親身教育，強調以激進方式便可解決問題能否達致社會和諧？還是只以居民利益訴求，造成對社會發展另類的傷害。

李振福（2003：1）認為城市化是人類隨著社會生產力的發展，由農村向城市不斷轉移，它是一個擴大的過程。都市發展過程改變居民的需求觀念，黃源協（2000：187）指出，在福利多元主義下，服務使用者的權益獲得重視，以及使用者團體的擴張，消費者被鼓勵要主動接受而非被動被迫接受，對其需求要有發言權。居民作為社區組織的被服務者，他們有權為自己的事情作出需求的決定。然而，居民的取向合理性、爭取行動合法性，工作員在界定以居民的觀點作為組織工作方向時，只有堅持才會減少困惑。

接觸居民構思組織計畫，社區工作員在推展社區組織時會涉及至少三個層面的壓力：居民、機構及工作員自己；三個完全獨立個體層面的意見及觀點，會影響行動計畫的方案，工作員容易產生導向的迷惑。

機構的建立有其宗旨、目標及價值立場。都市社會服務不少是與政府的契約委託合作。機構的考量會因不同的發展階段而有不同的合作策略，包括與當地團體維持良好關係以利在區域內推動機構的服務。與政府契約委託合作下，受到不管是組織的資源獲得、人力運用、專業自主性、市場趨勢化競爭、服務效率、管理議題以及關係網絡等各方面影響（魏季李，2015）。工作員作為機構的一份子，跟從機構的宗旨是員工必須依隨的基本職責，因此工作員在行動計畫時會受到機構宗旨期望的影響。另外，工作員本身分析問題時亦會帶出工作員主觀方案的心態，包括其個人的價值觀、道德操守、專業知識及對服務的認知和投入。而居民的參與，主要目的多是為改善個人的生活質素，本身已是懷著私人目的。在三方各有不同立場下，工作員每次的組織工作最終決定，必然要面對介入手法的十字路口。

服務介入法

黃源協（2000）對社會服務的專業性從三個角度探討，包括專業的觀點、行政管理的觀點及服務使用者的觀點。認為各者會存在不同的價值觀念，推展社區服務時這問題往往造成對工作員的困擾。一般受困擾的問題可分居民主導、工作員主導、機構主導等。

(一)居民主導

黃源協（2000：186）表示都市化後服務使用者對權益獲得的重視，使其需求有發言權。在社區組織工作上，居民的意見會成為主導工作員工作考慮及爭取權益的方向。居民組織工作所涉及的群體較多，當中包括不同住戶的權益，因此工作員以居民作主導宜加入專業的判斷。

所謂居民主導，係指問題的決定及行動依居民的能力及參與作為考慮，若居民能力與參與不足，社區行動便需暫停，直至提升居民能力達到水準後，再處理有關問題。

專業者往往被視為較具創發性、功利性以及受到其專業倫理守則所屬使（黃源協，2000：180）。以居民主導取向時，應配合專業倫理的基本要求及專業判斷。若居民對本身的處理能力欠缺信心，或本身未具備應有的能力，致未能在參與過程中有效地發揮居民主導的角色，對工作員的需求會較大，因此更偏重以工作員主導為取向。

(二)工作員主導

社區工作的基本理念是社區的問題應由居民參與及居民自決，改善社區生活質素。現實上，在過程中工作員表達的意見往往會直接影響居民決定，若工作員過分主觀或過分取向於問題解決上，黃源協（2000：184）指出，社工專業被譏為削弱個人的創發性，非法違反人們的意志，以及需靠罷工始可取得較佳的個人利益，而產生激進社會工作的觀念。這些觀念會使工作者朝向以解決問題為主導，失去了居民自決的原則。

導致由工作員主導居民的情況，部份原因是居民能力所致，需工作員作較深入的協助。出現社區服務完全由工作員主導的情況，在組織工作初期較為明顯。在這階段工作員培育居民能力提升工作非常重要。姚瀛志（2011）指出，充權是讓沒有相關能力或權力人士，提升其能力或權力去處理他們所面對的問題，它可分不同層面（Adu-Febiri, 2008: 2）、在居民組織工作過程中，面對各類居民的參與，有理解及分析力強，學歷高的，亦有不少來自低學歷、分析及理解力弱、人際關係弱的人士。因此，要解決這問題，為弱勢的居民充權是一種可行的方法。

曾華源（2004：65）指出，社區工作的最終目標是和社區居民一起做（work with）、由社區居民自己來做（work by）。在組織工作初期階段，由社會工作者直接介入與提供協助，以幫助社區居民發覺並確認社區問題，進而決定社區需求的優先次序，最終希望能透過溝通、協調及合作的過程，培養社區居民的自身能力，自己運用各種資源，彼此互助合作，以改善社區的生活條件（姚瀛志，2011）。

Samuel（2007: 618）認為充權能提升市民能力。從自助的目的及自己運用資源的能力而言，社區工作者必須為有需要的居民提供合適的培訓，讓他們有能力理解及分析所關注的社區問題。培訓方面，值得注意，充權的目的主要是使居民有能力在日後能自行處理相似的社區問題，以改善生活質素，所以培訓工作的安排並不是以學歷提升及教育工作為目的，而是以能力提升為主要目標（姚瀛志，2011）。

(三)機構主導

非牟利服務機構，除了服務社群外，還有本外的宗旨，為達致機構的宗旨，對員工產生引導作用。單位主管在批示服務計畫時往往朝著機構宗旨及目的進行，造成機構主導的情況。

澳門社會服務組織的資金大多來自政府資助，不少政府政策需要透過服務單位進行倡導。姚瀛志（2011）指出，居民組織工作主要以改善居民生活質素為目的，過程中對居民會涉及一定程度的影響變化，因此，組織工作員需要在社區改變前向居民進行倡導工作（Sosin & Caulum, 2001: 13）。社區工作員在組織過程運用各種方法去倡議及主動引導居民，讓居民清楚暸解其情況與功能，這過程稱之為倡導。倡導的方法包括社區大型活動、座談會、各類組織活動等。倡導是專業技巧必須掌握的環節（Smith, Reynolds & Rovnak, 2009: 483），社區工作者須在推展組織工作時，向居民進行倡導工作，讓大眾達致共同取向的目的。這方向往往會與機構為政策推展的倡導工作不謀而合，管理者在資源撥備上著重資源配置依據（黃源協，2000：195），因而往往以機構的政策倡議為主導。

一個專業社區工作者必須採用以居民為主導的理念。在工作推展過程中，很多時候居民會處於被動情況，事事以工作員的決定或意見為主導。一般社會工作者未能充分顧及到服務的成本及專業倫理要求（黃源協，2000：195），造成機構需要主導介入指導工作，使過程成為機構主導的情況。

面對機構主導時，姚瀛志（2011）認為倡導方法需依據居民的反應作出適時的介入及正確方向的引導（Smith, Reynolds & Rovnak,

2009: 485），才能讓倡導更具效益。倡導工作的對象較居民組織工作廣，它除了社區內的居民外，還包括決策者（Sosin & Caulum, 2001: 13）。其目的是引起更多決策者關注居民的問題，以便日後居民爭取行動時得到支持。所以，工作員可運用倡導的獨特性，將主導的困局轉化為組織工作的動力。

(四)居民為本，專業導向服務

　　每個機構有其宗旨，社區工作的目標與機構的目標能否一致，有賴機構主管對居民組織的信任。要使機構信任居民，那麼工作員要以行動證明工作員的工作取向會配合機構宗旨，同時亦需先向管理者瞭解社區工作的基本原則，以減輕雙方的猜疑。

　　初期的組織工作需以員工為主導作為介入，協助居民進行各種分析，但是基本上社區工作的理念是居民為本，在協助居民時應秉持居民為主導的取向，引導居民決定他們的目標。黃源協（2000：180）指出，專業要求是依據其專門知識和技能，致力於專業服務和諮詢的提升，以及將其特定工作之績效與個人問題加以結合。專業者的行動是建立在與案主的信賴關係，且受到專業倫理所驅使。大部份居民的參與都非常受工作員的決定所影響。所以工作員可透過這種影響力，使居民投入自決的原則，由工作員主導引領居民成為居民主導。工作員必須堅守以居民為主導的原則，加以機構的服務目的及主旨，提升居民的處理能力，再配合專業社工的知識與技巧，鼓勵居民參與表達，使整個程序回復到居民主導的原則。

　　這種以民為主的觀念是社區工作的基本理念，工作員應加以堅守並持有這種觀念來推展社區工作，達致以居民為本，共同導向為原則。社區工作專業服務應如**圖7-1**所示，將居民依賴、機構要求、工作員的期望相互結合，整理出一套合適的組織工作，成為工作員個人的工作特質。

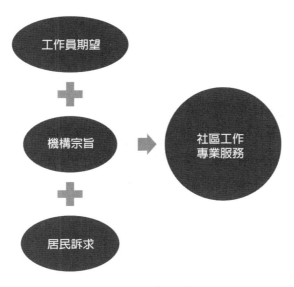

圖7-1　工作困惑

　　如何讓居民組織工作達致成效是工作員工作的迷思，造成不少困擾。要減少這些困擾及被大眾認同，社區工作的要求必須具科學性，來建立它的專業服務特質，讓社會大眾接納與支持。

　　社區工作有一套專業的理念，要求在區域規劃上需要明確、收集資料有系統、有理論依據、具分析條件、有可行性的建議及獨特的技巧。但現今都市的社區其地域劃分不少是一街之隔，不少資助部門或機構對社區工作的範圍有清晰界定，如香港的市區重建隊的服務區域。但亦有資助部門對社區工作的服務區出現重疊情況，如澳門花地瑪堂區八間社區服務中心，服務區域為全澳門。要明確劃分工作員負責的地域，工作員要清楚劃分的地域，以加快接觸相關地域的居民。

第三節　社區介定及認識社區

　　都市發展令原有的社會結構轉變，在互動過程中產生新變化，形成新的社會組合（中國社會工作百科全書編委會，1994：413）。每個社區有不同特性，居住人口的背景、道路環境、生活習慣，甚至夾雜各國語言等，工作員在推展社區工作時，必須先瞭解當地社區的情況，才能掌握區內的問題，從而進行較深入的社區工作服務。

　　一般社區工作書籍對社區的界定都有明確介紹，工作員可依這些界定作參照。社區範圍的界定一般由單位負責人依與政府契約作決定，範圍內的居民便是工作對象，有關區內的情況，必須先行瞭解及掌握。

　　每個服務中心根據其機構設定的區域範圍工作，工作員所處理的工作區域便是其社區。區內所發生令居民關注的問題之事情，便是社區問題，但這些問題是否足以令居民走出家庭，參與區內由群眾組織的關注工作，有賴及需要社區工作員的理性及客觀分析，在介入社區問題時大家必須先瞭解社區情況。要瞭解社區情況可參考**表7-1**多種方法。

　　完整的社區資料，是訂定有效工作計畫的基礎，幫助在該社區推展服務，建立正確的未來工作路向。有計畫地收集社區的資料，對組織、計畫及行動時起著重大關鍵的作用。

一、探索社區問題

　　都市人口密集，所謂一街或一小區已是數千及數萬人居住，當中會出現各類的社區問題，蔡勇美、郭文雄著（1984：84）認為都市化

表7-1　探索社區問題的方法

方向	理由	關注點
社會傳媒報導	社區的問題常會受到傳媒的關注及報導，陳述各相關人士對問題的看法及建議。媒介報章瞭解社區重大的情況。	社會各方，包括專業人士、政府及地方組織對事件的意見。
居民的認知	社區問題大多對區內居民有所影響，而且具有不滿的感覺，直接從居民中瞭解。	居民的反應及相關部門的回應。居民所關心的問題，這些是個人問題或集體問題。居民的訴求及需要。
機構員工對社區的瞭解	社區中心員工大多與居民有直接或間接接觸，他們對區內的情況有一定認識。從員工身上瞭解社區情況省時及直接，但小心可能存在主觀性。	員工對問題的意見及相關協助資源的運用。
與中心會員的接觸	社區中心均設有會員制，可利用工作的環境優勢，推行各種活動，如舉辦活動、通訊等與會員接觸，以瞭解他們對社區的看法。	利用活動平台擴大與居民接觸的機會，建立專業工作關係的點、線、面。
民意調查	參閱過往中心、區內團體、政府機關所進行的民意調查結果，分析社區的問題。自行進行社區需求調查，瞭解社區歷史及近況。	歷史因素可作為分析社區問題的理據及作為推動方案的參考。
政府統計資料	政府會定期為挑選的社區進行不同的統計工作，向社會大眾公布結果，如就業情況、人口、居住、經濟等，這些資料有助掌握社區的過往情況及未來發展走向。	瞭解社會整體情況，政府對有關區域的發展動向，區內居民的背景與能力，及對未來發展的應變力。
實務社區分析	在區內直接瞭解社區問題，做多方面、多角度分析，及深入探討的工作。	實務接觸，多角度瞭解問題，務求獲得最全面的社區分析。

產生各類都市問題，包括文化、資產、機會等，因此組織工作的對象會因不同社區問題而有所不同。所以工作員要瞭解居民被影響的社區問題，工作員只能親自深入社區。瞭解社區問題可透過直接與居民接觸、行區（落區）、洗樓（與住戶交談）、街站、觀察及調查研究，向地區有關社團及居民等瞭解區內的問題及訴求。

探索社區問題有多種技巧：

(一)居民接觸

居民接觸又稱地區訪視（field visit），是每社區工作者應有的技巧，地區訪視在社區工作中非常重要及實用。與居民接觸有助建立良好關係，直接瞭解居民對社區的看法，使工作有所依據，日後推展活動時易被居民認同，並且可在地區訪視中發掘社區領袖。每個社區有其特性，深入的社區瞭解有助對社區問題客觀地進行分析及印證。巡視社區可掌握區內實際的環境，與居民分享社區事務時，更易與他們建立共同關注點。若對居民看法持不同意見，亦可提出親歷的理據支持自己的觀點。

(二)實地觀察

居民表達社區問題，工作員應作實地觀察瞭解情況，嘗試從多角度實地瞭解問題，包括居民所反映的問題所在，非法停車是都市常存有的問題。去瞭解實況，工作員應在不同時段、不同角度瞭解非法停車問題，非法停車問題的出現，最多出現非法停車的時段，最嚴重的地方，政府的泊車政策及計畫，都需工作員親身的瞭解、思考及求證。工作員要有目的地實地觀察被居民討論的社區問題，有助瞭解問題的真偽，不致在分析上出現重大的誤差。

(三)調查研究

調查研究有助喚起居民對社區問題的關注，是較全面瞭解居民觀點的方法，工作員利用調查結果作為日後問題介入話題，凝聚居民對問題的討論，提升居民對問題的關注程度，從而鼓勵居民參與訴求活動。

(四)與地區有關社團／部門接觸

社區工作者除了協助區內居民參與社區事務外，需與區內有關社團或部門接觸，以建立一個良好的合作伙伴關係。事實上不少社區問題，可透過部門間的協調，使問題得到順利解決。因此與地區社團或部門建立良好的關係，有利推動和平解決問題。

　　基於社會工作的理念，解決社區問題需要居民參與，培養居民自行解決社區事務的自覺性，以達致助人自助的目的。良好的協調、商議，有利推動和平解決問題，能達致改善社區生活質素的社區工作目的。

二、啟動組織的前期工作

　　工作員初步瞭解社區情況後，需作針對性的問題探索，工作員可依探索的區域，建立個人的資料庫（data bank），以便日後與居民交談，或與有關部門對話時，所涉及的社區問題或資源能提出足夠理據，為支持爭取合理改善要求的憑證。所以在任何行動前必須盡可能進行資料收集工作。

　　進行實務瞭解工作時，請謹記必須自己從新整理所收集的資料，作為中心的資料庫，使自己有一個清晰的社區概略藍圖。資料庫應包含社區內過往發生過而令居民關注的事情、相關人士、相關部門、問題出現次數、區內較為活躍的人物等。

　　資料並可作為日後對居民及社區瞭解的依據，日後巡視社區與居民接觸時，容易產生共同話題，有利工作員較易與居民及社團組織建立工作伙伴的關係。

　　一般而言，機構會保存過往區內或中心的大事，並以存檔方式保存，如刊物、社區小組會議紀錄、突發事件處理報告、社區活動評估報告、會員名單等等，當收集資料時，可以利用機構本身資源，作為建立個人對社區資訊的開始。

　　參閱這些資料時有以下事項需要留意：

1. 刊物／報告參閱前應先徵得單位負責人許可。注意刊物／報告閱後應記錄有關重要資料，不宜多次借閱。
2. 閱後應放回原來地方。
3. 選擇與社區問題有關事項作記錄。
4. 留意資料出現次數、時間、與人士等的關係。

現今社會對個人隱私保護有高度要求，工作員處理會員資料應注意下列事項：

1. 記錄會員資料時須先徵得單位負責人的許可。
2. 會員名冊資料應以保密方式處理，使用後應儘快交回機構。
3. 會員資料，不宜由工作員自存及帶回家。
4. 會員的出現或參與中心活動的次數，紀錄只供工作需要時使用。

每間機構對資料處理方法不一，部份中心因個別原因並未設有檔案系統或會員名冊。工作員可直接向單位職員瞭解過往情況，根據員工所提供的資料，加以整理。

三、評估機構的動員能力

服務中心的動員能力強與弱，直接影響社區工作員的工作成效，動員力強的單位，能影響居民對中心的投入程度，並可舒緩居民對投入社區問題參與時所帶來的工作壓力。簽名運動、小組的定期會議、組織行動等，居民要花不少時間與精力。文書處理、行動前的資料收集、聯絡等，由中心其他資源協助處理，能激發居民的投入程度及增強居民對中心的信任。因此中心的動員能力，對社區工作有重大的影響作用。機構的動員能力應包括：

1. 員工：每一項活動必須有非專業服務的員工協助，處理非專性的工作，如場地借用、音響器材準備等，這些協助除可減輕工作量外，是讓社工專注於專業服務上，提升服務的效率。

2.義工：社會服務需要極大的人力資源，社區服務的機構，未必能有額外員工協助推展社區服務的文書工作。義工是一個強大的人力來源，運用恰當對中心人力支援會起重大作用。義工協助處理因推動社區行動而引致的額外工作，減輕參與的居民的壓力。另外，透過義工協助可加快工作完成的速度，使社區居民有被重視的感覺。

3.友好社團：不少志願服務組織與社會上其他志願服務團體有良好的關係，互相轉介為有需要的人士提供不同類型的協助。利用友好關係，協助居民解決個人或家庭問題。機構發揮各自所長，使服務使用者得到最好、最恰當的照顧。

4.機構與社區的關係：地區工作強調地域關係，若服務單位得到地區友好社團的認同及支持，有助居民推展社區工作時的信心，在發揮上更具效力。

社區工作初步瞭解社區情況及為服務中心的動員工作做好準備之後，便需考慮如何介入與區內居民建立關係，作為日後組織社區關注小組。

四、收集與社區問題有關的資料

推行社區工作時，必須掌握社區情況，掌握社區情況的重要技巧為先掌握社區居民所關心的問題，引起社區居民注意的問題，會導致社區居民主動參與的問題。一般而言，使居民產生生命及財產安全的社區問題，較易推動居民的主動參與，有經濟價值的問題也會容易使居民關心，如租金、屋宇升跌等，而環境衛生也較易引起居民注意。

社區問題的發生，往往連帶多個因素同時出現，社區問題的形成，是經過孕育、揭發，然後引起社區人士關注，進而落入廣播與爭議的過程，最後關注人士及受影響者會作決策與行動的考慮。在整個發展過程中，會在不同的媒介出現，如報章刊物、電台廣播、地區組織向有關人士或部門反映等。所以在收集社區資料時，可以優先考慮參閱過往報刊資料、電台報導、地區團體意見、居民反應等。

當取得這些資料後處理資料時，可分三個層面作為歸類方法：(1)全國或國際層面；(2)社區層面；(3)生活環境層面。

(一)全國或國際層面問題

這些問題會對社區居民造成影響的情況，該等訊息較強，一般在報章頭版或主版報導。工作員需作簡單紀錄，內容可分問題主題、發生時間或時段、與哪些政府部門有關、哪些團體曾表達意見及資料的來源。如登革熱問題、非典型肺炎（SARS）、禽流感問題等。

(二)社區層面問題

這些問題訊息可能較弱，有地域性，在報刊中占較細篇幅。記錄時內容同樣可包括問題主題、發生時間或時段、與哪些政府部門有關、哪些團體曾表達意見、表達次數、有關部門反應、處理方法及資料來源。如交通死亡意外、食店占用公眾地方問題等。

(三)生活環境層面

主要包括居住環境及家人的工作與就學的環境，這層面與民生有直接關聯，這類問題對居民生活質素有直接影響，他們會有最大的感受。所以居民對這類問題會作出較多意見及回應。如大廈環境問題、街市食物質素等。

收集社區資料後，工作員應先行整理分析居民所需解決的問題，瞭解改善居民生活質素的可行性。基於這些理念，必須重新整理已收集的資料，透過客觀分析去決定採取哪些問題作爲與居民接觸時之用。

　　值得一提，並不是任何社區問題都會被社會大眾關注，可能某些問題被居民接觸後才被發現，因此，社區問題是需進一步深入探索的。

　　社區工作最重要是瞭解社區居民的需要，直接接觸居民是最有效及最可靠的社區工作方法。推動社區工作時，社區探討是必需及非常重要的環節，除了直接與居民接觸外，還可透過多個不同方法進行社區探索，瞭解區內居民的問題及居民對社區問題的取向。由於社區問題不斷因各種環境轉變而轉變，因此在推展社區工作的過程中，需不斷作社區探索，瞭解居民當時所需及掌握地區的變化，與現實接軌。

　　進行社區探討可採用有計畫的或隨意式的方法，不論以何種方式進行，其共同目的就是瞭解社區現存或預測可能出現會影響居民生活的問題。當有了清晰的理念，便可減輕不少活動計畫的困擾，一個完整的社區服務計畫，包括工作員行區規劃、社區觀察、與居民接觸、分析社區問題、社區的動力與阻力評估。探索這些問題的技巧和應用是重要的。

五、社區觀察

　　除了以文獻方法收集社區資料，加以分析。落區可根據已收集的資料，與社區實際環境情況互相印證，加強工作員對問題的瞭解。觀察除了針對社區問題瞭解外，還有助與居民發展初步關係。觀察時注意的事項如**表7-2**。

表7-2　社區觀察注意事項

注意事項	理由	關注點
社區環境	社區的基本設計是否會容易造成治安黑點、環境衛生問題、街燈照明不足等	環境對居民的影響
商業情況	社區內的營商特性主要商業活動類別，營商情況	居民生活質素
合法社團情況	區內除了中心之外，是否還有其他合法社團參與社區事務，它們的動員力及活動情況	社區資源
非法行為	區內非法行為的普及，例如：小型聚賭、色情行業的交易、販賣翻版物品等	組織工作可能出現的阻力
生活節奏	區內的居民生活模式、工作類別、工作模式、子女教育、社區基本設施	生活水平
生活水平	區內銷售的物品大多以價廉為主，還是以優質豪華物品為主，或兩者兼備；家務助理（家庭傭工）是否經常進出該區等	生活質素
交通	區內公共交通情況、交通工具類別、道路設施	生活水平
居民情況	居民的社會階層、消遣模式、衣履模式、家具設備、長者及學童在區內活動，區內的年齡分佈等	生活水平
居民生活圈子	是否在該區活動為主、少出門等	鄰舍關係及生活質素
使用語言及文化特性	地區語言、生活習俗	鄰舍關係
社區凝聚力	居民組織的數量、類別、功能，推動改善社區生活質素的活動，如互助會、業主法團、業主管委會、社區居民關注組等	社區資本及資源

　　表7-2所述的觀察重點，是初步分析該社區居民的事項，透過觀察與文獻資料互相印證，設定多個與接觸居民的話題，如治安、環境衛生、購物、交通服務等，以便工作員能順利以家常平和的方式建立初步關係。

六、與居民接觸注意事項

　　初步資料收集及分析後，下一步是工作員落區與居民接觸。接觸方法有不同的種類，直接的居民接觸、問卷調查、街頭劇表演、街頭訪問、展板介紹等等，而一般常被使用的技巧為與居民接觸及問卷調查。視乎機構情況、社區環境特性去決定與居民接觸的方法。家庭訪視能較深入瞭解居民的需要，並可與居民建立及保持關係，有助日後工作推展時發掘有潛質的居民，參與社區關注工作，對日後社區組織行動起著較大的作用。與居民接觸須有計畫地進行，包括與居民接觸前的準備、與居民接觸時的注意事項及接觸後的記錄等（**表7-3**）。

表7-3　與居民接觸注意事項

注意事項	項目	關注點
接觸前準備工作	訂定一個可行的與居民接觸路線	收集可信資料的可行性與員工個人安全
	選定各段進行與居民接觸時段	針對居民的生活特性，減少時間的浪費
	收集社區過往居民較關注問題的資料及瞭解社區特質，如學校、街市、小販地區等	掌握社區居民生活特性
	單位活動介紹資料，有助工作員進行與居民接觸時的開始話題	激發居民的回應
接觸時注意事項	自我介紹：先介紹工作員所屬的工作單位，顯示工作證件	尊重被訪者
	保持熱誠的態度：關心被訪者的情況	
	運用討論話題技巧：重點掌握、引起討論、觀察反應	瞭解居民的關注議題
	嘗試索取日後聯絡資料：待日後活動通知之用	以便日後推展組織工作聯繫
接觸後記錄工作	立刻記下與居民接觸單位資料，包括座號、單位內主要交談者姓名、聯絡電話	作為對社區問題分析資料
	交談者所談的主要內容	瞭解居民的關注議題
	交談者對社區問題的取向	瞭解居民的參與可行性
	居住情況	作為對社區問題分析資料
	對問題之反應	瞭解居民的參與動力
	對區內不滿的問題	瞭解居民的關注議題
	參與動機分析	考慮組織啟動策略
	被訪者的表達能力分析	考慮培育策略
	被訪者是否適合作為居民小組的對象	考慮組織啟動策略
	被訪者是否有家庭成員關心區內問題	

（續）表7-3　與居民接觸注意事項

注意事項	項目	關注點
接觸後的疑惑	發現與原先所收集的資料有很大不同	考慮組織啓動策略
	社區居民對問題的關心度與初期估計有很大程度的差異	
	居民所關心的問題差異性大，難作決定	
	居民依賴性高	
	工作員擔心自己的能力，不能負荷行動方案	考慮組織啓動策略
	居民意見分歧，難以組織居民	
	居民對問題不關心	
	無法決定哪些問題能引起居民關注	
	服務單位不能提供足夠支援	

　　上述情況，需工作員再進行深入瞭解及分析，包括與自己在入區前所建立的資料庫作比較，以客觀角度分析居民的期望及能力，從而訂定出新的介入方案。

　　不是每個工作員均能訂定出可行的方案，但必須以行動解決本身的疑惑。透過已建立的居民溝通管道，再次與居民作較深入的問題探索，若仍未能解決疑惑，應諮詢督導或上級的意見，然後計畫行動方案。

 第四節　確立社區問題

　　在社區內居民一般著重關注垃圾收集、交通、空氣污染、治安等，與生活有關的所謂民生問題圍繞在衣食住行中。再深入一點的是就業機會、公共設施。居民所持的觀念一般認為問題沒法解決，或費時繁複，因而默然忍受。事實上，不少問題是可以透過居民參與、集體反映等便可解決。將居民的觀念改變是工作員所面對的艱難工作。

最重要是改變居民的固有觀念，工作員在進行倡導工作時，要使居民關注到問題，認同問題對自己本身所造成的傷害是值得花時間去解決。而且相信透過社區工作員的專業指引，問題將有所改善。工作員先將某問題明確確立，然後加以倡導工作，確立問題的考慮因素並不單看問題對社區影響的嚴重性，同時也包括：

1.問題對社會的影響。
2.居民透過參與行動反映意見，改善情況。
3.居民的投入度。
4.居民的理性要求。
5.有關部門問題解決。

確立了問題，社區工作員讓居民直接表達意見，收集居民對該問題真實回應。為提升居民對問題的關切性，在確立問題的過程，深入瞭解居民對問題的看法及關心程度，有助訂立進一步的社區行動計畫。

一、社區工作理論應用的迷網

理論應用是基於前人的經驗取向及研究結果，歸納出一套的理念，提供給未來社區工作者於計畫時考慮的依據。可是沒有一種理論能應用於所有情況，社區工作更是千變萬化，社區工作員必須依每個社區獨特的情況、居民能力等各方面作深入的分析及計畫。

如何應用該理論，工作員可參考第五章介紹的各個理論，運用各理論之特色，應用於社區組織工作。不應局限於某單一理論，具彈性地在不同情況下結合不同理論，靈活運用，並加以融會貫通。理論應用最重要的原則在於社區工作必須以居民自助為最基本的理念。值得注意，理論分析是作為工作員客觀地考量社區問題、實務工作時靈活運用。

二、動員技巧／組織技巧的考慮

　　每個社區有其獨特之處，居民對問題的關切度亦有所不同，因此，必須把握機會瞭解居民關心的問題。可能這些問題並不是最急切要解決的，但是能夠吸引居民參與，這已達致基本社區工作早階段的要求。推動居民參與的介入方法或動員居民的方法，可以分為社會層面、社區層面、生活環境層面。工作員需掌握令居民最感興趣及關心的層面，以該層面的問題吸引居民關注。

　　把握上述三層面的特性，引發居民參與社區工作，有較大收效。動員和組織技巧主要是把握機會，針對居民所關注的問題，從中著手鼓勵及推動居民參與解決問題。

三、織組居民方向

　　組織居民工作對剛從事社區工作的社工而言，是一個很大的挑戰。工作員可透過不同的社會或社區問題作為介入群眾的台階，吸引居民對事件的關注。展板活動，以介紹過往及近期社區的問題，進行調查、座談會、分享會等，瞭解居民的需要及意見。活動的目的在於與區內居民建立關係，將問題關注層面提升，從中找出有興趣參與的人士。引發居民對社區問題參與可從直接、間接及綜合方式考慮（見**表7-4**），策動組織居民參與解決社區問題，成立居民組織後推展各類的表達意見行動，將會於其他章節作專題說明。

　　工作員與居民建立關係後，進一步進行的推展工作是成立居民關注組，商討區內的問題及建議解決方案，待時機成熟時訂定共同的問題與爭取改善的目標，召開居民大會讓居民對問題有進一步瞭解。

表7-4　組織居民工作策略

活動策略	方式	作用
直接方法	直接招募中心會員，成立小組關注社區事務	由會員啓發動力
	在區內與居民直接接觸	建立關係、瞭解居民所關注的問題
	辦分享會或座談會	吸引有興趣人士關注事件
	召開居民關注組會議	以特定主題作啓發
間接方法	在區內辦活動，如：展板、大型活動	倡導意識 建立專業形象
	經地區人士介紹	建構關係網絡
	問卷意見收集	倡導居民意識 建立專業形象
	橫額	倡導意識
	派單張	倡導意識

　　居民參與組織工作或活動去面對都市問題，應由他們自行決定，受其他因素迫使居民參與對解決社區問題的專業發展有一定程度的影響。工作推動組織工作的方向不應該以成功組織居民爲目標，反之應是協助居民以自助方式爲目標。

第五節　結案處理及未來發展與安排

　　社區組織工作經過一連串的推展，在工作員及居民付出努力後，其結果所達到的需要進行結案評估。一般來說，結案是在解決所有問題後進行。但對社區組織而言，它的工作是持續漫長及多變，不少問題是在短期內未必得到完滿的結果，面對都市人口高流動率（蔡勇美、郭文雄，1984：99）的情況，工作員有需要在合適時段進行分段結案，其中大廈管理委員會組織工作，當協助居民成立委員會後，若委員會各方面運作良好，擁有獨立的、成熟的組織架構，社區工作員便可計畫透過段落結案撤出組織，讓組織眞正自理自治。

工作員可以在下列情況作出段落結案考慮，包括：(1)工作已達到目標；(2)工作尚未達致目標，但追求的目標是需要一段長的時間才有結果；(3)工作結果無法達致；(4)居民求助於其他團體；(5)居民不再參與。前三項的情況不論成功與否，在共同努力下，往往讓居民對服務產生認同或歸屬，因此，需要作進一步的居民小組發展安排。最後兩項已表示居民對機構所提供的服務沒有信心或歸屬，工作員亦難作出計畫，適合進行結束組織的工作。

一、未來發展與安排

每個工作或任務均會有終結的時候，當居民組織工作告一段落時，便需為居民小組作未來發展的計畫。小組轉型是好的方案，同時可持續維繫居民的關係，若社區問題再次出現時，能以最短時間結集舊居民的力量，開動社區組織工作，發起社區行動，爭取居民的合理權益。

一般居民小組未來發展計畫可依組員需要作考慮，如成立強化小組及聯誼小組：

1. 強化小組：提升目前小組的動力並持續發展，繼續關注目前的社區事務，關注整體社會事務，對改善社會生活質素有幫助，提升居民對社會問題的關注，培養社區領袖人才。
2. 聯誼小組：組員只對本身居住地區社區事務關注，難以強迫居民發展為關注社會的強化小組，因此宜考慮為組員成立聯誼小組，提升組員之間的互動機會及與機構保持接觸。

為小組計畫未來的發展，除了將過往小組與工作員的合作關係轉移至其他工作員或機構層面外，還可以讓組員有機會瞭解機構的另一面，有利建立機構的形象。

二、社區工作員離開社區

當推動的社區工作已達致自助階段，是工作員離開居民組織的好時機，並可將小組發展為強化小組或聯誼小組等。但並不是所有工作員離開社區服務時，是在完成所有關注組的工作後展開。當知道在某些情況下工作員需離開居民組的工作，如升遷、調職等，便應向組織內的居民告知實情，鼓勵居民繼續關注區內工作，將工作轉介由其他工作員接手。

單位的服務經費不獲政府、慈善團體贊助或支持，機構無法繼續在區內提供社區服務，離開社區。在此情況下，工作員可作轉介服務，提供其他機構資料給小組參考，以便決定居民組日後發展的計畫。轉介給具共同目標的機構或團體讓居民組織繼續關心社區事務，對居民較有利，在整個轉介決策過程中，應以組員自決為原則。

小　結

人乃社會的重要元素，工作員面對區內居民，必須依其特性作適當協助。隨著不同的區內環境轉變，居民亦有不同程度的訴求，所以工作員必須配合，訂出不同的工作計畫，運用不同的工作技巧協助居民。

社區居民的需要各有不同，社區工作員要應運用專業工作技巧，將居民所需達致共識，共同爭取合理利益。社區問題的出現，往往是居民權益與政府有關部門政策工作有差異，因而出現居民與政府衝突情況。社區工作員具備專業技巧，肩負協調各方的功能，組織居民，透過理性的表達，讓有關政府部門瞭解居民的需要，在制訂服務方案時，切實考慮及配合居民情況，並提升部門工作效率，以達致為人群

服務的目的。

　　社區問題變化萬千，問題發展會因環境轉變而轉變，問題在未惡化時能加以制止，做好防預，可達致最經濟及最有效益的社會發展目標。

　　社區工作的基本理念並不是強調將問題擴大化、工作表現化，而是透過專業的工作技巧，配合居民的情況，以理性表達方式，在為居民爭取合理權益同時，避免社區問題發展至影響社會平穩，減低問題對社會所造成的影響，是一項推動居民與政府同步同進的融合藝術。

第八章

啟動與行動

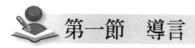

第一節　導言

　　社區工作員在社區經過探索，聯繫居民，確定社區問題，並組織居民，接著如何啓動推展組織居民工作是社區工作員的另一個重要挑戰，一旦掌握啓動的機會被錯失，早前的各項努力及投入，不但浪費也直接影響改善居民生活質素。

　　如何組織居民？何時啓動？在哪裡啓動組織活動？這類問題是影響工作員的決定，組織工作是因應居民的參與情況及居民對問題的反應而定，啓動是組織工作的重要一環，成功與否並不是社區工作員的主要工作責任，而是工作員爲居民創造平台的工作，平台結構越穩固，組織工作越易達致成功。社區工作員要透過策略性的5W＋1H，找出最適合的方案。

第二節　啓動層次

　　啓動（start up）組織工作可從兩個層次面考慮，包括啓動層次中的居民參與意欲、問題對居民的影響；其次爲行動層次，包括居民參與動力、行動給予居民的培育機會、以何種表達行爲向相關部門或人士反映意見、有什麼解決方案是居民可接受、行動是否符合道德要求（見圖8-1）。

　　5W＋1H層次思維，是指所持的理據（why）、居民的眞正訴求（what）、目標人物（who）、好的啓動時機（when）、哪裡啓動（where）、如何組織居民（how），這六點是社區工作在啓動組織工作前需要思考的問題。然後推展啓動工作。

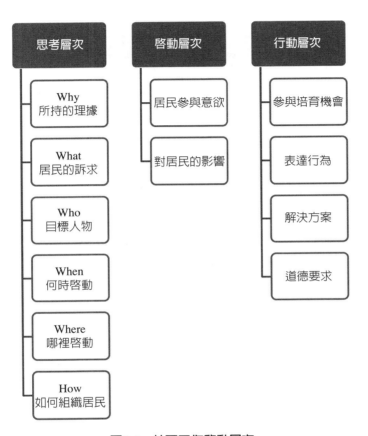

圖8-1　社區工作啓動層次

　　當居民願意參與居民組織，並達致共同目標（common goal），便是時候考慮爭取合理權益的行動方案。社區工作行動的成功不是行動的單一主要工作，更包括對居民的教育、培育、充權、目的達致等作用。這才是組織工作過程中重要的環節。行動的主要理念是公平及道德要求（Gamble & Weil, 2010: 350），強調居民參與，是針對社區問題付出的時間、精神，作爲解決社區問題的行爲。行動涉及瞭解、爭取、跟進等多個步驟，組織工作的行動需要動員居民眞實參與行動，並由居民決定行動的推動。

第三節 建造策動組織平台

　　組織居民行動方式爭取合理權益首要的工作是啓動居民參與，是成功的居民組織工作行動必要的條件，是社區工作員必須學習將理論與實踐相結合的重要環節，是組織工作的重點。工作員在組織居民前先與居民建立良好的專業關係。在組織四階段中建構階段是社區工作的重點，希望透過各類的活動引導居民對問題的關注，與居民建立專業工作的關係，讓居民認識及信任社區工作員。認識與信任並不表示居民會參與居民組織活動。直至工作員正式啓動組織工作才能明確看出居民參與組織工作的反應。

　　眞正被居民關心的社區問題，往往是社區已孕育多時，居民只是欠缺表達的平台（platform）及召集（congregation）。組織平台建造方法可分三層面，第一層面是有結構性的座談會或分享會，甚至是居民會議等；第二層面是有組織性的籌備工作，如關注組、籌備小組等；第三層面是代表性的正名組織工作。各層面有其工作重點，相同的是給予居民表達的機會。

一、結構性居民會議（structured residents' meeting）

　　工作員可對居民關心的問題在地區舉辦座談會或分享會，給予居民表達意見的平台，組織工作的初步及表面的（superficial expression）平台，找出關心及願意參與日後組織工作的居民，尤其是發掘參與力強的居民參與日後的組織工作。要注意不少居民的參與動力是需要緩步漸進地由工作人員用外力給予支持及加強，只有居民實質的參與才是組織工作的關鍵。工作員必須有計畫、有序地推動組織的工作。

二、有組織性的籌備召集（organized congregation）

當居民與工作員接觸表示願意參與進一步會議，工作員可主動召開籌備會議。籌備會議必須要有居民關注的主題，給予與會者針對問題進行討論，希望找出各人關注點及共同追求的目標，讓各人在理性及獲工作員引導下找出解決問題的共同點，嘗試找出可解決問題方案。籌備會議並不是一次性工作，它需要多次經歷及磨合，讓成員間進行互動（internal interaction）及瞭解。工作員需在這階段引領參與者朝合理性、合法性及道德性的方向達到討論目的要求。

三、具代表性的正名組織工作（authorized announcement）

籌備組織的正名可給予參與者群體的認同感。它具有合法性及代表性，肩負居民的訴求向相關部門表達意見與需要。要使籌備小組的會議可代表全區居民的意願，或擁有代表權，工作員必須使籌備組成為合法性及代表性的群體，透過全體居民會議才能給予籌備組成為該區的代表，這是其中一個方案。另一方案可歸屬服務機構單位內的工作小組，用機構的關注名義，使組織真正具代表性。社區工作員在居民代表性小組針對參與者的能力，安排合適的崗位，盡力使其可發揮參與者的能力。工作員同時提醒及鼓勵居民參與時考慮自己的能力及可參與的角色所面對的壓力，建立參與者明確參與組織的方向。

啓動居民組織工作並沒有一定的模式，工作員必須依居民的參與動力、能力及持續力，作為組織工作的發展方向。

第四節　非居民求助及居民求助啟動組織策略

社區問題既有由工作員在社區探索時發現問題，也有的是居民對問題無法解決而向服務機構求助，這兩種模式具有不同的被啟動力。工作員在分析組織動力（motivation）與阻力（resistance）時應考慮這類元素（elements）。

一、非居民求助的啟動組織策略（directive intervention）

可稱之為社區工作員直接的介入，主要是機會在社區工作員掌握瞭解下，包括相關問題的新聞、政府政策、居民話題等，工作員運用建構階段的活動，掌握居民的動力元素，用不同的工作技巧與居民接觸並引起關注，提出召開會議，讓居民有機會在會議中表達意見。工作員再依據居民參與的程度，能力高低，作出正式啟動組織工作的決定。在整個過程中，社區工作員是以主動的方式，啟動組織程序。

二、居民求助的啟動組織策略（non-directive intervention）

透過社區工作員實地瞭解居民，由居民提出的問題。當然個別居民的自身問題不足以啟動一個組織及付諸行動。若只影響數戶居民，也不宜以社區組織方式啟動組織居民。只有在問題對地區居民有直接影響，具決定性人數的居民求助。再經實證瞭解居民求助的社區問題是真實存在，問題已被居民關注，工作員才能啟動組織工作。求助者可作爲社區工作員的主要動員組織工作的核心對象，直接以滾雪球式發展與居民的網絡關係，並儘快召開臨時會議，進一步問題討論。

　　隨著文明的發展，社會對政府的影響力可透過不同的壓力團體表達，社區工作並不是爲個別人士權力獲得而工作。只有群體力量產生後，其影響力也隨之產生。社區工作員只是爲居民建造權力的創造者（creator）。因此工作員在居民組織工作更要謹慎，尤其是在組織初期，工作員較易墜落在因非居民需要，而錯誤接納非相關的人士加入工作小組。在籌劃組織工作時，要注意居民的參與動機，包括：

1. 居民的習性，探索期與居民接觸，居民表示願意參與居民工作也許是礙於不想當面拒絕工作員以表示對工作員尊重的禮貌行爲。錯誤的行爲判斷會直接影響工作員的組織工作，所以與居民接觸時要留意居民回應的言行及語意。
2. 參與的背後動機，參與居民組織工作的人士有存在非爲解決社區問題，而是爲了個人本身利益的情況，希望建立個人在社區的脈絡，增加個人日後利益的獲得機會。工作員在組織中必須有監察與約束機制，防止組織被利用的行爲。
3. 居民的工作種類不一，工作時間各有不同，工作員應該盡可能配合因工作不能恆常參與，尤以有潛能的居民，提供彈性的安排。

　　啓動工作是組織工作的重要部份，是進入正式帶領居民工作的重要環節。工作員在這階段的角色包含：橋樑建造者、發言者、倡導者、帶領者、引領者、管理者、策動者（Gamble & Weil, 2010: 40-44）。工作員的啓動方式能否與居民同行，共同創造社區進步，爲稍後建立工作目的及行動方案，這階段要奠下良好根基。

第五節　行動與進程

　　社會行動（social action）觀念是美國學者羅夫曼（J. Rothman）在1979年提出的三大社區工作模式的最後一項。社會行動與社會運動（social movement）有所不同。社會行動是為社區內一小撮群體爭取其應有的權益，為改善生活質素及協助在不公平制度下被剝削的一群。社會行動沒有清晰的意識形態，不是為了造成社會有深遠、重大和持久性的制度改變。但是社會運動它是針對政府、政體的一種意識形態爭奪含有革命的意思，甚至有推翻政權的目的。

　　社區工作的組織目的主要以居民取向，以解決居民的社區問題為行動取向。過程強調居民參與、居民自決，由居民經過多次會議後，瞭解可解決問題的對象，確立爭取的目的與要求。社會行動可以是溫和的也可以是激進的，可以是靜態的也可以是動態的，社會行動規模較社會運動小。然而將眾多小形的社會行動集結起來，其力量及後果是有可能導致到社會運動的力量。

一、社區工作的行動

　　社區工作的行動（social action）可分不同特性劃分，社區組織的行動方案內容包含教育、培育、充權及解決問題，其目的當中還包括社區發展、社會計畫、持續社會發展等作用（Gamble & Weil, 2010: 40-44），因此，決定行動方案（action plan）時需要考慮居民參與動力、表達及分析能力、居民對社區問題解決的目標、居民的投入、政策的公平性、社會道德期望等。避免灌輸錯誤的觀念，建立不良的解決問題方法（見**圖8-2**）。

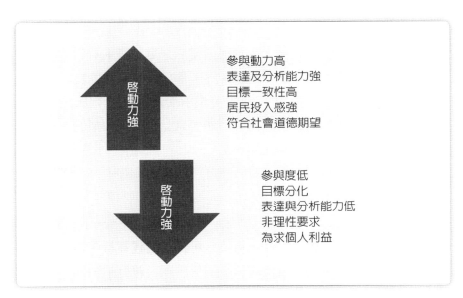

圖8-2　行動強弱關係

　　社區工作的啓動，首先是動員居民作實地資料收集，有助居民對問題進一步的瞭解，讓居民從眞實情況考慮可行的解決方案。各項行動案是會議結果的持續工作，鼓勵群眾參與的事工，可以是一個行動（甘炳光等，2006：135），它可包括實地資料收集行動及爭取行動兩大類。

二、探索期的行動

　　社區問題的眞僞需要進行資料收集工作去認證，由工作員收集的資料並不一定能讓居民接納。運用找出社區眞正問題作爲激發居民的工具能增強居民的互動及對問題的瞭解，所以，工作員可依問題的特性，設定行動方案，讓居民參與社區問題的搜證工作。組織居民在區內進行訪問瞭解，由居民親身接收所關注地區問題，以及其他人士的

反應。

　　對區內交通問題的搜證，工作員鼓勵居民進行實地資料搜證，包括拍照、記錄車輛數量、流量及種類等。部份涉及廣泛的社區問題，如社區或大廈問題的調查，工作員可指引居民協助進行居民探訪調查，瞭解社區或大廈居民對問題的看法與意見，所有收集的資料都是居民日後在會議中討論及議決的參考。

三、爭取期的行動

　　採用社會行動可動、可靜、可文、可武，透過電話、報刊、新聞申訴、向立法議員求助、簽名請願、遞信請願、遊行請願等，各種方法顯示不同壓力程度，同樣地居民亦需承受相同的壓力。因此，行動方法視乎居民的能力及政府對訴求的反應。工作員需要細心思考所取用對居民較有利的行動方案，才能協助居民真正解決社區問題。

　　進行社會行動要注意與會者的居民團體或組織是具備有效的代表性身分。身分未經過社區人士的認同與確認，不宜讓這些人士作主導，以免被誤認為是居民團體的關鍵人士。

　　近半世紀，請願、遊行、示威等社會行動形式已被廣泛使用，其產生的社會注意力及震撼力已大大減少。要能真正發揮行動作用，有賴組織者對事件的深入分析、對本身力量的恰當評估、對事件的判斷，以至對社會輿論的取態、爭取策略的有效運用等，作適當的衡量（甘炳光等，2006：213）。社會的行動方式很多種類：簽名行動（signature petition）、遞信請願（petition letter）、與相關部門對話、遊行請願（protest march）、示威（demonstrations）等。

(一)簽名行動

　　收集社會公眾或某社群成員簽名，對某些人物、事件、政策的

表態。簽名行動所涉及參與人數較多，工作員鼓勵居民以簽名行動為
爭取居民支持策略時，需考慮居民組織人力資源是否足夠，同時亦要
考慮相關的行動各方面的配合，例如地點、工作人員數量、宣傳品、
用具及設備、簽名時段及公共安全措施。簽名行動主要是希望以數量
多，來改變相關決策者原有的決定。涉及受影響的居民人數少的社區
問題，不宜以此方法作為行動取向。

(二)遞信請願

以書信形式呈交政府機構提出訴求。某社區多數群體人士的意
見，以代表方式向相關部門或機構遞交信件。直接遞交由對方代表接
收，或以擺放方式處理。值得注意，遞信行動背後的理念是給予更多
社會人士知道社群遭到的不公義問題。工作員應在遞信行動前告知傳
媒，安排由居民代表接受記者採訪。確保居民向傳媒表達意見的基本
技巧，應為居民提供培育，讓他們能表達居民真正的意見。

(三)與相關部門對話

行動能安排與政府部門或直接相關人士對話，對解決問題非常重
要。其形式包括座談會方式、分享會方式。形式是依居民表達能力，
包括會議時間及地點。工作員需要為各方進行協調，以便達成一致的
對話方案。會議除了解決問題外，還必須注意下列事項：

1. 均等的表達機會：解決問題是需要各方瞭解對方的立場，以免
   受外界訛傳之影響，讓各方在可能情況下達成共識。有討論機
   會，共識是需要溝通與交流，在各方表達立場後進行理性討
   論，使事情越辯越明，針對問題作深入的討論，有助各方從不
   同角度思考，找出解決問題的可行方案。
2. 段落性決議：分享會或座談會強調表達意見，更不能忽略解決

問題，有完整的解決方案固然好，如果沒有也必須有每段落的
決定，否則問題持續影響居民，導致居民行動不斷，破壞各方
努力建立的關係。透過對話較容易給各方討論空間，會議能給
予各方進行決議，通過的解決問題的方案被接受程度較高，認
受性亦較大。

3.地位對等：居民爭取解決問題往往需要透過傳媒的壓力，讓各
方進行會議，政府官僚對平民百姓，給大眾「求與施」的不對
等地位感覺。工作員應消除擔憂及不安，建立平起平坐原則，
讓與會者平等對話。

4.保密原則：居民表達意見容易受外界各方壓力影響，以免各方
受到不必要的影響，來達成不公平的協議，因此對話會、座談
會、分享會宜以封閉及保密方式進行。

5.立場獨立相互尊重：無論居民、政府官員或其他公司代表，理
解各方有其立場是合理及正當，工作員應建立相互尊重行為交
流意見，否則，造成對立的局面，只會使問題嚴重化，難以解
決問題。

作為協調員，工作員在有需要時即時介入討論，讓對話在對等的情
況下進行。社區行動發展至與有關部門／團體對話，工作員必須有充足
的預先準備，使與會的居民所提出的問題及要求一致、發言有序、訊息
明確、保持冷靜、堅守信念，容日後有機會跟進及監察等。

(四)遊行請願

眾多人集合在公共道路列隊遊行以表達共同意願，容易引起社會
大眾關注，當居民提出遊行請願方案時，工作員應以理性角度引導居
民思考，當社區問題沒法透過上述各類行動獲得回應改善，居民有權
選擇以遊行請願表達訴求。而遊行請願需要多方面的考慮與準備。

1.遊行路線與目的：遊行請願是希望得到社會大眾人士的支持，透過社會力量給予政府相關部門壓力，爭取改善問題的機會。尤以社區問題，不宜以社會運動方式以過於激進方式迫使政府妥協，達致爭取某方利益。因此，遊行路線的安排以減少對社會大眾的影響為考慮，同時爭取目的宜明確。

2.申請遊行許可：遊行請願雖然是居民應有的權利，但仍需要遵守當地的法律，免以不法手段爭取合法權益，有違社區工作員守法的核心價值。

3.參與者及參與嘉賓：遊行請願的目的是要讓社會大眾人士的支持，參與者人數多少、參與嘉賓的代表性及權力層級是遊行請願的一個指標，工作員需事前聯絡與安排，讓參與的嘉賓明白居民的訴求。

4.遊行秩序：遊行請願涉及參與人數且範圍廣闊，為減低對他人的影響，維持秩序的安排是需要的，並讓社會大眾知道遊行是理性和平。免被不法份子激發衝突，讓居民有序地表達訴求。

5.主題口號：遊行請願主要讓社會人士知道居民所為何事，他們爭取的權益。口號能表達意見，可讓沿途廣大人士聽到居民的心聲，精簡扼要的口號能有效表達出居民訴求。工作員及籌辦者應思考能清晰表達出爭取的口號。

6.音響器材：大型的遊行請願在居民工作行動較少被採用，不同規模的遊行請願行動是社區工作其中一種方法。音響器材的準備是依其規模作決定，一般擴音器是必備的物資。

7.橫額／標語：除了擴音器外，橫額是遊行必備的宣傳用具，遊行請願的橫額多少視乎參與者的能力考慮製作數量。清晰的標語能讓社會大眾較易記憶，好的標語可激發市民的支持。

8.邀請傳媒：遊行目的是期望社會大眾的支持，邀請傳媒報導相關遊行活動強化傳媒的報導，新聞稿的準備非常重要，同時亦

需要安排核心居民接受傳媒訪問，讓外界瞭解當地所面對問題
的嚴重性，及爭取權益的理據。

(五)示威

示威的準備工作與遊行請願相似，可參閱上文。示威行動可分和
平示威與暴力示威兩大類，居民工作多以和平示威方式進行。若居民
決定以暴力示威來表達意見，工作員應退出其組織工作。若居民以和
平示威方式表達意見，工作員應爲居民提出和平方式進行相關建議。

示威一般被認爲具衝擊性、強制以壓力迫使對方妥協或接納意
見，工作員需掌握參與者的暴力意向、對社會及組織者的影響。參與
示威者本身的利益，如何讓行動不被他人控制或利用及保障參與者。

示威行動較易造成違法行爲，參與者在羊群心態驅使下容易被
挑動情緒，產生不理性行爲，其後果對參與者造成的傷害難以估計。
如何保障參與者在理性環境下表達意見是工作員必要的考量工作，因
此，工作員需有充足準備及協調，保障居民。

四、社會行動的目的

在協助居民發動社區行動時，應先確立行動的目的，一般行動會
依問題的嚴重性及涉及層面作爲行動的依據。而行動的考慮不應以推
翻現行執政者或當權者爲目的，同時應保留一個下台階或再進一步行
動的機會。

行動目的能否達致，工作員應持客觀的心態，原因是居民或工作
員所掌握的資料只是短期、近期及表面所見。但政府政策涉及政治角
力及未來發展。在組織居民改善社區環境時，工作員應考慮不同層次
的目的要求，包括：長期目的、短期目的、臨時改善安排。

(一)長期目的

　　導致社區問題是受到多種改變所產生，它可能是配合都市發展而造成的社區問題，並不能以單一決策便可改變，如澳門輕軌建造帶來市區交通不便問題，這問題不是馬上可以停止。因此社區工作員應引導居民建立長期目的的要求，讓居民與相關部門可以找出替代的改善的臨時解決方案。

(二)短期目的

　　社區問題不少涉及基本結構問題，都市基本結構錯綜複雜，如道路問題，路面上涉及交通控制、行車路線、巴士站停車處等，路面下會涉及污水渠、電力供應、自來水等設施。因此要改變基本結構，是需要一定程序安排才能進行，所以工作員引導居民明白改善工作需要長時間才能完成，能否設定短期爭取目的，讓各方可以找出解決的空間。

(三)臨時改善安排

　　雖然不少問題涉及長期或短期工程才能將社區問題改善，但直接受影響是居民，他們並不一定能再承受問題的困擾，如環境衛生問題，會直接影響居民身體健康，導致生命安全，這類問題，工作員應引導居民設定臨時改善方案爲目的，不宜以全面解決問題爲改善工作爲目標。

第六節　組織行動的跟進

　　不少行動會令社區現況有改變，對政府的監督行動需要持續進行，以便讓執行者知道居民對問題的關係及監督。一般而言，跟進工作可分有系統及非系統進行。

一、系統性跟進工作

系統性跟進是需要有明確記錄相關部門執行情況及進度,包括道過改善工程、渠務工程等,這類系統性跟進工作需要大量居民參與,並進行記錄,因此考慮以系統性跟進工作要考慮居民的人力與參與度。

二、非系統性跟進工作

基於居民本身生活所限難以全面有系統地監察相關部門全面執行改善工作,工作員可針對居民能力,設計非系統性跟進工作安排,是以隨意由居民作不定時進行跟進,瞭解執行進度。這方式靈活度高,但難以掌握執行的細節及重要事項。

社會行動後的跟進工作是必要的,也是對相關部門的監察,是達致實質目的工作的一部份,工作員需要為跟進工作作出策略性安排及協助,讓組織工作達致實質性的結果。

小　結

不少社區問題會受到輿論激發,啟動組織工作主要是激發點的掌握,啟發居民參與對解決問題的重要,工作員需要靈活運用居民參與意欲與問題對居民的影響之間的關係,激勵居民參與,有利建立利他主義。

居民能力不足並不是組織工作的障礙,反之,以此為培育工作的機會。因此,啟動組織工作是過程目標與事工目標同時考慮,由於居民是直接受到相關問題的直接影響,組織工作必須具能解決有關問題的可行性,以免讓參與的居民失去信心,直接影響未來工作的推動。

第九章

調查、分析、建議

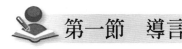

第一節　導言

　　都市社區問題具有高度複雜及急促變化的特性，與鄉村社區比較，都市社區問題因為聚居的人口密度高，地域小，人種多異，因此城市社區產生的各種問題因素更多，連鎖效應更強，造成的社會影響更烈。

　　對社區呈現引發對全體或部份居民影響他們的生活作息的社區問題，工作員展開組織工作首要必須成立一個假設目標，然後收集相關資料，進行分析及建議跟進方法。社區調查並不是社區工作員單獨的工作要求，讓居民參與是另一類途徑手法，**圖9-1**所示是社區工作員透過社區特定的議題進行調查的流程。

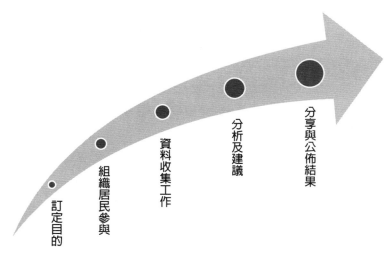

圖9-1　調查工作流程平台

第二節　調查

　　社區工作員動員居民參與的一種調查是希望透過以瞭解社區為目標，激發居民思考社區會存在什麼問題，客觀掌握同區群體的需要及關注的問題，是為日後居民自助的充權培訓。調查方法的技巧，詳細的研究法，社會調查研究書籍有詳細介紹。社區調查亦具其他作用，瞭解社區未來需求、資料查證、客觀性、分享、培育等（見**圖9-2**）。一般社區調查的嚴謹性需要堅持科學研究的專業要求亦宜具彈性。針對參與者的能力及調查的目的作出合適的修改。如問卷設計、調查目的的假設設定、資料收集方法等。

圖9-2　調查目的

一、調查問卷設計技巧

研究法的問卷設計是對研究能否推論出認同與否的結果，所以問卷設計要求非常嚴謹。社區調查若是由服務中心人員自行進行，它是有需要依從嚴謹的科學研究要求。若社區需求調查具激發居民參與，及居民參與為主，問卷設計可以簡單化，問卷內的問題不宜過多，包括被訪者基本資料，被訪者在五分鐘內完成所有問題。問題應以針對性的封閉式問題設計。但值得注意，問卷設計具教育居民的作用，問題提問方式應具客觀性，不含引導性為基本要求。

二、設定調查目的技巧

調查研究是非常專業及嚴謹的科學，科學性的調查研究講求客觀，調查目的是有所依據，有合理的假設。服務中心自行進行的調查，同樣地必須有合理的依據及文獻探索。對於居民組織工作而言，調查可能是由非專業人士參與研究工作，他們並不是專家、學者，在嚴謹的研究要求，往往會導致居民缺乏信心，甚至害怕不參與及退縮。居民自行進行的社區調查，工作員必須給予寬鬆的空間鼓勵居民收集初步資料，作為依據，設定調查的目的。針對已計畫的目的和設定瞭解其他居民的意見。工作員要依據參與的居民能力，將調查層面擴闊至大社區層面，設定調查的目的更顯重要。

三、運用資料收集作為動員力的技巧

收集居民所關注的問題對社區工作者而言是非常重要，收集資料可從質性（quality）及量性（quantity）進行。工作員在社區進行的質性資料收集，這方向一般是主觀性的察覺，再根據所得的資料作客觀性分析。質性資料收集可包括相片、影片、訪談等。

　　量化方面是指居民所表達的次數、問題出現的統計數據，如：過馬路的人流、人數等。無論質性與量化的資料，皆可作為動員居民參與的工具。鼓勵居民參與的方法，視乎工作員與居民的關係，以及居民對問題的關心程度。

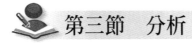 第三節　分析

　　科學精神是以客觀的態度瞭解事物，透過理性分析現象。社區工作亦是科學學科，它需要一套客觀及嚴謹的方式瞭解社區問題，分析是其中一環，為施行者提供合理的數據，支持其實務的行為，包括：居民地方問題、社區問題、社會問題等不同層面（見**圖9-3**）。

　　分析是在組織工作前使用較多，分析內容並沒有明確界定，量化及質化的數據對工作會有一定的幫助。工作員依社區問題的特性及評估居民對問題的影響作出分析方向，分析可分正式及非正式的數據分

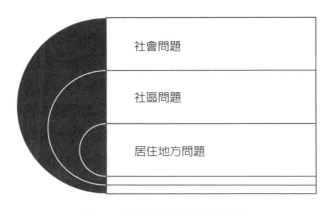

圖9-3　社區組織工作分析概念

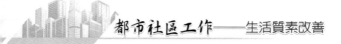

析，包括：活動時居民反應、在區內與居民接觸所收集的訊息、社區調查等。

一、數據分析

　　數據不論是由與接觸居民或在文獻中獲得，都可以作為分析的數據，但工作員需留意這些數據會滲雜了影響其結果的因素，如：資料獲得時間、數據的對象、經由第三者的判斷所得出的結果等等。如有需要工作員可自行建立收集數據平台，如接觸居民、座談會、街頭活動、調查等。收集前考慮要收集數據指標，以便日後分析時有明確一致性的數據，減少將訊息再編碼而導致的錯誤。

二、活動數據

　　居民組織工作在建構階段，工作員在區內運用多種活動吸引居民對某社區問題的關注，活動除了引發居民出席外，還需要作有系統的安排，包括出席者的行為反應，如：(1)只出席觀看；(2)出席觀看外還有提問問題；(3)對問題的呈現有深刻感受；(4)提問問題外還願意與工作員持續交談；(5)交談話題與社區問題有直接關係等，這些情景可作為活動分析的指標。

　　出席者的行為數據分析：

1.只出席觀看：路經此地、陪朋友出席、看看可獲得什麼利益、表示支持姿態等等。出席數據若能排除以上這些原因，收集的訊息可明確表示居民關心活動的取態。工作員在推展活動時，不要單方面以出席人數作為推展工作的分析數據，而要結合其他的數據分析。

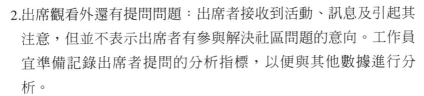

2.出席觀看外還有提問問題：出席者接收到活動、訊息及引起其
　注意，但並不表示出席者有參與解決社區問題的意向。工作員
　宜準備記錄出席者提問的分析指標，以便與其他數據進行分
　析。

3.對問題的呈現有深刻感受：出席者對問題已早有關注，有關問
　題對其影響甚深。工作員應注意居民對問題的反應，可分強
　烈、一般等不同層面作爲分析指標。

4.提問問題外還願意與工作員持續交談：願意與工作員互動，其
　個性對日後居民組織工作可能有幫助。

5.交談話題與社區問題有直接關係：活動主題是否能引起居民關
　注是非常重要的訊息，出席者與工作員與出席者所交談的話題
　是他們直接關心，這訊息可作強烈指標，但也視乎交談者的數
　量。

　　出席活動居民的言行舉止，是工作員收集該區居民對社區問題的
心態，是敷衍了事，還是有參與改善的熱心及熱忱。工作員可依據活
動出席者的行爲反應，進行多元的客觀分析，以便日後建立推展居民
組織工作的方向。

三、與居民接觸數據

　　社區工作與居民接觸是必然的，工作員在區內發掘問題時，會有
各類的話題，在沒有推展至主題時，與居民所談獲得的訊息並不一定
會成爲分析數據，它並沒有特定的指標給予工作員分析。當有訊息獲
知某社區問題受到居民關注，工作員可依問題進行收集居民的看法。

四、居民意見數據

　　各類的居民對社區不滿的意見，不少涉及多個問題。如何找出當中真正問題所在，為居民提供協助，這是工作員必須具有的能力。分析可分數據的量化分析，亦可以質性的分析，不論工作員運用哪類分析方法，它有助工作員從不同角度作出理性思考，複雜的問題可轉化為有目標性的問題，工作員可激發居民參與可解決的社會問題。量化分析可給予工作員決定推展工作的優先次序，質化分析讓工作員引導居民思考的方向，工作員兩者可相互配合運用。

(一)質性分析力

　　任何社會問題是由多面和多角度而導致衍生出來，工作員需以不同角度思考問題，如噪音問題，思考的角度可包括：噪音類別、哪些人士受影響、噪音出現的時間、所涉利益關係人士、與他們接觸可能性、是個別人士的問題或是社區問題、受何法例規管、哪個政府部門負責處理此問題……，從這些問題著手會為工作員找出初步的社區組織推展方向。分析力是需要工作員自行建立。社區問題往往是從微觀的角度開始，漸向宏觀角度發展。

(二)量化分析力

　　有效的資訊能給予工作員作出決策，量化工作的使用時機，如探索期的與居民接觸交談所得資訊作統計，排列出居民關心的問題優先次序。其次是社區需求調查，進行統計分析，所得結果可作為激發居民的關注。值得注意，工作員用量化分析時宜留意量化結果與不參與的可能性，進行交叉分析，然後排列。

　　分析力的掌握，量化分析技巧可從社會調查法學科觀念所得，工作員基於社區問題的獨特性作針對性的資料統計，著重量化的結果，雖與科學收集資料的嚴謹度有所差異，不宜作深入的推論，卻可讓工作員及相關人士作數據參考，這類調查工作有助增強工作員的分析力。

表9-1　HWY大廈居民關注問問題量化數據

記錄編號	A01 大廈重建	A02 原區安置	A03 重建補償	A04 治安	A05 噪音	A06 衛生	A07 大廈維修	A08 潛建鋪位	A09 巴士站搬遷	A10 業主會重組	A11 業主矛盾及衝突	A12 大廈前地問題
1	1								1	1	1	
2	1		1	1	1		1	1	1	1		1
3	1		1				1	1		1	1	
4	1	1	1							1	1	
5	1		1							1	1	
6	1		1		1							
7											1	
8	1										1	
9	1	1	1								1	
10	1										1	
11	1	1		1	1				1			
12	1	1	1	1			1		1			
13	1		1	1		1					1	
14	1										1	
15	1		1		1				1	1	1	1
16	1				1				1			1
17	1		1			1						
18	1		1	1							1	
19	1		1						1	1	1	
20				1		1	1					
21	1	1			1				1			
22	1										1	
23	1			1	1							
24	1											
25	1		1			1						1
26	1		1	1		1						
27	1		1								1	1
28	1										1	
	26	5	18	9	10	6	5	2	8	7	16	5

註：HWY大廈總戶數為90戶，接觸戶數為28戶。

 第四節　居民參與分析

　　居民組織工作核心理念是由居民參與解決自身的社區問題，居民在參加的過程中學習如何分析問題，如何找出問題所在，如何與相關部門或人士協商等等。從而使居民日後遇上這類問題能以和平理性的方法自己去解決。居民參與程度的高低直接影響居民組織工作的成效。在資料收集過程中，包括對居民參與度的瞭解相當重要，包括參與的動力、爲何不參與或反對解決相關的社區問題分析，組織工作阻力、這些阻力與參與行爲的關係，將這些反對行爲改爲贊成的動力的可能性，值得工作員爲此進行分析。

　　工作員可依動力、阻力及阻力與動力的互爲關係分析，衡量推展組織工作的可能性。當工作員與居民接觸時，可以從交談中獲得相關訊息。成立大廈管理委員會以解決大廈管理問題，工作員所接觸的人士身分是否業主，交談時居民的反應、姿態、語氣等帶出居民的參與意願或反對的訊息，工作員應在每次與居民的接觸中，留意居民所有語言及非語言的行爲，並將這訊息作紀錄，以便分析。

　　從直接或間接地收集到的社區問題的資料，必須進行分析，問題越直接影響居民的生活，居民參與的動力越強，成功組織居民參與機會也越大。分析社區問題時要注意：

1. 社區問題是否爲居民所關心：每個居民對問題的看法不一，所以不應假設居民必定會關心工作員認同的社區問題，應客觀地分析哪些問題是居民較關心。
2. 居民參與解決此等問題的意願：居民表達意見，並不等於居民有意參與解決問題，仔細分析居民參與解決問題的動機，只有

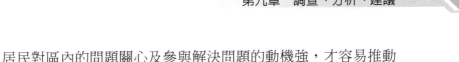

居民對區內的問題關心及參與解決問題的動機強，才容易推動居民組織成立關注組，參與解決社區問題。

3. 牽涉的社區問題是否居民有能力解決：不是所有社區問題都能由區內居民解決，如政治問題、政府政策問題或全球經濟問題等。遇上居民關心這類問題，要透過居民聚會時以理性的角度與居民分析，引渡居民作理性的決策。居民所關心的問題是因人為或相關部門疏忽所致，可鼓勵居民以理性的表達方式爭取合理權益，例如改善區內環境衛生、區內基本設施改善、屋村管理等問題。

4. 解決社區問題時要運用的資源：解決問題難免涉及其他資源調配，社區基本設施改善要求會涉及政府財政費用，所以必須瞭解有哪些資源能夠被運用，哪些是難以獲得，這類分析有助工作員考慮使用何種策略。

5. 解決區內問題後對社會的影響：當推動社區問題的解決方案時，需考慮方案對社區日後的影響，區內居民日後的接納度，基本設施改善計畫，會否造成短暫的區內環境問題，這些問題居民所能接受的程度。

6. 處理問題後生活質素的改善：考慮改善方案必須實際，方案不應只是口號，豪言壯語，而是可令居民改善生活質素的實際行動。

分析社區問題，瞭解居民能力與動機，訂定出行動方案，才能得到居民參與和支持。居民參與度高，工作員較易組織居民，否則工作員要再在區內重新進行醞釀工作，探討居民真正所關心的問題，再進行組織及計畫方案，造成資源浪費。

一、動力

社區動力是來自居民本身的，由他們主導。因此社區動力強弱影響社區工作組織的成果。增強動力的元素包括互相信任、高度參與、順暢的溝通及共同關注。社區工作的推動靠結合居民力量，有效促使有關部門改善社區問題，使區內生活得以改善。掌握區內外的動力，分析該社區問題對區內或區外的影響，協助居民爭取支持團體資助及參與，減低因外界團體的不滿所造成之壓力。瞭解社區內動力與阻力對推展社區工作是非常重要的。

社區動力，是與利益有關，不論是實際金錢利益或非金錢回報，包括：環境改善，令樓價本身價格提升、租金升值。非金錢回報則有：給予熱心服務社群人士滿足感、個人或團體名望提升、滿足個人的成就欲望和道德要求等。社區問題的支持者，會與金錢及非金錢回報有相關。在推動社區行動時，工作員應隨時警覺，極少組織成員會存在因金錢利益回報的心態參與社區活動。在有需要時加以適當的介入及協助，引導其走回正途。

已被其他友好團體所關注的社區問題，在觀點近似或相同的情況下，工作員可考慮結合有關團體的力量共同處理問題，但需注意友好團體的立場、目的與期望是否與居民組織一致、居民與該些團體能否融合。若兩者間的期望與立場不同，工作員要作適當介入，進行協商，使社區動力在價值共創念理下，共同合作使有效地解決區內問題是最理想，否則，應停止合作，以免造成混亂。

被社區問題一直困擾的居民，會因缺乏組織而沉默忍受，一旦有人士願意建造這解決問題的平台，居民是相當願意參與的。而且，當問題解決後對居民生活有直接改善，提升居住社區的價值，這也是吸引居民參與的主要的正面社區動力。前者會較易接受理性的分析及接納合理的解決方案，後者會較為著重利益的獲得，也表示參與者會為利益獲得變得較為進取，甚至不會接納合理的方案。工作員在分析動力時應加入這部份，留意這類人士會採用的方法，避免爭取不合理的利益。

二、阻力

　　社區阻力除了來自居民的認知、意願、生活、工作時間、知識水平的差異等，亦有外來阻力。阻力是存在與利益有關的情況，社區阻力有來自社區問題解決後，對某些人士的影響。如政治權力被削弱、收入減少、支出增加等。因為每個行動都存在正面與負面的影響，會製造出令某些人士不滿，因而產生另一種阻力。

　　解決社區問題往往會改變現行的社會結構或權力架構，如成立大廈管理委員會，會產生新的權力分配，包括委員會主席及委員，對現行的社會結構會造成有形或無形的影響，就會有阻力的產生。都市社會的結構轉變對權力有野心的人士有較大影響，成立的結構體影響面越廣，阻力越大。

　　阻力也可能是來自不願意參加組織工作的居民，甚至是以行動表示反對組織工作的居民。如何將阻力成為推動組織工作的動力，如何掌握這些關係，工作員有必要瞭解阻力與動力的性質並進行分析。

三、阻力與動力的互動關係

　　阻力與動力的關係在不同的角度有不同的理解與體會，工作員應以公眾利益為前提，協助居民進行分析及協商，創造新價值以平衡社會利益關係，減輕社區阻力，增加社區動力，達致一個社區利益最大化的目的。團結便是力量，有助合理權益的獲得。為求最大利益化，重組結構並不表示原有權力核心的失敗，而是能否將已改變的原有權

力核心再次被居民接受。

　　居民參與的動力包括實質性與非實質性，實質性指參與後能改善現在的問題，如環境改善、樓價提升。非實質性的有參與後會否獲得心理上的滿足、居民認同感。阻力方面可以是實質性負面影響，如權力被削弱、支出增加、收入減少等。非實質性的阻力如坊間閒言閒語、思想矛盾、情緒壓力等。如何將阻力轉化為動力是工作員的挑戰，為大眾創造新的價值，共同合作將居民利益最大化，發揮被社會認同與支持的非實質感受是阻力轉化為動力的重要因素（見**圖9-4**）。

　　值得注意，居民組織工作並不是為推翻現有權力，反之是運用現有當權者資源與力量，協助居民解決民生問題，同時讓他們發揮應有的公民責任，為自己的社區管治出一分力。同時這也是發揮工作員第三方的中立及協調者的角色，將居民能力不足造成的社區工作阻力，轉化變成組織工作的動力。

　　動力與阻力的技巧運用主要是堅持社區工作的中立、和平的原則，讓居民明白工作員並不是為個人、為名利、為權力而工作，使阻力不能在組織過程中增長。

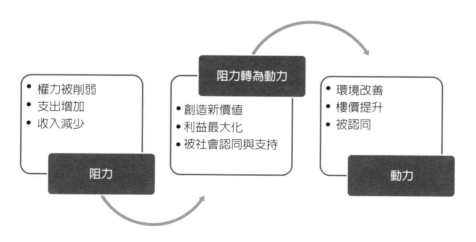

圖9-4　動力與阻力相互關係

居民心態的訊息較不易掌握，這要靠工作員經驗的累積，與居民接觸時工作員可直覺感受居民的真誠，然而若表現願意參與的居民，在關注的會議時未能出席，工作員不應以居民一次的言行和接觸便判定居民的慣常行為，與居民建立關係必須經過多次接觸互動，才能真正及明確從中瞭解居民的心態，然後作出客觀分析。工作員在評價居民心態的訊息應注意居民個人的情況，如居民對解決問題有失望反應、接觸時間不合適、又或受群眾影響等，這些數據回應容易讓工作員作出錯誤評估。

 第五節　建議

推展組織工作有了依據後，工作員透過數據分析及理論分析，提出可行的建議，組織工作不少是在工作過程中讓參與者領會解決問題的過程與技巧，當中包括充權、倡導與培育等。工作員可依據居民的問題分析其背後的成因與關係，然後作出建議，建立解決問題的短期及長期方案，運用非直接解決問題的方案，透過居民所關心的話題，在組織中引導居民逐漸依層次找出解決問題的方法。

一、長期方案

長期方案是指居民向相關部門提出解決問題的要求是需要多年後才能得知，這類方案一般是由於行政要求有一定程序，居民本身也明白接受這過程是需要較長的時間才能處理，如：交通改道的建議，它涉及的問題較多，因此，工作員需要讓參與者明白解決這問題需要較多的時間。

二、長短期方案

工作目標建議取決於分析所得的資料，社區問題直接影響居民生活，而且受到大部份居民表示願意投放時間去處理，工作員應以短期解決問題為主要目標，並在短期內組織居民，投入解決問題的階段。決定短期計畫的工作建議，應注意下述各問題：

1.問題可短期內解決。
2.它的阻力。
3.運用其他途徑將阻力變為動力或減少阻力的出現。
4.居民願意參與解決問題的動力。

問題不能直接在短期內解決，工作員就要以長期目標作為吸引居民參與的方向。大廈的治安及大廈環境衛生問題，當工作員深入瞭解時感受到居民的互助能力高及投入強，而且問題是持續性，可將組織工作目標設定為長期目標，成立大廈關注組，以便提升居民處理大廈問題的能力。

三、直接解決建議

可以在短期內直接解決的社區問題，倘若是居民因個人的組織能力、分析能力、協調能力欠自信，而需要第三方協助，才可將問題解決。在這情況下，工作員可考慮以問題直接解決方式建議組織工作。

問題能否直接解決取決於工作員能否改變少部份的阻力，例如居民欠缺自信心，或是某部份人士不明白解決問題的好處或對解決問題存疑，即需要第三方的介入，給予信心。問題直接解決的必要條件包括：

1.居民有高參與解決問題意欲。

2.問題可透過居民參與來解決。

3.解決方法是居民可接受。

4.問題可由第三方介入。

5.居民願意接受調解。

四、間接解決建議

居民對社區問題解決方式各有不同，容易以長遠目標為關注點的，而忽視目前的處境。工作員可在居民的關注點為介入策略，利用居民對長期問題的關心，吸引居民參與的意願，從而引導居民思考當前的問題。不少高樓齡的大廈，居民所關心大多是重建時間表、賠償計算、收購時間、賠償金額比例。他們忽視大廈現時或出現石屎脫落而導致意外傷亡，他們的人生安全或賠償別人的費用等。居民忽視本身的安全問題，而只關注長期的利益問題，工作員應建議以間接解決問題的方向組織居民。

小　結

社區居民工作涉及繁多的社區問題。真真假假不能只靠部份人的意見為準，工作員必須掌握一套科學的方法，以客觀的角度收集資料，根據資料所得及實地探索，才能作出客觀決定。

設定一套可行的組織方案，能有效地找出問題根源所在，提出可行的建議。人力資源是工作重要的配備，收集資料需要大量人力資源，工作員可運用居民參與的力量，收集數據，同時亦給予居民自我成長學習的機會。透過參與的平台，讓居民熟習理性分析，及合理提出可行的解決問題方案，這過程是居民組織工作培訓的重要環節，不

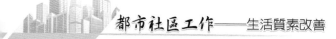

可忽視。

　　社會發展存在利益關係，組織工作容易因改變為某方利益帶來損害而形成阻力。工作員在討論爭取目標時，應考慮找出能平衡各方利益方案的中間點。法律依據可給予組織工作決策的指引，也可作為建議方案的依歸。

第十章

會議及調解

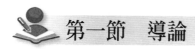 第一節　導論

　　居民組織工作需要透過多次各類型會議，進行訊息交流、磋商、討論、辯論、議決等，來達致居民的共同目的。會議既是社會科學，又是人文藝術。稱之為社會科學，因為會議是理據討論的地方，表決以算術的多少決定。說是人文藝術，因為會議充滿了人的情感和希望，會議的成功或失敗全賴出席者的配合。

　　社區工作員必須具有帶領居民會議的技巧，亦要留意會議應注意的事宜，特別是一些有法力規範的會議，舉例正式大廈業主大會，必須符合法定的要求，在少數服從多數的原則下，作表決大廈各類議題的決定。這類的會議工作員雖只能以協助者的角色參與會議，由於目的是培育居民主持會議及進行會議的能力，工作員必須清楚明白業主大會的法規要求。

　　會議可分正式會議及非正式會議，不同會議方式有其優點及缺點，組織者必須視需要作出安排。正式會議限制較多，但其權力也較大。最重要的是工作員需為居民舉辦召開合法的會議。非正式會議靈活性較高，多用於與會人數較少，涉及法定要求的程序較少，一般這類會議以諮詢性質的目的為主。工作員對居民會議何時以正式進行，何時以非正式進行會議應有所掌握。

　　工作員除了要掌握會議目的、帶領技巧及表達能力外，還需要具有調解及談判技巧。會議內容可能涉及不同群體或居民的利益，居民發言時會出現衝突，在會議進行時的衝突，工作員需要即時進行調解，或疏導工作，分解衝突。另外當居民組織與相關部門開會商討解決社區問題時，工作員必須具備談判技巧，引導各方進行理性的談判工作。

第二節　會議帶領

　　有效的居民會議溝通會增進會議的進行，更可以帶領與會者思考及瞭解大家的思維。焦點討論（Focused Conversation Method）又稱ORID，意含Objective（客觀、事實），Reflective（感受、反應），Interpretive（意義、價值、經驗），Decisional（決定、行動）。焦點討論法可在居民組織會議中運用，亦是一個思考流程。ORID的特點是由會議帶領者引領參與者根據會議重心進行討論，將個人所看、所聽、所感受、所體會進行有目的的分享，從而作出共同的行動決定。

　　ORID的運用，Objective主要是在會中給與會者說出事實。根據會中呈現的資料，整合出事實和外在情況。Reflective將整合的問題，讓與會者思考及表達個人的觀點與想法。Interpretive帶領者引導出席者在繁多的想法及意見中，找出符合大家共同價值、道德要求的問題處理方向。Decisional針對與會者的分享與討論作出居民可行方案的決定。

　　在會議上運用ORID其優點是可從多元角度看待討論的問題，根據與會者的想法與感受，討論最多人聚焦的社區問題，找出解決問題的共識，然後得出大家認同的解決方案。要ORID有效運行，需要出席者認真討論，工作員的聚焦帶領技巧必須熟練，否則會議將無功而回。

　　居民組織工作一定涉及各類會議，如大廈業主大會、非正式的居民關注組會議、聯席會議、分享會、諮詢會等。Brayne、Carr與Goosey（2015：48）指出，社會工作是被國際認可的專業，在英、美、香港等地受法律保護。專業認可令工作員在社區帶領的會議受到社會人士的接納及尊重，使其具有社會認受性。不論以倡導式推展組織工作的工作分享會、諮詢會，工作員需要具備對法律規則的認知，才能帶領居民進行會議。

社區組織工作會議初期往往由工作員擔任主持，因此主持會議是工作員必須具備的技巧。姚瀛志（2011：222-225）在《社區組織理論與實務技巧》一書所介紹的領導、概念查證、引導互動、連結、阻止、設限、摘要、支持、解析與澄清、轉移、分層／分類化、具體、傾聽、融合、情緒處理等技巧適合應用於會議及其過程中。

Smith、Reynolds與Rovnak（2009：486）認為個人參與會議是持有個人背後的動機（hidden agendas），不管是背負何種動機，工作員只要以持平、公正、合法的心態帶領會議，依從一切合法程序進行會議。工作員在帶領會議時要具備各類會議帶領技巧及引領參與者朝合法的程序進行的能力。

一、主持會議

一般社區組織會議可稱為「眾決會議」（group decision meeting），是集合多人針對特定的事項進行討論，讓某些人、事、物較易依討論的意見及觀點作出行動。它強調平等交流（鍾倫納，2008：3）。主持者必須給予與會者公平參與表達的機會，並且以收集參與者的意見及觀點，依據參與者的意見及觀點進行討論與表決。讓與會者發言討論，公平對待每個人，並需要巧妙處理干擾者的行為與說話內容。姚瀛志（2011：211）指出，會議的成功與失敗，會議議程的完成，主持者有其特定的權責，他的權力運用直接影響會議目的的達致與否。

主持會議者的權力及責任主要包括籌備和召開會議、帶動議程、給予與會者表述意見的機會和維持秩序等。帶領者若忽視他的權責，會降低會議的功能及會議目的。重要環節包括：(1)依會議議程進行及討論；(2)減低主持者或參與者對會議的負面影響；(3)掌握會議討論及意見收集；(4)盡量確保會議決策的合法性及可行性；(5)記錄會議內容，作爲日後事項跟進依據與參考。

(一)依會議議程進行討論

　　會議有特定的議程及目的，正式會議議程是有規則與限制，設定議程的格式可參閱第十一章的議程樣版。當中主要包括通過事項、報告事項、討論事項、表決事項、臨時動議事項（其他事項）等。制定議程是依會議的目的準備各項議題，供參與者瞭解會議目的及討論有關項目的意見。社區組織工作常以非正式會議進行居民會議收集參與者的意見及進行決策，這類非正式會議並非等同沒有會議議程，而是將會議議程內容簡化，但它仍有特定的討論事項，讓與會者表達意見及進行表決。工作員須引導主持朝會議議程內容及議程次序進行，以免會議無限地討論或議題無限發展。

(二)減低主持者或參與者對會議的負面影響

　　姚瀛志（2011：212-213）指出，帶領會議者要掌控會議時間與節奏，但不應掌控與會者的心態與要求；反之，應注意與會者的情緒反應，包括帶領者自己本身。同時要以公平可行的原則引導會議進行。參與居民會議者一般會堅持著個人的主觀與期望立場出席會議，在會議討論中容易因各自的觀點與立場不同而產生衝突。帶領者應具備平和與會者之間衝突的技巧，引導與會者進行理性分析及討論。當衝突問題呈現時，帶領者應以保持客觀、公平、公正、公開的態度處理。工作員要懂得尋找資源協助，讓第三方或專業人士給予會議討論意見。

　　社區組織會議進行順利與否，與出席者的互動有關，包括帶領者、出席者、列席者及協助者。出席者的性格與情緒反應，主辦者難以掌握及控制，但是負責帶領會議的居民個性及人格特質，工作員可透過平常的接觸和瞭解去加以考慮。主觀型或過於自信型的居民不宜擔任帶領者，容易因個人因素影響會議進行。工作員同時要教導居民帶領者當有具體的意見後，應引導參與者進行決議，不應讓與會者對某項議題重複討論，造成議而不決的情況。值得注意的是，會議的決定會造成對某部份居民不公平、不公正、不均等，及不可行的情況，這會讓日後產生更多問題。有效的會議是不應出現議而不決，決而不正，正而不均。均等而且可行才是居民組織會議所持的原則。

(三)會議討論及意見收集

會議其中一個目的是收集參與者的意見，主持人應帶領與會者朝會議內容進行理性討論，同時因應討論範圍作出限制，如限制粗言穢語、指罵、發言時間。過多的限制對收集意見是不利的，從多角度瞭解居民的取向及對問題認知，有利作出理性的決定。尤以在非正式會議或居民關注組會議，工作員應給予與會者多發言機會，適合的時間安排非常重要。相比之下會議應給予較多時間及空間進行討論，討論時若討論內容不違反討論限制，主持人不宜介入或打斷與會者的發言，反之應鼓勵其他與會者發言。

都市有著較文明的制度，因此法規繁多，不少討論內容非與會者的專業。另外無論主持人的能力有多強，與會者的知識有多豐富，難免有所不足，工作員須有效運用資訊收集方式，例如安排非居民專業人士協助提供會議討論的事務，對決策有幫助的意見，尤以行動計畫的可行性及合法性的查詢。香港的區議員經常會邀請律師、醫生等專業人士為區內居民解答有關的專業問題。

(四)會議決策的合法性及可行性

會議討論事項可帶領與會者針對特定課題收集意見，聚焦討論，可運用ORID方法聚焦問題避免可能會激發出多項相關議題，作為法律用途的正式會議，主持討論事項不宜給與會者太多時間討論即時提出的新議題並作出表決。若主持未依議程進行表決，導致有不同意見人士未能參與有關決議機會，會造成合法性問題，易被不同意者日後提出法律訴訟。

　　會議討論內容會影響參與者的思維，引導居民的決定。在大眾決定觀念下，它不會造成程序上的錯誤，但在實施上會出現施行困難。舉例，將業主管理委員會改成為私人機構，表面上是經過與會者大多數人的同意，但是私人公司股權人的權利與業權人是否相同，在當地法律是否容許由業權人身分轉為股權人。物業轉讓後新物業擁有者是否必定成為股權人。工作員要懂得適時瞭解及澄清法規。

　　其次是會議表決的利益關係申報，尤以主持人的利益，有決議權的與會者要申報利益關係，當利益與決定有明顯關係時，主持人應避席由其他人士負責主持相關議題的表決，以免被其他與會者認為處理不公的意見。

(五)會議紀錄

　　值得注意，正式會議的決定需要記錄，如表決方式、表決是否獲得大多數與會者同意、投票結果的比例等。這些紀錄會作為日後執行的依據，也給予執行者的法律保障。主持人應確保會議在法定的時限內完成，並派發會議紀錄給與會者及存檔。

二、會議程序瞭解

　　居民工作的會議有正式與非正式兩大類，正式的會議日後被人檢視其合法性與否，議程的流程工作必須瞭解及掌握，讓正式會議朝合法性發展。

　　鍾倫納（2008：175）指出，會議議程包括會議所需的報告／跟進／討論事項／決議事項流程，以便與會者能掌握會議進度及就所關注的議題作出回應。鍾倫納（2008：13）提出了會議規則的基本策略，讓會議更有效，它包括：

1. 要有足夠法定人數出席和預定時間及議程，才可召開會議。
2. 任何時間內只集中討論一個問題，完成一件事才談下一項議題。
3. 談論內容不可離題。
4. 討論的目的在於爭取大多數同意。
5. 談論形式濃縮為可供表決的具體議案。
6. 每一項議案都可以經過一些標準化措施去處理，各種措施之間有一定的邏輯關係和處理次序。
7. 保持禮貌，不作人身攻擊。
8. 會員皆有權利和義務去認識會議規則，知道每一項決議內容及它的預期後果，以及在會後收到會議紀綠。

三、會議的組織力

居民組織工作，除了找到有經驗、有能力的人士參與外，不少工作員面對缺乏組織經驗及與別人互動的關係。工作員需運用組織技巧，凝聚一群對問題關心及有意解決問題的居民，共同討論及解決問題。組織居民參與，當中重要元素是關係建立，這關係是直接由工作員與居民的互動，在互動過程中，工作員給予居民的訊息是非常重要的，包括：可信、有助、公正等。這些訊息可助工作員與居民建立良好的互動關係，透過關係的發展瞭解居民的參與目的及期望解決的問題。與居民的專業關係發展可從居民中發掘出其他核心成員，容易凝聚居民的力量。提升會議的組織力，可從下列各方向考慮：

1. 做好會議準備工作。

2.仔細思考會議用品與基本設備。

3.會議議程依同類同質編排。

4.注意會議中的要點與決定。

5.巧妙處理會議中的紛爭。

6.引導離題者返回議程內容。

7.正確處理會議干擾者的行為。

8.促成與會者同心一致希望解決問題。

四、會議的合作

　　工作員在組織上往往面對各類人士不同價值觀、性格、利益團體的人士，各類人士有其獨特之處，而工作員本身亦持有不同的基本價值觀念，如何平衡個人的價值觀與眾多不同價值觀念，工作員應建立能與各方人士合作的工作態度，尊重各方人士有不同價值觀。工作員應注意尊重與接納並不表示認同他們的觀念，在各方的價值觀中找出共同合作的空間，引導各方合作，使其力量發揮至最大化。

五、會議公正持平

　　社區問題涉及多方利益，包括金錢或非金錢，可以想像各成員會持己見爭取最大利益，工作員往往是雙方爭取支持的對象。工作員應具持平技巧，為各方進行理性的引導工作。持平技巧並不是不介入、不表達意見，反之，是以客觀、理性、理據、合法、公平等提出引導參與者思考問題，讓居民感覺工作員的立場非不理性支持居民的要求，而是為解決問題找出理性方案。

　　發言權及發言時間均等、對任何與會者意見不作人身攻擊、不拒絕任何的建議、所有決定由大眾決定，以少數服從多數為原則，屏棄

個人主義等均是會議主持者要持有的態度與原則。

六、社區工作與會議的關係

　　會議在社區工作是不可或缺的，不論正式或非正式會議，工作員除了需要掌握會議的目的、程序等等，他還需要明白如何運用會議發揮社會工作的作用。會議可以給予參與者相聚一起討論各類相關話題，但它還存在會議外的各類功能，包括目標建立、瞭解／接觸居民、探索問題、決定、意見交流、談判／調解、培育、發掘領袖、充權、專業關係建立等（見**圖10-1**）。

　　由於社區工作員在推動組織工作過程中，需要召開多次會議，工作員應運用會議平台，讓參與者在自我瞭解及解決問題有所成長。

圖10-1　會議與社區工作關係

　　圖10-1顯示會議對於工作員具有兩大作用：(1)針對會議議題的內容表達意見、作出決定等；(2)在會議過程，工作員專業引導、啓發能力的發揮。群體討論及工作員參與過程中的專業表現，居民的個人能力、成員的回應及認同等等，透過會議，可爲居民創造個人成長的機會。

第三節　談判

　　當遇上衝突時，不少是需要以談判形式溝通來達成協議，鄭會圻（2013：119）表示單靠溝通又不能解決衝突的糾紛，要解決衝突便要創造解決的方案。社區工作員必須爲居民創造互動可解決問題的平台，使社區問題得以解決。若工作員只以利益關係考慮談判工作的立場，難免會以非是你輸爲目的，會形成強烈的對立局面，直接影響社會工作的中立性原則，無法建立共融及橋樑的作用。因此工作員需對談判與調解有所瞭解。

一、談判意義

　　談判是透過交涉、商量、交換意見，希望改變現況，以達到談判人某種利益的滿足爲目標。調解是一種協商技巧，透過教育、溝通、瞭解、分析，令各方達成協議解決糾紛。Brayne、Carr與Goosey（2015：51）認爲社會工作與服務對象有兩責任關係：(1)與服務使用者是指導／朋友關係；(2)法定關係，具代理人的角色。工作員會在進行談判或調解工作時掌握其責任關係。姚瀛志（2011：216）指出，居民組織工作，其中環節是與有關部門／對象進行意見交流及談判（negotiation），讓居民取得合理的權益。尤以談判式會議或意見交流會（以下統稱談判會），讓雙方對社區內出現的問題，進一步交流，磋商交換意見，達成大家可接受的解決方案。談判式會議雙方能力與權力往往是不對等的，居民因本身工作限制、認知及理解能力不足，缺乏資訊，是弱勢一群，形成不對等現象（甘炳光、胡文龍、馮國堅、梁祖彬編，2006：231）。一般的錯誤談判是居民代表帶著成見談判；不清楚誰具有最終決定權；不知道自己的優勢，只帶著已定的爭取利益進入談判；不能抓住實質問題進行討論；不知道該在什麼時候收場（劉文軍譯，1999）。

二、談判

居民參與談判會議的主要期望是求勝求利益，工作員應協助居民瞭解倫理道德要求，同時建立談判並不是一決雌雄的心態。Daniel Dana（丁惠民譯，2003：69）認為解決衝突的三種方式包括：以力量取勝、以權力取勝、利益的調和。社區工作員要瞭解解決衝突問題應運用哪種方式技巧。

姚瀛志（2011：216-217）認為建造和平環境及心態是談判的先決條件，是推動居民與政府部門談判及其他組織必須具備的良好質素，談判前工作員應考慮下列談判原則：

1. 不要為個人而談判：居民組織工作應以群眾利益為主，若只為某特定個人提供服務，應用個案工作方式協助案主。居民組織工作，是以整體社區問題作考量，談判要求亦以大眾利益為依歸。

2. 居民要求須合理：社區問題涉及大眾居民利益，在保障居民利益時，亦同時要考慮居民的要求是否導致社會上其他不公平現象，給予居民錯誤觀念，舉例而言，找到工作員協助便可免除

　　支付大廈維修費用的責任，這將造成社會更不公平情況。

3. 談判對象能為居民解決問題：政府部門架構複雜，權責工作分明，面對複雜的社會問題，工作員應為居民找出合適的部門進行談判，才能有效率真正解決居民問題；值得注意的是，複雜的問題談判對象不一定只有一個部門，例如澳門非法旅館問題便涉及了旅遊局、治安警察局、土地工務運輸局等多個部門。工作員協助居民要注意工作涉及多個部門的問題。

4. 談判不應存輸贏的觀念：社會問題涉及層面較廣，居民掌握的理據可能只是問題表徵資料，政府深層次的考量與策劃工作以及保密性是不為人知的，工作員不應在輸贏心態下協助居民；反之，應以雙方的客觀理據進行協調工作。

5. 出席者要具代表性：居民談判結果會導致公帑支出，相關部門要細心衡量處理談判的訴求與代表性，若出席者未具合法代表性，可能成為拒絕的理由，使整個談判無功而返。工作員謹記不要讓談判成為小部份人爭取利益的工具。

6. 時間正確掌握：Hiltrop與Udall認為（劉文軍譯，1999），在談判中，時間是一個關鍵的因素，它影響全局。談判是一個隨時間而產生變化的過程（廉曉紅、鄭榮、李諾麗等譯，2007）。工作員應協助居民不斷調整因變化所受的影響，適時應變，保持及提升議價能力。

第四節　調解

　　現代都市居民生活在多變遷的社會，人與人、人與團體或公司、人與政府之間的衝突時有發生。過往不少社區工作者以談判一詞為居民爭取權益，但這詞帶有爭取及勝負之分之意。這代表著談判不成功便成為輸方。對於社區工作的核心價值的持平、公義原則有所不同。近年不少地區如台灣、香港、中國大陸等地，針對大的爭議以調解方法介入，希望由中立第三者能不偏不倚協助當事人達成和解，這背後理念讓各方在和平中找出相互認同的解決方案。對社區工作員而言，這方法可建立中立第三方的形象。

但值得注意，所謂持平的第三方，在調解的角度，調解員的調解是讓多方自行協商，調解員以第三方持平身分，不偏幫任何一方，讓各方依自己的情況作決定。但是，一般居民在權力上、在知識上、在法律理解上往往不能與對談者相抗衡，若工作員不作引導與介入，易造成不公平的協議，而產生其他問題。

姚瀛志（2007）指出，要平衡各方面關係，需要適度的協助，由政府直接介入大廈管理問題，政府的架構及資源未必適合。由服務機構，推展以社區工作專業的大廈鄰舍服務，既專業又持平亦能真正協助居民解決大廈問題，工作員以第三者的關係，在沒有利益衝突的情況下，為大廈居民、管委會及管理公司甚至政府部門等各方建立互信平台溝通，有利發展出良好的鄰里關係。

根據Daniel Dana（丁惠民譯，2003：32）對調解的定義，調解是一個必須有中立的第三者介入，並由第三者協助糾紛雙方找出問題解決方案的過程。香港「調解條例」第四條指出，調解是由一個或多於一個分節構成的有組織程序，在該等分節中，一名或多於一名不偏不倚的個人在不對某項爭議或其任何部份作出判決的情況下，協助爭議各方作出下述任何或所有事宜：

1.找出爭議點。
2.探求和擬訂解決方案。
3.互相溝通。
4.就解決爭議的全部或部份，達成協議。

　　從香港的調解條例看出，社區工作員與調解員是有分別的，工作員除了中立外，還要持有公義的理念，在相互交流的會談中，工作員應持反對對社會大眾不公義、不合理的協商條件作出引渡，以保障各方的合理權益。如：居民在交流的會談中臨時不合理要求時，工作員應適當介入，不應以中立者不給予意見及協助。

　　江仲有（2004：52）認為調解可以解釋為一個解決衝突的過程，由爭議人在獲得中立第三者的幫助下，讓爭議雙方可以有系統地進行分析，披露有關引發衝突原因，以利爭議人尋找可行的解決衝突方案，在眾多的解決衝突的方案中，選出可以滿足各方爭議人的利益或可接受的和解方案。Daniel Dana（丁惠民譯，2003：33）指出，調解可以由自助式調解工具進行，係指由第三者或利益關係人所使用的一種簡單的對話工具，可用在衝突還沒有變得太過嚴重，以致於必須求助於專業調解者之前，可先自行成功解決。一般的調解員難以為居民與政府部門進行調解。反之，工作員則可運用調解員的技巧，應注意事項的相關性及獨特性，以社會工作的專業作為居民與政府的中間第三者調解。

　　江仲有（2004：69）指出，調解應注意事項包括：糾紛是否涉及不合法或犯罪行為、糾紛是否涉及不道德行為、糾紛是否涉及爭議人一方的人身安全的問題、爭議人是否合適接受調解、糾紛是否涉及第三者利益、爭議人談判能力是否太過不平衡、爭議人能否在調解過程中受到控制、爭議人是否擁有表達和聆聽對方的理解能力、爭議人能否跟隨調解的進度、爭議人能否達成一個彼此公平的結果。這些思維與社區工作的核心價值相似，工作員可依調解理念應用於與居民協調，引導居民朝理性、合法方向發展爭取他們應有的權益。

　　調解的重要技巧是找出突破點，是指在調解的過程中，當彼此開始交換善意表示的時點，此時糾紛者的共同心態，已經從原本的「我和你的對抗」，轉成「我們和問題的對抗」。調解者必須耐心等待善意訊號的出現，而且支持每一個在過程中出現的善意表示，直到雙方開始交換彼此的善意為止。當彼此的善意開始交流時，就抵達所謂的突破點（breakthrough）（丁惠民譯，2003：113）。而江仲有（2004：91）認為調解員應：協助爭議人深入討論有關僵持不下的事項，尋求其他可行可以接受的解決方案；協助爭議人檢討他們的訴求是否不切實際；協助爭議人檢討他們的訴訟成功機會；向爭議人查詢，可否把有關解決方案或要求直接向對方公開討論。工作員在協助居民與相關部門交談時，一如調解員要找出突破點及運用調解的專業知識。

小　結

在都市推展社區組織工作所運用的技巧，有從宏觀及微觀的考慮，越能掌握宏觀的訊息，有助在推展時提供資料給居民參考，引導居民從理性的角度考慮當事者或是部門或機構的能力。

當居民能從當事一方考慮問題，較易找出解決問題的方向，能有效促使解決問題的達致。但是推展居民工作並不是單獨為居民爭取利益，亦不是為政府作出防衛，而是以第三方的角度協助當事各方進行協調。

工作員若能持中立、持平的立場，為居民提供協助，有利專業形象的建立，並能將社會問題對居民的影響有效地減低，讓社會和諧發展。

第十一章

撰寫工作

第一節　導言

　　進行都市社區工作，社區居民組織工作不少涉及與居民互動、會議、行動及跟進等的關聯工作。甘炳光等人（2006：404）認為社區工作中資料收集是相當重要的，亦是工作的一部份。都市居民的文化水平高，文書工作特顯重要。一套有系統的檔案記錄除了為工作員提供教育、監察、跟進等功能，還可作為鼓勵、激發居民參與的動力，與居民大眾分享的資料供居民查詢的依據，使社區工作更系統化、專業化，同時更加獲得社會支持，對解決問題及推展社區工作專業有莫大的幫助。

 ## 第二節　撰寫工作

　　撰寫工作是整個組織事工所討論及議決的記錄，是一套有組織的檔案，在進入社區問題首要階段便是開始記錄。撰寫工作分為三個主要環節：第一環節是個案工作報告，包括接案後的撰寫各類與居民接觸及分析報告；另一環節是組織工作相關撰寫資料，例如成立大廈業主管理委員會所涉及各類相關程序記錄，召集書、授權書、招標書、評標等記錄；最後一環節是行動相關工作報告，包括請願信、新聞稿及財務報告等。記錄可分文字、相片、影片等資料。

　　資料收集工作包含工作員主動在社區內發掘問題及居民到中心求助兩大類別。無論是工作員在區內自行探索或居民的求助，行政制度要求有檔案記錄事實，以便進行工作會議使用，作出第三方的分享及討論，達致在客觀的情況下，給予意見、計畫及行動。

一、探索期的記錄

　　工作記錄始於在社區展開探索行動，稱之為探索期的記錄。社區工作著重實證的掌握，防止一切根據透過流傳訊息作出的判斷。為居民或相關人士尋找實質證明是必須的。因此，探索時便需建立各類相關記錄，以便日後能夠有系統地檢視整個事件。探索期與居民接觸記錄（如**表11-1**），其主要內容包括：記錄編號、日期時間、地點、被訪者姓名（請用簡稱）、性別、職業、年齡、聯絡電話等基本資料。

表11-1　居民接觸記錄

記錄編號： 日期：			記錄員： 接觸時間：	
接觸單位	街／道／路　　　　號　　　／大廈／花園 座　　　　　　　樓　　　室			
不成功 （原因及建議）		訪問員		
住戶姓名		住戶人數		
性別		職業		
年齡		聯絡電話		
居民關注重點： 1. 2. 3. 4.			對接觸居民的分析：	
工作員評論／感想／建議：				

　　上述資料主要方便日後工作員或其他員工與居民接觸時可加強互動，同時亦可作為工作員對被訪者的瞭解。若接觸者願意提供聯絡電話，表示該居民對事件的關心或對問題很關注，參與度較高。記錄編號主要是將記錄方便日後工作量的統計或跟進的用途。

　　與居民交談時，居民所提供的有關個人、家庭、社區，甚至政府政策等不同事件，工作員應以分類技巧，引導居民分不同層面陳述問題，使工作能清晰的歸納。記錄工作員應當簡單歸納摘要，社區工作在短時間與多名居民接觸，難以如個案式進行深入陳述，另外，居民所提供的訊息多且複雜，可用列點方式記錄，讓資料清晰明確，以居民關注的輕重作優先層次排列，對日後工作分析有幫助。排序方法如下：

1.居民關注重點。

2.對政府政策的意見。

3.對社會的看法。

4.對社區／大廈的關注。

5.對鄰居的感覺。

6.對家庭的情感。

　　我們相信每個人都是獨特的，與居民接觸他們所述的情況及回應，工作員要學習掌握居民的反應及語言表達背後的意思，如語意、表情、姿態，從這些訊息中作出理性評價。它可包括：

1.對所接觸居民的分析。

2.所提問題的可信性。

3.趨向參與的可能性。

4.投入關心程度。

5.社區網絡關係。

　　從與居民交談中所觀察及所關注的問題，引證社區情況與工作員所得資料的相配合，一些工作員沒有注意的情況，工作員對受訪者關注問題的建議可針對下列項目，希望從中找出居民間共同關注的問題，成為日後居民組織工作的觸發點：

　　1.居民掌握的資訊。

　　2.對突發問題的瞭解。

　　3.居民的動力。

　　4.居民的網絡關係。

　　5.居民的能力。

　　表11-1的資料部份是需要藉由工作員透過對話技巧與觀察，作出專業判斷，包括受訪者的分析及工作評論、感想及建議等。

　　值得注意，在探索期與居民接觸不應以單一居民所表達的訊息即作判斷，宜依據事件記錄呈現的多少、嚴重程度進行分析與討論，然後決定最終開案推展組織工作的選題。

　　收集居民對問題的方法不單只以直接與居民接觸，工作員還可利用電話群組的功能與居民互動，而這類互動需要進行精簡記錄，如**表11-2**。

二、開案或接案記錄

　　推展工作不論是工作員在社區發掘的新問題或是居民對社區現狀不滿向中心求助，工作員需要向機構提出開案或接案報告，依據報告的建議成立專案小組跟進。同時讓其他工作員明白及掌握工作目標，並在日後向相關負責人員／部門提交報告。因此報告內容需包含基本資料、探索內容、分析及建議等部份（見**表11-3**）。

表11-2　其他資訊工具與案主互動記錄表

<table>
<tr><td colspan="4" align="center">其他資訊工具與案主互動記錄表</td></tr>
<tr><td colspan="4">記錄員：</td></tr>
<tr><td>資訊工具名稱</td><td></td><td colspan="2">個案完結後的處理方法：</td></tr>
<tr><td>檔案編號 /
對象名稱</td><td colspan="3"></td></tr>
<tr><td>日期 / 期段</td><td></td><td colspan="2">互動原因 / 期望目的：</td></tr>
<tr><td>內容摘要：</td><td></td><td>技巧運用</td><td>介入目的：</td></tr>
<tr><td colspan="4">分析：</td></tr>
<tr><td colspan="4">是否需要跟進：
有否未來工作建議：</td></tr>
</table>

表11-3　社區組織接案記錄與分析

<table>
<tr><td>接案者：</td><td>日期：</td></tr>
<tr><td>問題統稱：</td><td>單位 / 對象數目：</td></tr>
<tr><td>受影響區域：</td><td>主要工作區域：
□有，介入協助的團體：（可多個）
□沒有</td></tr>
<tr><td colspan="2">請描述所出現問題：（可多頁）</td></tr>
<tr><td colspan="2">目前呈現的問題：（可多頁）</td></tr>
<tr><td colspan="2">接觸途徑：（可多頁）
・求助
・依社區探索</td></tr>
</table>

（續）表11-3　社區組織接案記錄與分析

分析：（可多頁） ・居民參與的動力及阻力 ・居民能力 ・政府政策 ・社會資源 ・社區變化 ・對居民及社會影響 ・機構資源及動員能力	
建議：（可多頁）	
是否需要其他人員協助：□否　　□是，＿＿＿名	
中心負責人意見：	日期：
督導意見：	日期：

三、分析報告

　　分析是將與居民接觸所得的資料進行簡單統計（見**表11-4**），歸納出居民所關注的問題排列出優先次序。當然，工作員可亦可透過其他觀察所得的資料，作出新的次序排列。當工作員獲得訊息時，確保這是吸引大部份居民認知，因為會直接影響組織居民的參與動力，客觀分析很重要。

表11-4　居民接觸分析表

記錄編號	業主／參與力		關心問題1 （如大廈管理）	關心問題2	關心問題3	關心問題4
	強	弱				
總計						

四、結案報告

居民組織工作有開始與結束，結束工作是在居民問題解決後。同時也是在某期段、某主題、某行動結束後，甚至依居民的參與及要求下結束組織工作。結案工作報告的報告內容可參考**表11-5**的樣版。

表11-5　社區組織工作結案報告

填報者：	日期：
組織名稱：	單位／對象數目：
組織會議／行動次數：	家訪次數：
接觸途徑：	
呈現的問題：（可多頁）	
處理及介入方法：（可多頁）	
已處理的問題：（可多頁）	
未來跟進事項：（可多頁）	
註：重要人物／組織	
中心負責人意見：（可多頁）	日期：
督導意見：（可多頁）	日期：

第三節　業主管理委員會相關工作報告

　　都市社區工作常牽涉樓宇問題，其中一部份是大廈管理。現時正處都市更新的香港和澳門，政府有不少都市更新措施，香港政府推出了樓宇資助維修計畫、澳門政府有低層樓宇維修資助計畫等，鼓勵大廈居民成立大廈管理委員會或業主立案法團等組織，監管大廈管理及維修工作，提升居民生活質素。與樓宇管理有關的居民組織如雨後春筍，以協助居民成立相關法團或管理委員會籌備工作，同時也協助該等組織在大樓管理或大樓維修招標工作。本文舉例澳門成立大廈管理委員會及招標更換公司的程序、願行動、新聞稿等。

一、成立業主管理委員會相關工作報告

　　業主管理委員會或業主立案法團（兩者簡稱管理委員會）是管理大廈的主要組織，它具法定的權力。成立這類組織必須依法定要求進行，這些組織的特性是成員必須是所屬大廈的業權人（業主），委員必須由業主擔任，秘書、顧問等一般可由其他人士擔任，除非有特定要求。

　　管理委員會是為法定組織，成立的過程必須依程序要求，召開會議的通告、通知方式與通知日期等有特定的格式與要求，否則會屬違規，決議可能被推翻，直接影響大樓的管理。所以工作員協助居民成立管理委員會要瞭解及掌握法定要求。包括業主大會召集書（見**表11-6**）：澳門對召集書的派發有法定要求，因此有必要明確記錄（見**表11-7**），以便日後查核。部份地區在未成立管理委員會時會由一群業主發動組織工作，這過程亦受到某業主人數的比例要求，因此需要某比例業主簽署確認召集書的證明（見**表11-8**）。

表11-6　業主大會會議召集書／議程樣版

yy大廈分層建築所有人大會召集書

　　根據澳門《民法典》第1344條及1345條，召開yy大廈分層建築所有人大會，目的商討樓宇之管理事項，敬請各位分層建築所有人（業主）出席。

日期：第一次會議在20XX年11月26日（星期四）
　　　第二次會議在20XX年11月27日（星期五）
時間：晚上八時整
地點：LL中心禮堂（YY街）
議程：

1.討論並決議選出由分層所有人組成大會臨時委員會並確立當中1人為大會臨時主席，以便主持本次會議，並授權大會臨時委員會及大會臨時主席簽署大會會議錄。

2.討論並決議通過按照「LL物業管理有限公司」提交的管理服務方案由20XX年1月1日起調整管理收費並授權「yy大廈管理委員會」與「LL物業管理有限公司」簽署新的管理合約。調整管理費後收費如下：（有關管理服務方案已張貼於大堂供業主查閱）

階段期	管理費	共同儲備基金	合計收費
20XX年1月1日至 20XX年12月31日	500元	50元	550元
20XX年1月1日至 20XX年12月31日	600元 （包含電視天線費用）	60元	660元

　　備註：澳門第7/2015號法律《物業管理業務的清潔及保安僱員的最低工資》，已於本年7月13日在《澳門特別行政區公報》公布，並將於20XX年1月1日起生效。當中訂定了物業管理業務中，從事清潔及保安工作僱員的最低工資要求。法律訂出了物業管理業務中，從事清潔及保安工作的僱員最低工資：按小時計算報酬的僱員，每小時三十元；按日計算報酬的僱員，每日二百四十元；按月計算報酬的僱員，每月六千二百四十元。此外，法律亦規定最低工資並不包括超時工作報酬、雙糧或其他同類性質的報酬。

3.討論並決議通過收回yy大廈地面層的停車場車位，且授權「yy大廈管理委員」進行有關收回及管理工作，不得進行買賣。

　　備註：所指車位已於澳門土地工務運輸局獲得確認，為屬於yy大廈樓宇的共同部份。

　　備註：

(1)出席會議者必須出示有效之身分證明文件，以便確認業權之身分。

(2)未能親自出席投票者，可授權代表出席。根據《民法典》第1346條第一款

（續）表11-6　業主大會召集書樣版

　　的規定，業權人授權予同一大廈之業權人，只須具備一封具簽名之信函及
　　授權人之身分證明文件副本，若授權予非業權人（例如：父親是業權人，而
　　授權非業權人子女），則應具有由業權人以經認證文書方式作成的授權書。
(3)根據《民法典》第1347條的規定，在原定時間經過一小時後，出席之所有
　　人數目仍未達致所需之人數（總樓宇份額之一半以上），將於20XX年11
　　月27日（星明五）在同一地點及同一時間舉行第二次會議，在第二次會議
　　中，如出席之分層建築物所有人擁有之份額至少占分層建築物總額之四分
　　一，則大會得以出席之所有人之多數作出決議，但法律明確要求特定之法
　　定多數者除外。

yy大廈管理委員會

附件：

表11-7　大會召集書簽收表

XX花園分層建築物所有人20XX年度第一次大會召集書簽收表							
					日期：20XX年11月3日		
單位	業權人	配偶	單位	財產制	份額比	召集書簽收	備註
46331			A9	A	1/80		
66229			A10	A	1/80		
242914			A12	P	1/80		
242914			A12	P	1/80		
62629			A20	A	1/80		
158446			A21	G	1/80		
181863			A21	G	1/80		
30917			A23		1/80		

表11-8　業主大會確認召集書

XX大廈分層建築物所有人大會確認召集書					
會議召集業主簽署名單					
單位	姓名	簽名	單位	姓名	簽名
				日期：20XX年＿＿月＿＿日	
				第＿＿＿版，共＿＿＿版	

　　業主大會召集書往往是法律文件的一部份，部份內容是需要有法律依據（見**表11-8**）的例子，除此之外，它與非正式的組織會議有所不同，召集書內容需要包含討論與決議事項，決議事項是要依從議程的層次進行，工作員需特別注意。

　　基於業主的參與權益，召集書是否分發到指定合法的業權人是非常重要的，不少地區對召集書的發送有特定要求，因此必須明確記錄（見**表11-7**），以便日後查核。

　　未成立管理委員會前的組織工作，不少工作者是以籌備者身分代理，召開會議便需要依從法定要求，才能作為合法。收集合資格的業主達到一定比例的簽署才能正式召開會議，確認召集書的簽署表是非常重要的，其內容詳情見**表11-8**。

　　由於業權人會有各種理由或原因未能出席業主大會，他可授權與他人代表投票。投票的比例直接影響決議的結果，因此授權書必須以書面方式授與他人。不同地區或房屋類別有不同授權的要求，如澳門經濟房屋的授權書是需要透過公證確認。一般可以在會議前指定時間前提交會議負責人員（見**表11-9**），以便分發投票表格。

表11-9　授權書

致大廈管理委員會／臨時大廈管理委員會主席：

　　本人／本公司，以XX閣／大廈／屋苑＿＿＿＿＿座＿＿＿＿＿樓＿＿＿＿＿室業主之名，因無暇出席於20XX年X月X日（星期X）舉行的大廈管理委員會／臨時大廈管理委員會，因此委派＿＿＿＿＿＿＿＿＿＿＿君（澳門／香港／其他＿＿＿＿＿＿身分證號碼：＿＿＿＿＿＿＿＿＿＿＿）代表本人出席會議及全權代表本人投票表決各議案。

業主姓名：＿＿＿＿＿＿＿＿＿＿＿（請正楷書寫）

業主簽署／印章：＿＿＿＿＿＿＿＿＿＿＿

業主代表簽署：＿＿＿＿＿＿＿＿＿＿＿＿＿　　日期：＿＿＿＿＿＿＿＿＿＿＿＿＿

備註：此授權書必須於大廈管理委員會／臨時大廈管理委員會舉行日期二十四　　　小時之前放入本廈設於XX座地下大堂大廈管理委員會／臨時大廈管理委員會信箱內。

二、招標書工作相關報告

招標是一般大廈管理工作需要處理的環節，在競性交易中以客觀方式，引入適當的公司為大廈提供合適的工作，如大廈管理公司、大廈清潔公司、電梯維修、大廈維修等。

招標書的作用主要是邀請投標人參加投標及說明招標條件（胡錦漢，2001：107），招標內容主要包括項目名稱、項目內容介紹、投標資格、項目工作要求、承標者收取費用、標書投放地點與截標日期、應繳保證金或費用、開標日期等（見**表11-10**）。

標書是文字陳述表達承標公司的基本資料，內容與工作實質難以一致，管理委員會需要與該公司直接對話瞭解當中的觀點，以便委員作深入的判斷。與承標公司進行面談是有需要的，在進行面談前委員有需要為本身大廈的招標要求及期望設定相關問題，統一收集各公司對這些問題的看法及處理方法（見**表11-11**）。

由於招標與承標會涉及利益，招標的決議應交由業主大會的出席者及授人決定。承標書內容不少涉及公司及大廈資料，內容不宜公開給各業權人知悉，所以，在交由業主大會決定前，管理委員會委員有需要將承標公司數目及內容精簡，因此，面談後評選委員需要為承標公司進行評分（見**表11-12**），以評分分數的高低選取入圍的公司。為方便業權人在大會表決，委員會需為業權人提供入圍公司的基本資料及收取費用與條件，讓業權人在投票前瞭解相關公司情況，為免主觀及個人利益影響投票結果，公開的資料宜以化名方式表述公司情況（見**表11-13**）。

表11-10　招標書

僱用維修工程顧問招標

　　本大廈位於XXXX，現因大廈需進行維修而招標聘請建築顧問以統籌各項維修工程。

投標需包括以下：
一、投標者須為政府認可人士
二、有類似之統籌工作經驗
三、報價內容須包括：
　　A建議維修方法工序
　　B列明所需安全措施
　　C代本管理委員會發出維修標書
　　D協助申請XX免息貸款
　　E協助批出維修合約
　　F監察工程進度至完工
　　G顧問收費標準及時間
　　H負責與XX部聯絡
　　I估算工程總額

　　有意投標者，請於20XX年1月2日開始到本大廈實地勘察，並於20XX年1月12日下午五時或之前將標書封口連同投標費用一千元整銀行本票抬頭寫上「XX管理委員會」，交XX大廈地下大堂管理處投標箱。
　　本法團將因投標書內容而決定邀請入圍之公司作進一步面試，落選者將不作另行通知，投標費用亦不予發還。

XX大廈管理委員會
20XX年　　月　　日

表11-11　大廈招標面談記錄

公司名稱	主要問題	回答結果	整體表現（只選一個）				
			很滿意	滿意	一般	不滿意	非常不滿意
a.物業管理							
d.物業管理							
b.物業管理							
c.物業管理							
評分							
總分							

其他評語：
委員簽名：＿＿＿＿＿＿＿＿＿＿＿　　　　　　日期：＿＿＿＿＿＿＿＿＿＿＿

註：每名評審委員獨立填寫一份。

　　問題內容依公司的特性設定，但必須有部份問題是相同。

表11-12　評標分析表

項目	AA清潔物業管理有限公司	BB物業管理有限公司	CC物業管理
公司年份			
管理員費用			
清潔員費用			
合約年份（合約一般可以於二或三個月前通知終止）			
行政／會計費			
管理員人數			
清潔員人數			
小型維修			
服務內容			
委員總評分			

註：1.委員評分不宜在此公開，因這是委員評分後最高得分的結果，應客觀地交由業主表決。

　　2.內容必須依投標者所提供的資料填寫。

表11-13　入選管理公司簡介

項目	a物業管理有限公司	b物業管理及代理有限公司	c物業管理（香港）有限公司
公司年份	1995年成立	1990年成立	1992年成立
合約酬金	$3,800	$4,000	$5,000
管理員費用	$41,858	$39,019	$39,000連小型維修費
合約年份（合約一般可以於二或三個月前通知終止）	建議合約為兩年（可接受一年合約鼓勵費回贈金欠詳細交代）	建議合約為兩年（可接受一年合約，回贈金依比例計算為$6,000）	一年合約，三個月通知期
鼓勵費或免經理人酬金	原建議給法團鼓勵費為$224,358.80，現改為$29,177.24（資料由富理誠有限公司提供）	兩年合約，免三個月經理人酬金，合計$12,000	不適用
行政／會計費	免收	每月$800	免收
管理員人數	主管一名，日夜更每座各一名	主管一名，日夜更每座各一名	主管一名，日夜更每座各一名
小型維修	設有維修保養部（實報實銷）	實報實銷	固定收取$1,500已計算在內
過度期提供臨時服務最快時間	上午通知，下午提供	上午通知，下午提供	兩天
大會議決後提供服務最快時間	上午通知，下午提供	上午通知，下午提供	兩週
追討欠交費用	收費$250會在欠債人付款中收取	在欠債人付款中收取	由欠債人負擔
其他	監管電腦化 管理員年齡依政府規定65歲以下	監管電腦化 管理員年齡依政府規定65歲以下	管理員年齡依政府規定65歲以下

註：上述資料根據標者計畫書及面談時所提供，只供參考之用。

第四節　行動相關工作報告

　　社區問題不少涉及政策的改變，政策問題需要直接給予相關部門考慮建議，一般的建議不易被相關部門接納。倘若居民團體需要以請願方式讓社會大眾知悉，請願信又是組織工作經常面對的文書工作之一。

　　為了讓社會大眾人士更關注事件，組織工作行動會透過傳媒發布相關訊息，不少傳媒是需要由發布者提供相關資料，以便他們進一步瞭解，因此新聞稿也是主要文書工作之一。為加強工作員對這方面的瞭解及掌握撰寫的重點，下述提供一個撰寫方向，作為參照。

一、請願信

　　組織工作的目的主要是能解決居民的訴求，請願信主要是向有關部門提出意見或建議，胡錦漢（2001：64）認為建議書具有解決問題方案。表達訴求的內容與目的非常重要。向相關部門表達意見可透過信件方式，所以信件需要有特定的陳述格式，讓相關人士簡單明瞭居民請求的主要目的。

　　信件內容一般包括：相關收信人士的尊稱、事由、正文、結束語、相關人士姓名、日期及簽署。若有需要可加入附件。人事變動在各公司、政府部門經常出現，工作員或居民不一定能掌握即時的資料，因此信函尊稱可以以相關職級的負責人作稱謂，事由宜精簡明確表示，讓收信人快速掌握訊息。

　　正文是請願信的主要部份，內容必須包括居民所處的真實情況，表達這訊息的原因與目的，居民對解決問題的具體建議方案，並宜以請求式作結語。每類建議方案宜以多項式，但不應多於三項，以居民的優先次序排列，建議內容及目的須明確，及有時間要求。

請願信最後的下款爲簽署及發信日期，由於組織工作一般以小組形式向有關部門表達，可由居民共同推舉代表簽署，可多於一人。因此，下款內容需要具居民組織的名稱與代表人（見**表11-14**）。

爲使請願獲得社會人士支持或協助，一般請願信會在信內下款簽署的上方，以副本呈送注明信件會轉送給相關支持或關注人士或團體。同時可讓相關人士瞭解眞實情況及尋求社會大眾支持，請願信可附以多類資料，如簽名、相片、求情信、新聞資料等。

二、新聞稿

新聞必須是眞實及盡可能貼近反映事實，同時與發生的時間要盡量接近，時間差異越小，新聞價值越大。事情越重要，關心的人越多，新聞價值越大。新聞事件與人們利益關係越密切，涉及面廣，影響力越大，重要性越高，也就越能引起人們的普遍關注。新聞事件與社會大眾在時間、空間、心理、利益等方面關聯越近新聞價值越高，主題及內容越新鮮、奇特，越吸引社會大眾（胡錦漢，2001：118-119）。因此，居民工作發出新聞表達意見的文章內容需要注意如何將眞實的事情吸引社會大眾的關注，發揮作用。

新聞稿的功能是透過傳播媒介將訊息向公眾反映，從而達到獲取公眾信任、理解及支持的作用。新聞稿的結構包括精簡的導言、主體及資料背景。導言是新聞的精華與靈魂，它是新聞中最重要、最精彩、最生動的部份，宜置於新聞之首段，在新聞中占有特殊地位（胡錦漢，2001：119-123）。導言一般可以以直敍式撰寫或描述式撰寫，視乎工作員或具撰寫能力的組員風格。

表11-14　請願信樣版

致L&P局
事由：TSD區道路擁塞改善建議

K局長台鑒：
近月TSD區公屋居民不斷遷入，學童增加，導致本區道路擁塞日漸嚴重。居民關注組成員針對PPP大馬路至G廣場、L街地道交通擁塞的問題，提出以下建議。

建議一：
希望能夠將台山SSS第一巷接近FK學校的安全島開通，直接令狗場來往方向的車輛能直接駛至SSS停車場，不用繞道往PPP大馬路及G廣場，減輕PPP大馬路的交通流量。（若有需要可加入附件圖、表等）

建議二：
將SSS第一街油站旁停車場出口的路牌（單行線指示符號），向後約移五米，可使到停車場的出口合法地右轉，方便車輛駛出其他地區（如碼頭或T花園等地方）。

素仰　　貴局一向著重解決交通的問題，積極聽取居民的意見、瞭解居民所需，希望　貴局能接受TSD區關注組成員草擬，並在明年期前疏導本區交通擁塞問題，方便該區居民及紓緩交通壓力的問題，如能蒙允，不勝感激。

耑此
順頌台安！

附本呈送：
A議員
TSD社區服務中心主任

TSD區居民關注組主席

KFS
20XX年4月30日

　　新聞稿的導言與主體應是一體，兩者存在共同關係，主體的陳述可分多段格式，主要視乎媒體的字數及報導性的要求，字數過多影響它的可讀性。主體部份須與導言一致、內容依實情況陳述，可加入相關人士的意見與資料，加強內容的真實性與可信性。

　　照片可作為真實表達的一面，清晰的相片可讓讀者簡單、明確瞭解事情，值得注意，居民工作並不只為吸引社會大眾關注事件，而是為居民爭取合理權益，社會大眾的支持與認同對居民工作非常重要，表面得到大眾支持發出錯誤價值觀念，對日後組織工作影響深遠（見**表11-15**）。

表11-15　新聞稿樣版

WHV社區中心協助居民反映訴求

　　WHV社區中心在2月初進行的社區調查中，發現已有四十年樓齡的US大廈因日久失修，內存有不少問題，在與居民舉行多次的座談會中，有不少住戶反映單位出現嚴重漏水、排污渠淤塞，單位內及公共地方的樓宇結構，如大廈外牆、走廊天花板出現鋼筋外露、石屎剝落，更因雨季來臨，情況更為嚴重，大廈內更沒有消防救火的設備裝置。這些問題一直令居民感到困擾，對居民生命財產構成威脅，令居民深感憂慮。

　　日前中心陪同居民代表，到HD局遞信，促請局方關注及協助有關住戶進行維修，改善他們的居住環境，並得到HD局樓宇管理事務廳L廳長接見，及與居民進行會議。在會談中，廳長積極聆聽居民的意見，得悉大廈問題較為複雜，並即時作出跟進，表示會安排人員到US大廈瞭解情況。

　　翌日HD局即派員視察，過程中，很多住戶都主動反映單位內的問題和樓宇結構的情況，更有居民反映，現時HD局推出的「樓宇維修資助計畫」，雖然對戶主有一定幫助，但在本大廈推行存在困難，因為大廈內有部份住戶為租戶，與業主聯絡需時不少。為此本中心將繼續協助居民進行未來的工作，包括組織住戶定期舉行會議，協助跟進各方面申請手續，及為有需要住戶提供相關資料查詢等。

三、會議紀錄

居民工作經常召開大小規模的會議，集思廣益，商討各種問題。無論會議性質如何，規模大小，開會前需要發出通知和準備文件，開會留存紀錄，作為日後查證。會議紀錄主要記載和傳達會議情況與議定事項（胡錦漢，2001：88）。

胡錦漢（2001：88-89）指出，會議紀錄具有顯著的多功能和多向性。多功能性指具有記錄性、知照性和指揮性。多向性表現在上呈下達及橫向傳播。報告一方面向工作員上級匯報會議情況，讓有關主管瞭解會議進程、具體內容和結果；另一方面向與會或相關人士傳達會議情況和會議精神，以便貫徹執行。

胡錦漢（2001：91）指出，會議紀錄大致可分決議式、簡錄式、詳記式及綜合式。決議式的會議紀錄只記錄大會的決議，至於會上提出的論據、意見，以至達成結論的原因與過程等，都可以省略。

簡錄式的會議紀錄主要概述會上提出的要點和達成的結論，內容並不著重記錄個別人士發表的意見（見**表11-16**）。

詳記式的會議紀錄需把發言者每句說話的意思，詳細記錄，是紀錄中最詳細的一種，適合重大事件的討論及有法律依據用途的會議。詳記式的會議紀錄往往會包括處理方式或跟進的負責人的安排（見**表11-17**）。

綜合式的會議紀錄主要是扼要記錄會上提出的要點和最後的決定，遇有重要事項商討，更會記下個別人士發言的內容大要。

表11-16　決議式會議紀錄樣版

日期	
時間	
地點	

出席者				
姓名	職位	部門／中心	主席	
			記錄	
列席者				

缺席致歉			
姓名	職位	部門／中心	

會議內容

（一）	通過上次會議紀錄
	與會者一致通過上次會議紀錄
（二）	通過是次會議議程
	與會者一致通過是次會議議程
（三）	跟進事項
（四）	報告事項
（五）	討論及決議事項 討論事項1…… 表結果：贊成_____票 　　　　反對_____票 　　　　棄權_____票
（六）	其他事項
（七）	下次會議日期、時間、地點
（八）	是次會議結束時間

	主席姓名及簽署
	會議紀錄通過日期

附件：（如有）

表11-17　詳記式會議紀錄樣版

日期	
時間	
地點	

出席者				
姓名	職位	部門／中心	主席	
			記錄	

缺席致歉			
姓名	職位	部門／中心	

會議內容

（一）	通過上次會議紀錄	
	與會者一致通過上次會議紀錄	
（二）	通過是次會議議程	
	與會者一致通過是次會議議程	
（三）	跟進事項	
（四）	報告事項	跟進單位／人
（五）	討論及決議事項 討論1…⋯ 討論2…⋯	
（六）	其他事項	
（七）	下次會議日期、時間、地點	
（八）	是次會議結束時間	
		主席姓名及簽署
		會議紀錄通過日期

附件：（如有）

四、財務工作記錄

　　居民組織工作涉及財務工作記錄機會多是出現在收入與支出情況，社會服務組織在財務上有一套嚴謹程序記錄活動收入與支出，工作員必須依從機構及資助組織的行政要求填報組織工作的收入與開支。填報方式可參與**表11-18**及**表11-19**。

表11-18　財政預算格式

<table>
<tr><td colspan="5" align="center">計畫的收入支出預算表
（請附詳細的收支表）</td></tr>
<tr><td></td><td colspan="4" align="center">收入支出預算表</td></tr>
<tr><td></td><td>數量</td><td>數量單位</td><td>每個單位價錢</td><td>總額</td></tr>
<tr><td>計畫預期收入</td><td></td><td></td><td></td><td></td></tr>
<tr><td>收取的費用</td><td></td><td></td><td></td><td></td></tr>
<tr><td>內部提供的資源</td><td></td><td></td><td></td><td></td></tr>
<tr><td>其他</td><td></td><td></td><td></td><td></td></tr>
<tr><td colspan="4" align="center">總預期收入</td><td></td></tr>
<tr><td>計畫預期支出</td><td></td><td></td><td></td><td></td></tr>
<tr><td>活動開支</td><td></td><td></td><td></td><td></td></tr>
<tr><td>宣傳及推廣</td><td></td><td></td><td></td><td></td></tr>
<tr><td>義工津貼開支</td><td></td><td></td><td></td><td></td></tr>
<tr><td>其他</td><td></td><td></td><td></td><td></td></tr>
<tr><td colspan="4" align="center">總預期支出</td><td></td></tr>
<tr><td colspan="4" align="center">向中心申請的金額</td><td></td></tr>
</table>

表11-19　精簡財政預算樣版

精簡財政預算			
收入		支出	
中心津貼	$140	相片沖洗／曬 茶點	$20 $120
總支出	$140	總支出	$140

小　結

　　良好的工作報告對社區組織工作非常重要，它表達居民對應有權益的討論要求，可作為法律依據，保障居民。作為引領及保障居民的社區工作員，必須有撰寫工作的能力，社區工作在組織過程需要涉及多類報告工作記錄的部份，如會議議程、會議紀錄、會議通告，甚至招標通告、分析報告等。

　　報告除了可作為法律上的佐證資料外，亦可作為培育與教育的資料。社會服務機構會有員工流失或轉職，所有的工作及會議報告可幫助新員工對組織工作的瞭解，讓他們更快及更易地進入協助居民。

第十二章

案例

　　都市社區工作主要從居民實際面對生活的問題著手，這類問題往往涉及所住的周遭環境，近年工作員較多處理的組織工作以道路改善、大廈管理、大廈治安、清潔問題、電梯問題、重建安置、新法規衍生的問題為多。

　　本章以過往工作員在社區內組織居民的實況，深入介紹及分析，呈現社區組織工作的背後意念，展現社區工作的真實性，可執行性。成功並不單是以解決問題為單一的工作方向，而且是以互動過程提升改善生活質素的自助能力。

　　都市發展往往出現新舊物業交替，樓宇老化所衍生的問題是近年都市發展一重大議題，社區發展後重建的安置、大廈安全、大廈清潔等。在這些問題上，都市社區工作者需要建立新的工作方向，為這些居民建造關注事務的平台，讓居民發揮自助的精神。

　　居民對社區發展除了關心自身大廈居住問題外，不少涉及社區環境及未來的發展，改善社區環境使居民生活質素改善是工作員工作重點之一。本章案例當中涉及大廈監管組織、大廈管理費問題、大廈電梯維修這三大問題。

　　都市不同階段發展必須面對新舊法規的問題，社區工作者必須依據法規制定出不同的組織工作策略，配合都市發展。案例五及六的內容是工作員以居民自發性的動力，依據地權在不同座啟動組織工作。除此之外，亦針對都市重建的問題，組織居民進行客觀的居住需求調查，讓居民理性爭取訴求。協助居民處理大廈清潔問題的爭議。

　　都市社區工作不少涉及社區變化，居民對這類問題的感受不一，部份居民對社區變化有強烈不滿，往往提出反對意見，是否所有反對意見社區工作者必須推動組織工作，也成為都市社區工作的迷思，本章最後引用案例提供了有關如何處理投訴，及社區發展問題的組織工作，以瞭解都市問題的組織工作決策及可行方案。

案例一：推動成立大廈管理委員會

一、背景資料[1]

2015年澳門1月1日正式實施「物業管理業務的清潔及保安僱員的最低工資」法律，導致近期很多大廈召開分層所有人大會（以下稱業主大會），討論管理費用加價問題，引起仍未組織業主管理委員會（以下稱管委會）大廈很大的迴響，開始關注大廈管理公司的監管問題。

KIG花園同樣面對此情況，為KIG花園提供服務的管理公司「HM物業管理公司」，2015年初開始調升管理費，KIG花園居民認為管理公司的管理費加幅過高，導致居民不滿。針對管理費加幅問題，居民關注收費與服務質素的效益。計畫成立大廈管理委員會。一群熱心居民向社區中心尋求協助，期望組織管委會，保障大廈小業主權益。

二、工作員對問題探索

據工作員瞭解，KIG花園的居民帶領者有豐富的組織居民召開業主大會經驗，對成立管委會相關的法律及程序也有一定的瞭解。然而，大部份居民對組織管委會並不認識，更不瞭解管委會的功能及運作。

工作初期，工作員以訪問KIG花園居民為主與居民建立初步關係，瞭解大廈情況，以收集更多的資訊瞭解管理公司的服務情況，分析當中問題及居民對管理公司的意見。同時，KIG花園居民召開了臨

---

[1]案例主要內容由周偉華及余世康提供。

時管委會工作會議，工作員也參與其中，向居民表達工作員角色及提供協助的立場，及瞭解他們的組織工作策略與構思。

三、大廈資料

工作員對大廈的瞭解資料如下：

KIG花園樓齡約十八年，有5座共1,063個單位（占75％，各單位持份額比例不同），313個車位，停車場占整體份額為2.26％（為一整體計），122個商鋪，商戶占整體份額約25％（其中一位公司持份額達20％）。未成立大廈管理組織／委員會的管治機構。求助者告知及工作員與居民接觸所得知，大廈沒有其他團體或組織協助。

四、問題分析

(一)居民對管理公司不滿

KIG花園居民對管理公司的不滿，包括大廈的管理費加幅、服務質素（如清潔、清洗水箱及管理員態度）、公共部份的廣告收益收歸管理公司（如電訊發射站及外牆廣告），以及維修方面問題（維修需每次共同支付費用及跟進不力）。

(二)居民希望成立業主管理委員會的目的

成立業主大會的主要目的有三方面，第一是成立業主管理委員會；第二是更換管理公司；第三是設立大廈維修基金。

(三)居民的法律認知

工作員瞭解到參與臨時管委會的居民對組織管委會共識一致，瞭解組織過程需要的程序及工作。而大多數的大廈居民，無論是對大廈管委會的權力、成立要求，甚至何謂「大廈維修基金」，他們也不瞭解。

(四)居民對大廈管理委員會的組織認知不足

不少居民沒有參與籌組委員會工作會議，甚至不知道大廈正在組織管委會，需要工作員協助澄清及解釋，以及推動較低動機的居民參與。

(五)對於更換管理公司的程序及支持者的份額問題

居民對更換管理公司的想法參差，基本上居民認為管理公司的服務質素有所下降，擔心更換管理公司，涉及公開招標與管理公司的談判等問題，過程太複雜，容易出現錯誤。

其次，KIG花園的業權有二成份額掌握在管理公司手上，增加了召開業主大會的難度，居民與管理公司之間的角力，必定會成為召開業主大會的主要問題。

(六)核心居民帶領技巧問題

工作員多次參與籌委會工作會議時發現居民帶領者在主持會議上表現混亂、帶領目標不明確、表達技巧欠佳及過於依賴中心的人力資源。

由此可見，KIG花園居民需要組成居民團隊、提升居民能力、提升居民參與動力及各種技術支援。

五、推展策略

藉著KIG花園管理公司（HM物業管理公司）大幅加管理費，維修工作乏善可陳，及其管理服務質素欠佳等作為介入點，協助居民組織

業主大會及業主管理委員會。

由於居民對成立大廈管理委員會的熱誠高，工作員以協助居建立居民組織爲介入點，除了推展成立管委會工作外，還促進居民之間的關係、自助和互助。透過召開業主大會，推動居民進行理性討論，及促進他們有意識團結一致，解決共同問題，提升及改善生活環境質素，包括更換管理公司、更換電梯及爭取大廈公共地方的監管權等。

六、分析居民參與的動力及阻力

工作員瞭解社區內居民的問題及需要後，對於KIG花園大廈的居民所關心的問題，以及業主大會的召開進行動力及阻力分析。

(一)動力

1. 居民熱情度高：整體來說，由於居民普遍對現時管理公司不滿，在接案初期的居民會議，皆有一二百人出席，而核心籌備小組亦有四十人以上。

2. 居民能力及關係：籌委會有多位熱心居民參與。其中籌委會主席有較高的能力及參與程度，具理性分析問題及組織能力：成員L先生知識水平較高，有一定主持會議的能力及口才：籌委會成員C先生熟悉工程事務，能給予不少樓宇建築方面意見：成員M小姐認識不少居民，有利組織工作的推展。

3. 社會資源及政策的推動：政府2008年推出的「樓宇維修基金」，共提供六項計畫，爲樓宇共同部份的維修提供無息貸款、部份費用資助、協助大廈業主成立管理委員會、提供免費檢測樓宇及編製維修方案及拆除僭建物等，鼓勵業主對樓宇共同部份與設施進行維修，以消除因樓宇失修而存在的安全隱患。例如，透過申請「樓宇維修方案支援計畫」，進行樓宇內外牆及共同設施的檢測，可透過申請「樓宇維修資助計畫」，保養或維修樓宇結構及樓宇內外牆飾面、維修共同設施等，資助金額最高可達工程總額的三成或每個獨立單位平均不超過五千元，以及申請「樓宇維修無息貸款計畫」。此外，大廈業主召開業主大會，房屋局亦資助有關紙張及文具的財政支出。這些實質上的財政支援，也能有效地推動居民參與。

4. 機構資源及動員能力：機構的資源包括機構對社區服務的支援程度、服務總監的職權及動員力、機構與議員辦公室的聯繫，以及機構與政府部門的關係，這些機構所掌握的資源均能夠對KIG大廈召開業主大會，提供人力及技術上的支援及協助。

(二)阻力

1. 管理公司為大業主：KIG花園據說有二成份額掌握在HM公司手上，小業主單位總份額才只有四成九，不少居民對中間與管理公司的角力存在擔憂，信心不足。

2. 居民認知不足：大部份居民從來沒有召開過分層所有人大會，對管理委員會及維修基金的認識不足，這成為居民參與的阻力。

3. 法律程序的繁複：根據《民法典》第1313條至1372條之內容，私人樓宇的業主大會召集過程非常繁複，由向房屋局申請業主名冊、召集書內議程的訂立、將召集書給予房屋局審閱、張貼召集書、業主簽收召集書（組織義工洗樓），到大會時的份額計算，召開一次大會幾乎要花二至三個月的時間，過程中要不斷開會籌備，令不少居民感到吃力，對居民的參與構成阻力。

七、工作員組織工作目的

(一)事工目標

1.組織居民關注組織或籌委會。
2.成功協助居民召開業主大會及管理委員會，協助其組織過程。

(二)過程目標

1.協助居民領導改善主持會議及帶領居民工作技巧，疏導情緒及分擔責任。
2.提升居民在大廈管理工作的知識、技巧及解決問題的能力。
3.調解業主大會召開前後的居民衝突，緩解及安撫他們的情緒。
4.提升居民連結資源及運用資源的能力。

八、工作員主要介入工作

由2015年12月到2016年4月1日期間，KIG花園居民一共組織了十九次會議，包括兩次居民籌備委員會擴大會議、一次管理公司說明會、一次洗樓工作會議、一次招標工作會議、一次與管理公司談判會議、兩次分層所有人大會、一次管委會內部會議及其他十次籌備委員會工作會議。

九、具體工作內容

(一)建構階段（relationship build-up phase）

1. 家訪居民：工作員以家訪形式與居民建立關係，瞭解到居民對大廈的問題及需要，尋找到工作員不能觀察到的問題（如停車場大閘、電梯通風、管理員及清潔員的服務質素等），問題的歷史變化，方便工作員對大廈問題及居民需要的分析及介入，另外，也可以瞭解大廈居民的動力及阻力。

2. 資料收集：工作員協助居民到房屋局諮詢KIG花園召開業主大會事宜，以及停車場份額問題，以便有更多的資訊與居民分享，讓居民更瞭解相關情況。

3. 與居民領導溝通：工作員與居民領導溝通以便瞭解其居民動機，以及求助目的，期望達致的結果。

4. 參與會議：在第一次的居民備籌工作會議中，瞭解到過往居民分享與房屋局、管理公司三方晤談情況及結果，管理公司對居民的訴求沒有合理的解釋，讓居民感覺管理公司沒有誠意一同解決問題，而房屋局只作爲中間人角色，並未能進一步協助調解兩方關係，只能作爲協助召開業主大會及組織業主管理委員會的相關資訊提供。居民同時討論大廈現時問題，包括電梯檢查不足，以及有急速下降情況；停車場大閘損壞；對講機損壞；管理費中不設維修基金，所有維修費由居民再籌資支付；清潔不理想；大廈外牆廣告及電訊公司發射站收益被管理公司收取，無視居民權益；商場店鋪占用公共空間，公共通道被阻塞等，並因應以上問題。居民認爲管理公司服務失當，故決定更換管理公司，並以招標新管理公司事宜作討論。

(二)策動階段（organization phase）

在第二次的居民備籌工作會議中，居民邀請某管理公司及MT大廈管委瞭解招標委託新管理公司負責大廈管理工作事宜，讓居民更清晰招標程序及注意事項，工作員也協助澄清問題，以及推動居民儘快進入招標程序。另外，早前向現管理公司發出財務報告要求，該報告已張貼在大廈大堂，但居民認為財政支出不合理。另外，居民再進一步討論停車場大閘損壞責任問題，認為大閘維修應由管理公司負責。居民對電梯日後的監管工作進行初步討論，他們考慮是否交由成立的管委會管理。由於會議討論內容涉及不少獨立議題，不同議題處理方法不一，因此，工作員引導居民先處理成立管委會及瞭解招標事宜，包括招標新管理公司及成立管委會工作的程序與分工。

在第三次的居民備籌工作會議中，居民再進一步討論現管理公司帳目問題，結果決定目前不追究，以招聘新的管理公司，並組成管委會後再跟進帳目問題，而停車場大閘問題居民有討論應否報警，最終討論後決定報警。在第三次與第四次會議之間的期段，工作員協助居民進行招標工作、洗樓、跟進帳目、停車場大閘進行分工，並推動居民積極處理。

在第四次的居民備籌工作會議中，主要疏導居民帶領者的情緒，基於居民帶領者認為協助的居民處事不當，使他感到不滿，表達要讓位給其他居民擔任帶領工作。同時亦有居民向工作員表達對現時居民的組織工作不瞭解，不清晰現時工作情況。工作員便協助疏導情況，鼓勵領導者與工作員多溝通，一同商量。並對招標管理公司的說明會，進行工作分工的安排等協助，降低居民帶領者的擔憂與壓力。

在第五次的居民備籌工作會議中，招標工作已完成，現需進行開標的工作，工作員便協調籌組居民簽署確認標書內容，然後，協助領導居民講解投標管理公司的說明會事宜，並組織居民參與張貼通告，通知居民出席。

在第六次的居民備籌工作會議中，居民確定業主大會召集書議程、召開日期、時間、地點及交待邀標情況，訂定管理公司說明會日期。由於大廈業主大會有法定程序要求，工作員為保障帶領者及居民權益，建議管理公司的說明會與業主大會召集書分別作說明，以免墮入未來法律的爭議。除此之外，工作員協助講解簽收召集書（俗稱洗樓）工作的安排及注意事項，並強調簽收工作是另一項具推動居民出席業主大會意義、簽署授權書等。

1. 在第一次的居民擴大會議中，工作員協助帶領者講解管理公司標書事宜、業主大會的流程簡介、召集書簽收注意事項、聯名簽署因應大廈停車場大閘損壞情況向HM物業管理公司施壓，並協調居民義工分工。在是次會議前，工作員組織籌組居民到大廈進行張貼通告，並觀察大廈環境，加深工作員的瞭解。

2. 在第二次的居民擴大會議中，主要是由三間投標的管理公司對居民進行介紹，工作員協助居民向管理公司進行發問，最後由現管理公司講解時，居民開始時表達訴求，對方沒有再作進一步解釋，甚至沒有回應，導致居民出現離席及斥責情況，需要工作員協助安撫。

會議另一目的是增加居民授權，提高居民支持與被認受性。因此在會中需要向居民講解相關工作，工作員介入分工洗樓、授權書問題的解釋說明及分析投票份額的問題，並講解車位業權人及住屋業權人的分別。此外，也鼓勵居民向其他沒有出席會議的居民簽署授權書。

在第七次的居民備籌工作會議中，主要討論管理公司突然降低管理費用對居民出席業主大會的影響；討論居民會議的分工工作。會中報告了核心居民向房屋局諮詢管理公司突然降低管理費的意見，政府相關部門表示其操守有問題，欠缺公平性。居民認為管理公司做法影響組織管委會工作，並迷惑及降低居民對他的訴求。在會議中，工作員引導居民思考是否暫停擱置招標新管理公司議程，居民最後決定不在是次業主大會進行表決新管理公司議程。由於開會地點（KIG平台花園）照明不足，影響開會情況，會議未能完成討論洗樓分工及授權事項。

十、工作員在會議及工作分工的介入

在第七次的居民備籌工作會議中，工作員協助居民帶領者向居民詳細講解洗樓工作、流程及注意事項，包括簽收召集書程序及推動居民參與業主大會等，同時，工作員協調確實洗樓協助的居民，因應每一座居民進行人手分配。

工作員在洗樓工作前，協調召集書的郵寄工作，組織居民一同進行。而組織居民洗樓工作中，工作員首先邀請另外機構的工作員一同洗樓，並協助預備洗樓物資，包括召集書印刷、簽收表、工作證、文具等，工作員協助居民兩次的洗樓工作，主要協調居民講解及邀請出席業主大會，同時，因應法規要取得10%的居民簽署，以確認召集書的合法性，故工作員也協調簽署事宜。工作員在觀察居民能夠成熟進行工作後，另外的洗樓工作由居民自行安排及進行。

在第八次的居民備籌工作會議中，居民分別匯報現時召集書簽收情況，工作員協助居民一同整理、統計授權書。由於檢視授權書仍不足夠，工作員推動居民討論取得更多授權書及推動居民出席業主大會的策略，居民決定會議前按每座居民分工繼續進行洗樓，以取得授權為主。會議亦討論分工的安排，如居民帶領者協助製作宣傳紙，協調居民將字條插入各居民單位門口。

在第九次的居民備籌工作會議中，居民再進行授權書的匯報及整理、統計，約取得二百份業主授權，約14%的份額取得，居民表示只能在業主大會前再召集及通知居民出席，並張貼標語在大廈大堂。工作員接著協助居民領導講解業主大會流程及工作內容，並推動居民醞釀業主委員會成員名單。在過程中，工作員協助居民疏導情況，減輕壓力，並表達成立管委會失敗並非籌組居民的責任，及表示若不成功，他們先不會再進行，反而是讓其他居民感受不團結的後果。而在之前，工作員也與居民領導傾談，疏導他的壓力，並表達對他健康的關心。

在第十次的居民備籌工作會議中，連同主管一起協調業主大會分工事宜，並作詳細的程序解釋，以及物資的預備，包括手提電腦、文具、授權書、簽到表、拖蘇及檯椅等，工作員並協調當晚義工工作安排，以及鼓勵居民參選管委會成員，成為未來管理委員會委員協助大廈監管工作。

十一、業主大會

基於法例要求，成立大廈業主管理委員會第一次召集會議出席人數必須達業權份額的50%以上。由於所有居民持業權份額約75%，商戶約占24%，停車場占2%，欠缺信心達致足夠份額成立管理委員會，因此以第二次業主大會推動成立管委會為目的。

1.第一次業主大會召集：基於單一商戶所持的份額占整體份額20%
（為現管理公司持有），若住戶出席情況未能超越整體份額的
20%，單一商戶便具否決及決定權。故居民的策略是推動居民參
與第二次的業主大會會議，工作員便在當天協調居民進行分工
及流程講解、工作的注意事項等，作為正式會議的預習。是次
會議單一商戶持有者代表出席，部份住戶只在場外觀察，形成
流會情況。

2.第二次業主大會召集：約有四百戶居民出席，加上授權份額，
共有57.52%多的出席份額，合符法律25%出席份額的規定。因

此成功進行會議，表決及通過會議五個議程，包括成立管理委員會及大廈維修基金。

會議前出現不當訊息，在會議當天，居民發現大廈內張貼錯誤會議地點通告，表示開會地點更改。工作員作即時介入，瞭解情況，得悉通告疑似是現管理公司的管理員張貼，這使居民感到不滿。工作員協助安撫居民不滿情緒，並安排居民到錯誤地點指引居民到正確的會議地方。最後所有議程均成功通過，KIG居民業主管理委員會正式成立。

十二、評論

現今都市化的樓宇管理要求的發展過程，工作員必須掌握法規及法例對居民的影響。這案例工作員在法例的瞭解及要求，在需要時直接介入居民帶領的角色。工作員運用通訊科技與居民溝通，讓訊息在短時間內給各參與群傳遞，給各相關居民得知情況。案例顯示工作員參與居民的組織工作涉及多層面，包括居民籌備委員會擴大會議、管理公司說明會、大會前工作準備安排會議、招標工作會議、與管理公司談判會議、分層所有人大會、管委會內部會議及籌備委員會工作會議，能接觸各參與者及他們的思維，對組織很有幫助。

在事工目標上，從案例顯示工作員在工作分配及居民的參與動力及資源運用的重要，尤以居民組織工作涉及法規要求與限制，工作員需要運用直接介入與非直接介入手法，在許可的情況下給參與者空間討論及表達意見。若在有限的情況，工作員可直接介入引導居民。值得注意，工作員的直接介入會否造成居民參與的壓力與依賴行為。

組織過程往往會出現各種不同的突發情況，如案例的會議地點更換通告的出現，工作員需具備處理突發情況的心理準備。由於居民帶領者在會場主持份工及統籌工作，場外缺乏其他的居民領導者，工作員直接介入指揮應變方案是有需要的，案例的工作員能在短時間內作出應變與安排，是社區工作者需要學習之處。

都市發展涉及不少法規保障各方人士的權益，案例的居民關注更換管理公司，法規有不同的限制與特定程序要求。工作員在組織工作過程中，主動帶領居民思考更換管理公司的先決條件，及法律的要求，啓發居民依從法律要求，推展啓動組織成立大廈管理委會的工作，然後換管理公司。這介入對保障居民免墮入法律陷阱是重要的，但要注意帶領者應給予居民，尤其是在會議討論期間，培育帶領者的能力。

科技有助推展組織工作，現今社會，大多人士會以電訊互通消息，案例運用電訊科技，組織核心人物在電話通訊開設多個不同層面的互動群組，將大廈相關訊息即時討論，工作員可隨時在群組中給予回應，引導建立合理思維，值得現今社區工作者參照。但是，這方法存在不少缺點，如工作員未能掌握通訊內容眞僞、發訊息者的目的、少數人作決定、易培育出羊群心態等等。工作員需要針對科技訊息的缺點，減低錯誤訊息對居民的影響。

在過程目標上，工作員能分析居民帶領者的問題，但在組織工作過程工作員以完成工作目標爲主，當會議出現矛盾、衝突或問題時，工作員以帶領者的角色主導協調及處理，這與居民帶領者的角色明顯有衝突，直接影響帶領者的權威及與工作員關係，不利日後組織工作。會議中出現居民帶領問題是正常，也是工作員工作的機會，正如籌委會會議經常出現會議目標不明確、散亂、主持角色不明顯的問題，是培育的好機會。

是次案例是居民直接向中心求助，居民參與的動力強，具組織能力，在協助過程中大多以居民爲主導。工作員的角色主要以協助及引導方式組織居民，給予居民參與解決問題的平台，從中啓發居民的思

維，以公開、理性的方式面對問題，工作過程並不強調以組織成果，而是引導居民思考如何面對問題，當問題出現時如何理性處理。但值得注意，工作員與居民帶領者的關係與互動較爲不足，未能發揮工作員對帶領者的啓示作用，讓帶領者成長。

 ## 案例二：電梯問題——培育工作

一、第一階段組織工作[2]

(一)背景資料

　　TFH大廈建築於1989年，由私人建築商興建，共兩座，每一座樓高21層，每層有八個單位，管理公司爲「PF物業管理公司」。根據居民所述，TFH大廈在2010-2011年期間，曾嘗試組織大廈居民委員會，以便處理當時的大廈問題。但由於當時參與組織和支持成立大廈居民委員會的小業主不多，加上物業管理公司對參與組織的小業主的單位作出惡意破壞和借予場地給他們開會的單位作出恐嚇，以致組織工作面對困難重重而擱置。事隔數年，TFH大廈問題有惡化的現象，包括升降機結構出現問題、後樓梯發出惡臭和老鼠出現等衛生問題。改善大廈問題再次被居民關注，希望成立大廈管理委員會，解決大廈的各種問題。

　　大廈問題的發現是由其中一名關心大廈居住環境的小業主向社區中心的社工提出，希望透過社團的協助，組織和推動大廈小業主團結成立管委會（即大廈管理委員會，簡稱管委會），協調與監察管理

---

[2]案例主要內容由程嘉樂、吳錦濤提供。

公司解決大廈各類問題。包括大廈升降機嚴重損壞，有即時的安全問題；大廈的清潔衛生問題嚴重，老鼠害蟲滋生；大廈走火通道長期堆放垃圾，以及消防安全設備的損壞。由於大廈沒有合法組織代表居民與物業管理公司商討改善和維修方案，因此，服務單位決定介入協助組織工作。

(二)工作員早期探索與問題歸納

今次求助的居民期望成立管委會為TFH兩座大廈的住戶，工作員展開接觸工作，瞭解大廈居民對大廈各種問題的意見，並探索居民對成立管委會的意願。在探索期間共接觸53戶，成功30戶，失敗23戶，失敗原因為不在家或拒絕接觸。根據成功接觸的居民表示大廈存在各種問題包括：(1)升降機安全問題；(2)大廈清潔問題；(3)走火通道雜物堆放；(4)走火通道發出惡臭；(5)水渠漏水；(6)水池長期無人清洗；(7)走火通道門損壞不能打開；(8)消防設備損毀無人修理；(9)天線箱損毀無人修理。

從資料顯示，居民主要關注為升降機安全問題和大廈清潔問題，其次為走火通道惡臭和雜物堆放問題。

與居民接觸後工作員歸納出大廈情況：

1. 超過九成居民願意參與成立管委會，解決大廈問題。
2. 有被居民認同的核心人物，TFH大廈有兩名熱心參與大廈事務的住戶，並得到大廈居民的讚揚，表揚其平日常為大廈居民表達意見。
3. 居民認為需要以集體的力量去與物業管理公司周旋。
4. 居民需要工作員的支援，以解決問題。
5. 對成立管委會沒有認識，需要工作員協助瞭解成立管委會的相關法律程序和過程。

　　根據上述從分析所示，工作員認爲居民尚未有能力自行組織成立管委會，需要協助。由於大廈已有被認同的居民領袖，組織工作可以著重於成立管委會過程及成立管委會的初期指導與培育，讓日後管委會自行運作。

(三)第一階段組織動力和阻力分析

◆動力

1. 大廈問題是大部份住戶所關注和要求改善的議題，他們對於成立居民委員會有強烈的認同和認爲是需要的。
2. 大廈問題直接影響居民的人身安全，所以對於大廈問題的能否處理都抱著積極和關注的態度。
3. 大廈有許多期望能解決大廈問題的熱心居民，他們積極參與協助和組織居民的工作，有助於成立管委會。

◆阻力

1. 部份的小業主已習慣了大廈問題的存在，對問題已有習慣性之前曾嘗試成立居民委會結果也是失敗，對今次的成立也認爲不會成功。
2. 居住在TFH的租戶不少，這對成立管委會也存在一定的阻力。
3. 物業管理公司曾極力阻止成立管委會，組織工作會遇到很大的限制。

(四)期望能達致的目的

◆事工目標

　　組織居民成立大廈居民委員會。

◆過程目標

1.提升居民對成立大廈居民委員會的能力。

2.提升小組成員的會議、與政府／管理公司溝通技巧。

(五)探索階段——瞭解社區需要、確立目標

1.社區觀察：工作員在社區中觀察大廈和街道的環境，實地與區內居民瞭解區內居住樓宇的歷史發展。

2.接觸居民：工作員透過與居民直接接觸瞭解到居民對大廈及社區的問題，因工作員不能從觀察所得的問題（如居民與管理員之間的矛盾），問題的成因與演變，作爲推展工作的分析依據。

(六)建構階段——確立目標大廈居民需要

1.確立居民需要：透過家訪接觸的形式討論大廈電梯問題，引起居民對居住大廈的關注，讓更多居民知道安全問題，鼓勵居民參與工作。工作員透過對大廈的觀察，以及接觸所得的資訊，以瞭解大廈的問題情況，同時以此向不同的居民求證。

2.資訊掌握：根據工作員的瞭解，居民對於大廈的設施，尤以電梯老化的情況最爲關注。工作員尋找相關社會資源過程中，發現房屋局對樓宇維修有資助的計畫讓合符大廈組織申請條件。工作員收集相關要求向居民傳達訊息，包括申請內容、條件和方法等。

3.提升居民參與組織工作的意識：工作員透過接觸的形式，讓居民知悉各居民對大廈問題的看法，增加居民對某些大廈問題（清潔問題、管理不善）的共鳴。與居民進行討論如何改善大廈問題，在討論的過程中向居民傳達需要進行的方式和鼓勵更

多居民參與工作。在討論的過程中得到居民正向回應，願意參與改善大廈工作會議，於是工作員便開始籌組推動召開關注大廈問題的居民會議，建立溝通平台。

(七)居民參與階段(一)：居民會議（3月13日至4月14日）

工作包括召開了五次居民會議、協助居民組織大廈臨時業主管理委員會、推動居民自組團體到相關政府部門與管理公司進行對話，商討居民在整座大廈進行簽名運動的詳細步驟，以及推動居民成立業主委員會。

1. 第一次居民會議（13/3）：出席人數約六十人，居民討論的問題包括：大廈需要成立維修基金；大廈電梯維修問題；希望大廈能夠儘快成立業主管理委員會。工作員在事前已收集成立管理委員會的內容和資訊，並在此會議當中向居民講解各步驟。
2. 第二次居民會議（24/3）：出席人數約五十人。主要內容為確立關注組的成立，人員的組成，以及商討成立業主委員會以監督大廈的管理問題。大廈居民主動希望工作員幫助張貼通告，讓其他未能出席的業主知道現在樓宇成立業主管理委員會進度。
3. 第三次居民會議（28/3）：第三次會議中，主要是商討約見房屋局和管理公司對話的問題，包括要求管理公司成為業主大會的召集人（法例規定未有大廈管理委員會的大廈，可由管理公司召開成立管委會的業主大會，不需要大廈業主10%以上聯名簽署，才可召開業主大會）。會議商議有關與管理公司對話時的應對辦法，包括當管理公司拒絕成為召集人，商討改善樓宇管理問題等。
4. 第四次居民會議（31/3）：第四次會議當中，與居民商討在大廈內收集簽名的行動，以避免管理公司拒絕成立召集人時，居民能夠即時收集足夠的簽名成為召集人，確保業主大會能夠順利舉行。會議亦商討之後簽名行動和約見行動面對突發情況的處理方式。

(八)居民參與階段(二)：收集簽名行動和與房屋局代表和管理公司對話（4月15至4月20日）

1. 簽名行動：於4月15、16日，發動了居民簽名行動，這段時間，由籌備工作的成員在大廈逐戶探訪發動業主簽名運動。成員的工作起著宣傳和親身示範的作用，鼓勵更多居民支持。在整個活動中，共收集了105個業主的簽名，將來若管理公司拒絕作為召集人，大廈居民亦能確保業主大會能夠順利舉行。

2. 與房屋局代表和管理公司對話：於4月17日三時與為數十五名大廈業主一同出發到青州房屋局，與房屋局代表和管理公司代表在會議桌上展開對話，大廈代表籌備工作的主席作為發言人，把大廈的問題和業主希望成立管理委員會的要求反映出來。管理公司亦在會議上承諾成為召集人和在之後與居民約見商討管理合約和改善大廈的問題。房屋局亦承諾會在之後指導居民成立業主管理委員會，亦安排管理公司之後遞交成立業主會的文件。

(九)檢討、評估和跟進階段

1. 第五次居民會議：在此會議中，居民回顧和檢討行動的成效和後續進展，在會議上成員把經過與其他成員分享，成員擔心管理公司拖延大廈居民舉行業主大會的進度，故成員決定儘快以通告形式將會議內容與大廈居民分享，包括與管理公司約見要求其履行房屋局會議當中成為召集人的承諾。

2.大廈管理委員會在工作員、義務工作者等協助，通過居民業主
大會正式成立，並選出主席及委員，介入工作正式結束。

二、第二階段的協助工作

由管委會再次向服務單位求助，協助處理收回屬於大廈公共地方
的停車位。

(一)案例背景資料[3]

TFH大廈管理委員會（以下稱管委會）召開業主大會的事工目標
已完成，經過管委會對大廈監管工作已漸入軌道。因應澳門2014年1
月1日正式實施「物業管理業務的清潔及保安僱員的最低工資」法律，
TFH管委會便就法律而產生的管理費用調升問題，召開業主大會與居
民進行票選，是否通過調整管理費的議程；另一方面，由於原大廈的
管理公司管理欠佳，對大廈維修基金沒有概念，導致大廈損壞的維修
未能進行，前年大廈組織業主管委會後才進行招標新的管理公司，對
大廈的維修費用主要是由管理公司墊支，現時大廈欠管理公司維修款
項頗多，加上大廈仍有不少的維修需要進行，管委會便期望收回大廈
公共車位，以作出租來增加維修經費，故在去年的業主大會也進行票
選。以上兩項主要的議程也已獲居民大會通過，然而，收回車位的問
題過於複雜，需要較多的考慮及策略，因此管委會再次向服務單位求
助，協助處理收回大廈公共停車位事宜。

TFH管委會成立年期較短，有很多不完善的地方，而收回車位往
往涉及不少法律訴訟，文件檔案記錄相當重要。因此需要培育管委會
建立行政管理思維，包括行政架構及分工、正式的溝通機制（意見及

---

[3]這階段的組織工作主要內容由周偉華、余世康提供。

回饋）、文書的妥善處理等。基於之前同工以協助業主成立管委會為目的，未針對培育管委會成員如何與居民溝通、如何處理大廈監察工作的行政問題等進行協助。

　　根據法律規定，召開業主大會必須要按規定的法律程序才算是合法會議，包括文件的遞交、召集書的撰寫、召集書的分發，以及文書公布的時程等。若會議出席的業主份額不足50%時，大會便要流會，需要召開第二次的會議（第二次會議只需25%的出席份額便能召開）。整個召開業主大會的程序當中亦涉及不少法律及文書撰寫的知識，非常細碎繁瑣，且容易出現混亂及錯誤。一般居民根本沒有充足的資源及知識去籌備會議，尤其是人力資源、計算份額方面的分析技術、投票紙的預備等，管委會自行召開會議及通過議程的成功率因應上述情況而受到不少限制。這階段，工作員以管委會收回車位作為介入點，協助他們瞭解情況、提供法律資料等，在過程中推動管委會完善管理架構及行政工作。

(二)工作員對管委會分析

　　以TFH大廈來說，管委會成員仍欠缺經驗，以及管理制度初步形成，並未成熟，出現較多問題，包括：

1.容易引發居民衝突：居民未理解管委會的處境、角色及功能，管委會隨時成為居民的針對及發洩對象，居民把所有的不滿投射在管委會，加上，管委會對回應居民的意見或投訴欠缺經驗，有時會因不妥當的言詞，反而激發居民不滿情緒，甚至被質疑，最壞的結果可能導致管委會成員被嚇怕、退出，甚至解散，之後更使管委會制度遭到解體。

2.管委會角色功能欠明確：管委會成員的角色功能未能形成，只作分工，但沒有妥善的交待及完成工作期限，可謂是沒有規範，管委會成員不清楚自己的角色，很多時候，管委會主席包攬了所有的工作，導致不能發揮管委們的作用。另外，主席與委員間的溝通問題，造成誤解，使主席壓力巨大，影響主席及管委成員的投入及參與。

3.管理委員會的行政制度不健全：管委會與居民之間沒有正規的溝通管道，通常都是非正式的溝通，沒有達到意見提出及回饋的機制，使管委會與居民產生疏離，影響居民對管委的認受性。另外，行政工作欠缺系統，包括不清晰的會議紀錄、正式的投票制度、財政報告、文書的存取、工作的透明度等。

故此，經初步分析後，TFH大廈的管理委員會在管理問題的知識、技術、溝通、組織有需要協助培訓成長。工作員在協助過程中需要著重於居民的溝通、疏導及調解，提升管委會的各種能力，如：文件的處理、資料公開方式、管委之間的溝通、分工及主持會議的能力，以及管委會與居民之間的溝通。

(三)啓動組織工作

當工作員初步評估後，約見求助的TFH大廈管委會，進行接案會議，以便掌握大廈最新的情況，瞭解管委的想法，從而對問題作出接案分析及評估，評估居民的需要，同時也收集新聞、法律及文獻資料進行分析，作出介入方案的訂定。

工作員藉著協助收回車位為介入點，在過程中協助居民解決衝突，加強溝通及促使居民參與，對居民進行教育，促使他們成長，提升居民的各種知識、技巧及能力，完善居民組織（大廈管理委員會）內部的分工、溝通、管理、制度及處理投訴機制。

◆事工目標

1. 協助跟進收回車位工作。
2. 協助大廈管理委員會完善內部的分工、溝通、管理、制度及處理投訴機制。

◆過程目標

1. 對居民進行教育，提升居民在大廈管理工作的知識、技巧及能力。
2. 增強居民解決問題的能力，促使他們參與，並作為主導角色。
3. 提升居民連結資源及運用資源的能力。

(四)具體工作內容

◆接案、介入期及早期──9月至10月期間

1. 社區觀察：從9月尾開始，根據服務總監及督導的信息，知悉TFH大廈的求助，工作員開始瞭解大廈狀況，除了透過觀察大廈外，亦開始從服務總監及督導瞭解大廈的問題及過去召集經驗，以掌握情況。
2. 資料收集：從9月尾介入開始，工作員便進行資料收集，包括相關法律，如《民法典》1313條至1372條有關私人樓宇組織分層所有人大會的條文，以及相關程序。
3. 與管委開接案會議：工作員在9月29日與三位管委首次接觸，進行接案會議，瞭解居民的關注話題及設定召集分層居民大會的目的，分析居民參與的動力及阻力，並且制定行動時間流程表，初步居民求改變的需要。初步討論有關大廈加收管理費問題，計畫收費從目前325元增加至407元；管委會想獲得業主

會授權，向法庭申請法院命令，解決大廈擁有而目前被不法占據的車位問題，並收取相關租費；管委會早前已透過工務局確認該一系列的車位為大廈所有；管委會計畫向大廈二十二商戶收取管理費；大廈目前面對赤字問題，尚拖欠管理公司維修費（之前更換水管及升降機時所借）；瞭解到，大廈鼠患問題，可能需要聯同民署合作滅鼠；初步確認業主會兩次召集日期為11月26日、27日或12月3日、4日內舉行，至於真正議題仍須確實。

4. 與管委加深關係：加入管委微信的群組，主動爭取協助角色，以及爭取居民信任爭取。

5. 第一次籌備會議：10月16日，工作員與管委們展開第一次籌備會議，就著召集書議程內容、大會報告事項、大廈管理費加幅問題、收繳商戶管理費、公共停車位收回管理及出租、制定大廈管理總規章制定等作討論。

6. 第二次籌備會議：10月25日，工作員與管委們展開第二次籌備會議，詳細分析由管理公司所提供的管費費明細表、大廈公共停車位情況、未來收回方式、訴訟費用的支付及車位出租金的存放，並且就管委所起草的召集書提出意見，以最後確定召集書議程及大會報告事項，另外，工作員在接觸小部份居民後，亦趁此向管委反映了大廈部份居民的意見，作為第三方進行協調工作，引導管委思考，與管委們商量完善大廈管理的工作。

7. 草擬召集書：在第一次籌備會議後，管委們負責起草大會召集書，因工作員不時提出修正案意見，整個過程共經歷三個星期，約在10月31日前確定最終版本，並且確定開會日期為12月3日、4日。

8. 徵詢法律意見：就大會召集書的內容及收回車位的法律意見，管委們除了自行聯絡律師外，工作員亦連結機構資訊，如議員

辦，提供諮詢。

9.收集居民意見：從10月18日開始，工作員開始在大廈門口協助
管委收集居民意見，就著議程內容訪問居民意見，以關心的話
題作討論，並反映給管委會知悉。

◆中期──11月至12月期間

1.呈交召集書：11月2日，工作員陪同管委主席W先生前往房屋局
呈交召集書，確定以供當局審閱。此外，工作員亦趁機對W先
生進行情緒疏導，減低其壓力及緊張感。

2.組織管委分工：11月14日，工作員與管委就著「洗樓」（每大
廈各單位接觸），寄掛號信的準備工作及開會當天的分工，與
管委們進行商量，由管委們確定人手安排及分工。

3.洗樓：11月15日，工作員協助TFH大廈管委會進行「洗樓」簽
收業主大會召集書的「洗樓」工作。因為根據《民法典》的規
定，私人樓宇召開業主大會，必須在十日前張貼及讓業主簽收
相關召集書，如找不到業主，亦需要寄掛號信讓業主知悉。在
「洗樓」前的一天，工作員也跟業主會主席W先生進行了簡短
的籌備會議。工作員強調，這次「洗樓」過程以居民主導，工
作員鼓勵居民進行組織，從旁協助。W先生向工作員簡介了他
的活動計畫內容，他一共組織了9位人員（包括管委本身），加
上工作社工3人，共12位人員。當天將分成四個小隊「洗樓」，
每小隊負責各樓層的四個單位。

4.寄掛號信：11月19日，工作員協助管委製作掛號信，一起相約
在TS社區中心進行入信封及黏貼地址工作。過程中進行一定交
流，工作員指導居民相關的文件處理技術，並指出居民日後可
自己試做，不再依賴社區中心，管委們期望工作員日後教授他
們更多相關的word文書處理技巧。

5. 聯絡義工：11月19日開始，工作員開始協調機構同事及其他義工就當天大會的人手安排及分工。

6. 召開第一次分層所有人大會及說明會：12月3日召開第一次會議，根據法律規定，出席業主份額必須超過五成，結果最終以流會告終，只有兩名居民及管委們出席，當天亦作為第二次會議前的預演。

7. 召開第二次分層所有人大會：12月4日召開第二次會議，約有七十戶居民出席，加上授權份額，共有49.52%的出席份額，合符法律25%出席份額的規定。因此成功開會，表決通過四個議程，過程非常順利，居民能夠理性地表達意見，管委亦報告了一年來的工作，回應居民問題。

◆後期——1月至4月期間（2016年）

1. 跟進議題執行：瞭解管委執行議題的情況。

2. 接觸商戶：在管委內部會議前，爭取更多信息讓居民掌握，為訴訟作充足預備。

3. 接觸管委：對個別管委進行接觸，包括主動約見及前往他們的鋪位進行討論，一共訪問了三位管委。

4. 第一次參與管委內部會議（19/02/2016）：討論了車位跟進情況、向居民發還電梯維修費及推動管委優化及建立正式行政制度（包括會議紀錄文件、投訴箱及回應方式）。

5. 第二次參與管委內部會議（05/03/2016）：討論了車位跟進情況及商鋪的反應（工作員的訪問）、討論收車位的計畫與訴訟費籌募、加強及推動管委的分工合作、完善大廈管理制度，以及討論向居民返還電梯維修費。

6. 第三次參與管委內部會議（05/03/2016）：討論了車位跟進情況及商鋪的反應（工作員第二次訪問後）、分析解決商戶與上層居民衝突的方案、交待工作員離開的信息，總結與居民的同行歷程、鞏固居民的轉變及澄清居民的觀念（參與觀、教育觀及保障觀等）。另外，就收回車位的情況作最後報告及分析，再就管委收集居民意向進行訴訟及換屆問題的問題深入討論，初步設定時間表，讓居民有目標及策略地持續為大廈居民服務繼續前行。

(五)評論

這是一個持續組織工作，工作員運用委員們的困惑協助居民召開業主大會，跟進召開業主大會的前期工作及大會議程表決後有關議程的執行情況。並協助大廈管理委員會完善內部的分工、溝通、管理、制度及處理投訴機制。

案例的第一階段組織工作，在與居民發展關係上較薄弱，工作重點以鼓勵居民成立業主管理委員會，組織過程針對成立管委會為主，對提升居民管理委員會的成員能力的工作不明顯。在工作的事工目標上這階段是達致，工作員把握了居民所擔心及關心的議題，鼓勵居民出席成立大廈管委會。在過程目標上，工作員可深入瞭解居民及成員關係，運用居民平常會議機會培育委員們的管理能力。

第二階段，工作員以提升居民在大廈管理工作的知識、技巧及能力為重點，例如：設置投訴箱、財政工作的分工問題、文件紀錄等。增強居民解決問題的能力，並作為主導角色，提升居民連結資源及運用資源的能力。

工作員能針對大廈管委會所關心的事情，再介入協助組織工作，在都市社區工作再次介作協助居民是常見的現象。由於時間上的不連貫，工作員有需要對相關大廈再次瞭解，並以居民所關心的問題作出分析。案例的第二階段，工作員參與大廈管委會的召開大廈業主大會的工作，也因此能出席管委會內部會議，當中包含協助，培育管委的管理工作的知識。

居民間的衝突在居民組織工作是常有的，工作員的調解角色非常重要，工作員運用社工的專業角色調解業主大會召開前後的居民衝突，緩解及安撫他們的情緒。這顯示出社會發展並不單是政策改變便可以成功，社區內不少工作是培育與教育，社區工作員可透過居民的不同情況，發揮各類的培育與教育功能，讓居民與社會發展配。

 案例三：多次介入的大廈組織工作推動

一、第一次工作介入[4]

(一)背景資料

WTG花園約於1992年至1993年入伙，至今約有二十年的樓齡，屬於私人樓宇，現由YH物業管理公司負責大廈的管理相關的工作，整個WTG花園共有三座，每幢高二十七層，大廈的一樓及二樓為停車場，三樓至至二十七樓為住宅，每層約有八個單位，三座合計共有六百多個單位。

工作員在初期進行社區觀察時，發現WTG花園的大廈的向街商戶多經營車輛維修、建築材料以及廢品回收等生意，使周圍的環境相關不合衛生，商戶的物品經常放置於行人路，嚴重影響居民出入，並由於這些商戶的特性，使周圍有老鼠為患，影響附近居住的居民。

---

[4]第一次介入工作，主要內容由陳麗婷、梁芝欣提供。

(二)工作員對問題的探索

　　基於上述，工作員決定進行WTG花園接觸居民，瞭解這些問題對居民的影響程度。接觸居民所得，工作員發現居民對以上的問題都抱有不太在意的態度，反而對大廈內的環境有較多不滿，對問題感到困擾。工作員發現居民對所住大廈的意見大多是由於管理公司管理不當所引致，包括：大廈的倒垃圾問題、管理員的工作態度問題（沒有巡樓、經常不知所蹤等）、大廈內的公共地方的清潔等問題，而不少居民表示曾經向管理公司反映，可惜並未得到管理公司重視，對居民的意見不了了之，而大廈內的環境每況愈下，使居民對管理公司亦日漸反感。因此，工作員希望組織大廈居民，集體向管理公司反映問題，使管理公司能夠盡其義務及責任，改善大廈內的環境。

(三)評估居民需要

　　兩位工作員認為大廈的管理階層與居民之間溝通薄弱，近九成的居民都贊成大廈成立居民關注組，關注大廈管理公司的大廈管理工作。

　　因此，工作員針對居民的需要，組織居民關注大廈事務，並透過居民與有關部門會談，向有關部門反映意見和問題，以政府的壓力迫使管理公司改善大廈環境。

(四)組織工作的動力與阻力分析

◆動力

1.工作員獲得的大廈問題是由居民直接向工作員表達，其可信度高，是居民的真正需要。同時，由於有眾多居民反映相同問題，所以可以推斷出，現正面對這些問題的並不是單一居民，而是整座大廈的居民都面對同一情景。

2.WTG花園的居民當中，有不少是福建人，其中一名工作員亦是福建人，且懂得說福建話，與福建居民建立關係上會比較容易，提高參與度。

3.有不少居民都表示曾經向管理員及管理公司投訴相關問題，但未得到重視，居民對大廈的問題及管理公司的不滿日漸累積，有助提升居民參與的動力。

4.居民有意欲去改善大廈環境，但基於沒有推動者及協調者，所以一直並沒有任何行動。工作員的介入，可誘發起居民的改善意欲。

5.大部份居民是在WTG花園剛建成時入住，約有二十年的時間，過往曾有部份居民自發地清潔公共地方（例如走廊），可見居民對大廈普遍都有一定程度的歸屬感。

◆阻力

1.由於WTG花園的居民大部份都屬於低下階層，需要輪班的工作，因此，影響及減少居民對會議的參與動機。

2.有居民表示，過往參與推動工作結果是無疾而終的經驗，影響居民對工作員信任度。

3.另外，有居民曾經多次向管理員及管理公司反映意見無效，認為管理公司最後亦不會妥協，所以對組織工作沒有興趣參與。

4.由於WTG花園共有三座，三座大廈的情況有所不同，第一座及第二座的居民對大廈內的環境可接受，所以沒有太大的動機去改善。而第三座的環境特別惡劣，居民比較不滿，所以參與的居民以第三座的居民為主要。但基於整個WTG花園是同一家管理公司作管理經營，所以難以只改變單一座的情況，因此，在推動第一座及第二座的居民參與上，可能會較難引起參與動機。

(五)推行之目的、目標

◆目的

　　針對WTG花園的問題爲工作介入點，改善大廈的居住環境。

◆目標

　　1.事工目標：
　　(1)組織居民成立大廈關注組。
　　(2)協助居民約見有關部門進行對話，反映訴求。
　　2.過程目標：
　　(1)透過解決問題的方法，提升居民與居民之間的合作關係。
　　(2)培育社區領袖，加強居民解決問題的能力。
　　(3)提升居民對大廈問題的意識。

(六)主要工作說明

◆探索

1.社區探索的過程

　　工作員在擬定WTG花園作爲是次的目標之前，工作員透過觀察中心的服務範疇的人或事、在WTG花園附近一帶進行問卷調查和接觸居民。

　　接觸大廈居民的初期，工作員以大廈外的問題爲介入點，探索居民對這問題的反應。發現居民較關注的問題是大廈的管理、衛生和治安方面。因此，工作員將所獲得的資料來綜合分析居民需要，作爲影響居民表徵問題。據這些問題，以家庭訪視方式與居民交談，深入瞭解居民對問題的看法。

2.確定及篩選居民所關注的問題，介入社區事件

經過一段時間集中於WTG花園接觸居民，工作員收集了居民對花園出現問題的意見。由於居民所反映的問題涉及多個層面和多樣化，工作員初步綜合居民的意見，篩選出對居民有較切身影響的問題，如大廈清潔公司晚上收集垃圾時間過早、後樓梯多年沒有清潔、管理員甚少巡樓等問題。這些問題居民反應是較激烈且感到不滿。

◆策動工作

1.動員居民的參與

工作員以直接接觸為主要工作手法，引起居民對大廈問題的關注。根據大廈居民的特點，工作員使用非形式化的活動如定期探訪、「同鄉情」用「福建話」與他們溝通，以此來營造親切友善的感覺。基於居民第三座居民對問題的關注度高，而大廈管理工作的合法組織團體必須由三座居民共同成立。工作員嘗試以第三座為主要組織工作對象，嘗試邀請居民參與第一次居民會議，商討大廈的問題。

2.確立共同目標

工作員主動召開大廈的居民會議，成功地結集一些居民參與。經第一、二次會議後，工作員很快地協助居民開始制定團體的目標——與管理公司會面，反映居民的訴求，改善大廈的居住情況。

基於參與人數及代表以第三座居民的為主。因此會議確立以發動第一、二座的居民共同關注花園問題為目標，期望透過各座居民表達訴求，讓管理公司接納居民的期望。

3.成立居民關注組

經過居民第一及第二次會議後，居民決定成立大廈居民關注組向管理公司表達居民的訴求。

自成立大廈的關注小組，加上按著居民的意願和團體的目標，工作員成功召集更多的居民參與組織工作，尤其在第三次的居民會議中，對象不在局限於第三座的居民，還有第一、二座的居民參與。組織的代表性增強了，參與的居民有一定的人數，對於居民組織的核心成員來說，起到鼓舞作用。

4.向管理公司表達意見

　　基於居民關注組決定向管理公司表達居民的訴求，工作員持續接觸居民鼓勵居民參與關注組的會議，收集不同座的居民意見。透過召開關注組公開的居民會議，讓居民醒覺大廈的問題和增強他們對解決問題的決心。

　　在會議中，第一、二座的居民反映的訴求與第三座的居民類同，因此，工作員很快地再協助團體訂立工作目標，包括：

(1)居民向有關部門反映其訴求，並且商討解決大廈問題方法；讓居民與管理階層建立直接的溝通渠道，以及共建解決管理方案。

(2)整合居民共同的期望，向有管理公司施壓，以求管理公司改善大廈衛生、防火安全和管理的工作進行過程，工作員的工作重點是對有潛質居民進行培訓，強調組織性及互助性，透過居民關注組的成立，讓熱心參與大廈工作的居民擁有其屬於大廈關注組的角色及責任，工作員負責與有關部門的聯繫與協調工作。

　　居民關注組順利與管理公司進行會談，會議剛開始的時候，管理公司與居民各執一詞，管理公司堅持自己管理是完善的，但居民的反應強烈且團結一致，經過一輪交談與爭論，最終管理公司答應了居民會跟進一切事情。

5.跟進情況

　　居民管理公司反映訴求後，工作員動員關注組成員持續跟進有關部門對居民的承諾，並與有關部門聯絡。

　　在大廈保安上，實質的改善工作是更換了三座大廈的密碼鎖，大

廈的其他問題沒有明顯的改善,如大廈清潔問題、消防安全問題、鼠患問題、管理員巡樓不足問題等。因此,其他問題仍有待跟進,

二、第二次工作介入[5]

(一)再次探索

今次的介入工作主要針對住戶向服務中心提出的訴求,希望協助成立大廈業主委員會,監督管理公司的服務質量。為此,工作員特意觀察大廈的管理工作,是否如戶主所言的情況。

工作員初到WTG花園,進行社區探索,包括觀察該區居民的生活情況,在附近公園及WTG花園以問卷形式接觸居民,收集居民的意見。對大廈觀察所得,大廈晚上時段管理員經常離開崗位,門戶虛掩,任由住客或非住客自由出入大廈範圍;另外,大堂攝像頭位置不當,只能拍到住客從電梯步出大堂的背面,而不是拍攝進入大廈人員的正面,一旦發生事故,查閱錄影帶,即使拍得歹徒作案後離開大廈的影像,但單憑背面根本無法辨認,對取證沒有幫助;另外,大廈外圍泊滿電單車,影響居民出入;過早收集垃圾;停車場如無掩雞籠、貫通三座、任由自由出入,存在治安隱患等種種問題。經瞭解,這些問題確實存在。

而WTG花園第一座讓工作員印象最深刻是大廈外圍滿布的電單車,幾乎成為大廈的第二度圍牆;而在外圍僅餘不多的合法電單車泊位中,卻又被六、七個大廈的垃圾桶占用,故也有居民認為大廈外圍泊電單車是迫不得已的選擇。由於WTG花園的設計仿似新馬路的建築,大廈外圍即大廈的騎樓底,屬於大廈的公共部份,不少居民相信

---

[5]這階段介入工作,主要內容由何歡顏提供。

只要管理公司或住客不投訴，交通部門甚少主動干涉和檢控，相對於停泊街上的風險更低。但理解歸理解，住客仍希望有關部門在大廈附近增設電單車泊位，減少電單車泊在大廈公共走廊，妨礙住客出入，也會帶來緊急事故逃生隱患。加上WTG花園在過去曾組織過業主關注小組關注有關問題，但後期再沒有跟進及評核管理公司的承諾，有見及此，工作員有意透過再組織居民，成立關注小組，以策動居民向有關部門反映意見及建議，促請當局將外圍的數個汽車泊位改變為電單車泊位，以滿足居民的需要。

(二)推動工作

工作員在一個月內不斷家訪，希望與居民建立關係，鼓勵他們參與居民組織活動，共同商討及表達他們的需求，訂立改變的目標，協助他們解決區內的問題。於是召開了第一次非正式居民會議，討論居民所關心的問題。

經過第一次非正式會議，工作員因應與會業主的意願，擬定以改善泊車問題作為召集會議的議題，希望組織居民進行表態及與管理公司對話。工作員準備為會議所提的意見，制定議題及與居民在下次會議論跟進方案。

第二次非正式會議出席只有三名業主，出席者在第二次非正式會議的業主們卻又提出了新的構想，希望成立大廈業主委員會，監督管理公司的服務質量。這與過往第一次介入時居民的意向相同，但參與者較第一次介入的出席人數差異較大。

第三次非正式會議有十四名居民出席，討論重點都是圍繞自身大廈的管理問題發言，未有分歧。由於居民期望成立大廈管理委員會會涉及不少法規要求，故會議邀請一名資深工作員向出席者講解有關成立大廈管理委員會的流程及服務單位對居民的支持，並表達了工作員的角色與協助工作重點，包括：協助聯繫房屋局代表向居民介紹成立業主會的相關細節、編印住戶問卷、借出場地等。

綜觀居民參與的情況，工作員經過多月與居民共同接觸大廈居民，但會議的出席人數最多只有十四名，對成立大廈管理委員會要達大廈的25%份額相差太遠，經評估後是次居民組織工作因居民參與力不足，組織工作仍停留在關注問題階段，未能成功成立大廈管理委員會。

三、第三次持續推展WTG居民組織工作[6]

(一)案例資料

在WTG花園業主向中心求助後，第三次開展組織工作。工作員以一年的時間接觸居民，深入瞭解大廈的權份情況，根據居民與工作員分享該大廈的業權份額資料顯示有564個住宅單位、59個地鋪、232個停車場車位。

(二)資料收集

工作員多次去到WTG花園，與多位業主進行接觸居民工作以取得其意見，工作員成功對72戶WTG花園的住戶進行接觸居民及訪談，就著是否贊同成立業主委員會一事的話題去收集居民的意見，表示贊同意見的有45戶（約63%）；表示中立意見的有13戶（約18%）；表示不清楚詳情的有8戶（約11%）；表示不贊同的有6戶（約8%），從數據上看來，超過半成居民都表示同意成立業主委員會，加上居民向工作員反映的大廈問題，以及考慮到WTG花園大部份都是福建人，同族性較高，在動員居民一事上，動員力較高，而居民急切想要改善生活質素的訴求較大，居民的動力大於阻力，因此工作員認為有需要介入去

---

[6]第三次持續推展WTG居民組織工作，主要內容由鄭少珠提供。

協助WTG花園的居民組織成立業主委員會。

(三)問題分析

而在與WTG居民接觸的過程中發現，居民所關心的大廈問題主要有：

1. 管理費升幅過高。
2. 大廈閘門長期打開或是管理員看到居民在門前就會爲其打開閘門。
3. 在早年，後樓梯經常發現針筒，居民擔心家人及個人的人身安全。
4. 管理員在管理處經常睡覺，甚至消失，若出現突發事情未能即時發現及提供協助。
5. 大廈電梯老舊，經常出現故障。
6. 居民質疑管理公司維修基金的去向。
7. 管理處的電器長期打開，插座容易出現負荷過大的問題，造成漏電事件。
8. 管理公司擅自在大堂安裝冷氣機、大門。
9. 清潔服務質素低下。
10. 後樓梯鋪滿灰塵，燈泡壞了沒有更換，黑暗的環境影響居民逃生。
11. 停車場地面凹凸不平，燈光照明過暗，車輛出入經常劃損。
12. 業主投訴管理公司停車場管理費收費不合理，一個車位收費兩次。
13. 管理公司擅自在停車場加裝閘門占用空間。
14. 居民想要成立業主委員會。

過往，有關大廈問題的組織工作，已有部份業主自行組織起來並就著業主會一事進行了數次會議，工作員透過居民的協助以及直接上門進行接觸居民的過程中，接觸到其中一位過往主要組織工作的成員，並且透過其關係亦陸續接觸到其他成員。在經過數次的接觸後，工作員發現：(1)該群業主的組織仍未成熟，分工較不明顯，討論的內容亦較鬆散以及沒有持續性；(2)部份業主對成立業主委員會一事持有的態度亦較不成熟及主觀性較強，似乎認為成立了業主會後，便是由業主會負責對大廈的問題作出決策。

(四)組織工作的策略

工作員計畫在協助WTG花園組織業主會的過程中，嘗試協助居民建立對於業主委員會的正確態度，包括：(1)讓居民瞭解業主委員會的功能，包括管理及監督管理公司為大廈提供的服務質素；(2)使居民明白理解業主委員會是一個讓業主和管理公司溝通的橋樑，透過業主會去向管理公司作出有效的意見反映；(3)業主委員會需要有清晰、透明的工作分工，加強業主會與居民之間合作、信任的關係。

(五)組織工作動力與阻力考慮

◆動力

1.已有部份業主自行組織的經驗。

2.大廈問題明顯。

3.居民對管理公司極不滿。

4.居民對其他組織不信任，主動要求服務中心協助。

◆阻力

1.MK團體曾介入協助工作。

2.上門求助業主背後動機不明。

3.居民向單位顯示的召開業主大會簽署表格式不符法規要求，顯示居民對法規認識不足，易影響組織工作。

4.居民對於法律及程序上的負面情緒。

5.居民對於成立業主會的迷思。

(六)是次工作員的主要工作

推展成立管理委員會事前會議七十二次，並參與推展召開七次成立管理委員會工作，基於組織工作已發展至正式召開成立大廈管理委員籌備會議需要進行業主確認工作，工作員參與兩次居民的簽署行動工作。

(七)各次的參與工作重點

1.工作員協助WTG籌委會成員進行與全大廈居民拜訪工作（以下簡稱「洗樓」），讓居民得到實際的「洗樓」經驗。

2.工作員建立居民對於管委會功能的概念，居民漸明白有關大廈事務的討論需要公開地去讓業主知道情況，有關大廈的重大事情亦應召開居民會議去進行討論、決策。

3.居民的組織工作技巧逐漸成熟，居民明白組織工作需要公開、透明，已開始招攬並持開放態度面對新業主的加入。

4.由於部份文書工作涉及法律問題，包括WTG花園的業主名冊資料、召集書內容、單位授權書的樣本等文件，由工作員負責處理。

5.與WTG籌委會成員討論並擬好召集書內容。

6.與WTG籌委會成員議定好召開居民大會的日期。

7.培育WTG籌委會成員掌握需要收集同意召開居民大會的十分一份額的業主簽名，包括簡簽及簽全名並記錄居住單位等知識。

8.提示WTG籌委會成員注意有關業主名冊過期的日期，以免造成

　　不必要的爭議。

9.培育WTG籌委會成員掌握居民工作步驟及注意事項及所需時
　間。

10.培育居民明白公開地對管理公司進行招標工作的重要性。

11.培育居民明白自管及換管理公司的優缺點。

(八)評論

　　本案例是一持續性介入推展服務的案例，這案例特別之處是任何
服務單位會出現員工替換的情況，組織工作員轉換是正常現象，服務
單位必須考慮對這現象作出準備。其次是工作員觀察所得與居民感受
不一致的情況，也表示出都市社區工作的變化，工作員需要具組織的
靈活應變，不能只依個人所見行事。另外是族群的認同性問題，同鄉
情或同語系有助推展組織工作。

　　第一次介入的導因以社區問題發現，經與居民接觸後所掌握的訊
息不同，基於一名工作員與案例不少居民是同鄉，在「同鄉情」之下
易與居民建立關係，深入瞭解大廈問題所在。但也出現不同座的居民
對參與活動的動機不足問題，從案例資料看出工作員對不同族群的融
合工作推動力不足，工作重點以培育及組織工作為主，忽略了不同族
群的融合性。

　　第二次介入工作，工作員以主導式帶領，由工作員以非正式會議
方式推動。這方式也是組織工作常用的手法，透過非正式會議瞭解居
民參與的意欲，然後再作決定。在過程上，工作員已成功鼓勵關心的
居民共同參與，但基於大廈的同族群居民人數眾多，工作員在同鄉群
的關係建立不足下，影響居民參與，也直接影響組織工作的成果。這
是組織工作常遇到的關係建立與組織持續性問題，工作員對這類問題的
結果不需要氣餒，正如案中的工作員所作的決定，終止組織工作，待居
民問題達到大多居民認同及認為必須要解決的時候再推動組織工作。

　　案例的情況，經過多年後，居民對問題不滿至白熱化時，居民的參與度明顯增強，而且工作員發揮與居民建立良好關係的作用，掌握居民的問題，針對問題所在進行破解，讓居民明白工作的意義，促成第三階段組織行動的成功。

　　在第三階段的組織工作也是基於居民的求助，工作員以協助角色介入，並成功改變居民依賴服務單位的心態，鼓勵居民自行向多個政府部門索取大廈資料，掌握實質的數據，分析問題，有助引導居民考慮行動方案。

　　工作員與居民接觸的過程初期，感覺部份居民對工作員的工作能力有所懷疑，很多資訊居民都選擇隱瞞工作員，令工作員重新檢視早期所得的訊息，並就著居民所關心的話題多作資訊收集以更加瞭解其內容，並主動關心參與者的感受，例如居民的情緒及對問題的疑惑等。透過關心及疏導工作，工作員與居民關係漸建立，順利得到居民的信任及認同，居民向向政府部門取得的資料願意與工作員分享及討論。

　　在多變的組織過程，工作員掌握了大廈的基本資料，經分析組成大廈管理委員會機會較高，維繫核心居民的關係良好，能運用居民語言能力，進行鼓勵其他族群共同參與大廈組織工作，並對大廈出現的問題建立快速決策及即時回應的渠道。

　　是次居民組織工作，成功協助WTG花園居民在2016年5月21日成立大廈籌備委員會及選出委員，其後大廈推選出主席及委員正式成立大廈管理委員會，合法地監察或更換大廈管理公司等工作。這階段的組織工作，能達致事工目標的成立大廈管理委員會目的，並在組織過程中達致培育的目的。

 案例四：原區安置問題——社區調查

一、基本資料[7]

澳門WHV新邨位於北區，由澳葡政府於1988年興建，直至組織工作時共有二十年的樓齡。澳門政府於2006年公布WHV新邨第一期於同年動工的事宜，政府計畫於2008年年頭便能搬進新樓，但工程一拖再拖，一改再改樓宇設計，由原來的五十四層改至四十五層，後改至三十三層的計畫，在推動居民組織時，工程正在施工，居民對重建安排十分關注。

服務單位於2006年已成立了一個居民關注小組，當時正值房屋局公布WHV新邨第一期的重建計畫事宜，因此，服務單位以此作為介入點，進行了一連串的行動，如：居民大會、問卷調查及拜會政府相關部門等等，政府相關部門其後亦有派員到WHV進行解釋會，但後來由於WHV新邨地盤施工緩慢，導致居民的關注程度慢慢減退，加上服務單位人力上的調動，導致關注小組處於真空期。而時至今日，WHV地盤正式施工，因此再度勾起了區內居民的關注，因此，工作員以此作為介入點進行跟進。而由於機構方面建議，希望尋求一些新的關注小組成員，因此工作員亦透過居民接觸的形式組織新的居民加入，於其後再將新舊兩個小組融合。

以現時地盤的施工進度來看，距離落成還有一段時間，因此跟進這個重建問題是必須透過持續維持的，需要推動居民去主動關注，工

---

[7]案例主要內容由陳雅玲、岑麗嬌提供。

作員針對此問題，透過居民接觸進行瞭解，及訂定計畫，喚起居民關注及討論，然後使居民團結起來並思考此問題，向相關政府部門反映意見，使居民得以安居樂業。

　　根據2007年10月MO日報報章指出，WHV新邨第一期重建提供588個單位，其中，提供的一房一廳單位為308個；兩房一廳單位為196個；三房一廳單位為84個，而根據WT報2006年的資料顯示，WHV新邨現時有650個單位，當時的住戶共有582個[8]，而以這個數字來看，有關方面對新單位的安排只是僅僅足夠安置而已，此外，三房一廳的單位只有84個，數量相對少，再者是次重建計畫沒有提供四房一廳的單位，而現時WHV新邨仍有一部份住戶是居住在四房一廳的單位。從上述的資料工作員對居民所關心的問題歸納為：

1.居民主要關注為安置問題。

2.重建規劃的單位數量不足重置數目。

3.搬遷後的裝修問題。

4.重建時的環境衛生問題。

5.清拆時引致治安問題。

　　從上述歸納資料再作深度分析，居民還可能面對搬遷後的裝修問題、重建時的環境衛生問題、清拆時引致治安問題，沒有重建安置問題迫切。在眾多問題中，工作員選取了重建安置問題作為是次組織工作的目標，瞭解居民對安置要求的期望。

　　工作員以原區安置為主題組織居民參與爭取工作，主要工作重點為理性收集居民對安置的期望。透過組織一班熱心的居民作進行原區安置要求問卷調查，統計WHV新邨的居住情況及單位數要求，得出之有關結果向相關部門作出反應，讓其儘快作出原區安置的安排。

---

[8]新聞〈55層WHV新邨今秋動工〉，日期2006-07，來源：WT報。

二、組織工作的動力與阻力分析

(一)動力

 1.已有一群居民關注原區安置問題。

 2.WHV新邨的區民對於重建問題關注程度高。

 3.居住乃是居民最貼身的問題，因此很容易就能引發起居民的關
  注。

(二)阻力

 1.由於這個話題已由2006年拖拉至今，由於沒有特別成效，因此
  有部份居民慢慢地失去信心。

 2.居民認為向有關部門反映原區安排時間太早。

 3.WHV新邨是政府房屋，屋住者大多是勞動階層，被動性高。

  從動力與阻力分析看出，阻力大多來自認知問題，若工作員作出適當的激發力，阻力的居民較易轉為參與力。針對居民的能力，工作員設定下述目標。

三、目標

(一)工作目標

 1.提升居民對WHV新邨重建問題的關注程度。

 2.協助居民向有關當局提出安置安排建議方案。

(二)過程目標

　　1.激發居民參與。

　　2.建立客觀、理性爭取要求的觀念。

四、主要工作內容重點

(一)探索

　　在此階段，主要為認識社區、融入社區、與居民建立關係及組織熱心的居民成立關注小組。當中的工作包括：收集與社區相關的資料，如：公共房屋有關的法例、WHV重建有關的新聞。以家訪方式發掘關注這問題的居民，鼓勵他們參與關注工作會議，討論如何向房屋局表達他們的訴求。

(二)組織

　　工作員主動召開居民大會，吸引居民對安置問題的關注，讓居民有表達意見的機會。工作員在居民大會，認識了一班熱心的舊關注小組成員，而工作員亦將家訪所吸納的一群熱心參與的居民，將新舊兩群體結合。以居民關注組會議提升組員之間的熟悉感，加強居民小組的凝聚力。在多次關注組會議後決定以社區調查收集居民對安置的期望。

　　在問卷設計及分析工作主要由工作員負責，依會議訂立問卷調查內容，然後由居民負責發送及收回。問卷調查的結果於居民大會中向WHV新邨的居民發布。有關資料會直接由關注組代表向政府相關部門負責的同事表達居民訴求。

(三)行動

在這個時期的工作，計畫主要集中在與政府相關部門會面的事宜，早期居民是希望透過邀請房屋局到WHV進行解釋會，後來由於政府相關部門以時機未成熟為由拒絕參與，因此工作員再次與其聯絡後，得出有關人士回應居民可前往拜訪及反映問題，因此在小組會議中，激勵居民的參與，訂定是次面談的目標及反映之問題大綱，並且建立居民目標的一致性，且進行分工。當中的工作包括：與組員商討信件內容、去信政府相關部門、跟進及聯絡政府相關部門。基於行動會有多種可能變化，需要召開小組會議討論，訂定政府相關部門不接受拜訪的策略。

對於整個問卷調查推展的過程簡介如下表：

時期	日期	工作項目	目的	方向
探索期	01/03/08 – 20/03/08	家訪居民	瞭解區內情況及關注問題	進行資料分析
	20/03/08 – 28/03/08	分析家訪訪談資料	訂定工作方向	居民主要擔心問題為原區安置及單位間隔大小問題
	28/03/08	與受過家訪之居民進行居民會議	引起居民討論有關原區安置及單位間隔大小問題，並組織居民以行動去關注問題及招攬關注小組班底	居民同意進行WHV新邨問卷調查以瞭解區內居住人口的情況，以及有六名居民答應協助做問卷
	28/03/08 – 03/04/08	家訪上次會議上有意參與關注社區的居民及有疑問的居民	聯繫居民及提升居民對重建問題的關注	組織居民進行會議及問卷調查
	03/04/08	基本關注小組組員之會議	與組員仔細討論做問卷的細節	制訂問卷
	10/04/08	關注小組組員之會議	·建立關注小組的名稱 ·凝聚組員 ·修改問卷	分配及上門派發及收取問卷的工作及時間

時期	日期	工作項目	目的	方向
探索期	15/04/08	關注小組組員之會議	・商討約見政府相關部門之事宜 ・上樓派發問卷（增加組員參與）	
	16/4/08	上樓派發問卷	增加組員參與	
	18/4/08–19/04/08	上樓收取問卷（組員＋工作社工＋義工）	收取及核對居民所填之問卷	
	19/04/08 –24/04/08	整理資料及作分析	・統計WHV新邨住戶數目及居住間隔之狀況及數據 ・瞭解社區問題（居民關注之問題）之重點	舉行居民大會將資料發布及提升WHV居民對問題的瞭解
	22/04/08	關注小組會議	入信政府相關部門邀請局長／代表到中心與居民會面	在居民會時集合居民所關注的問題
	25/04/08	居民大會	・向居民發布問卷調查的結果 ・招攬積極居民加入關注小組	商討如何面見房屋局
組織期	26/04/08 –08/05/08	家訪關注小組居民及跟進與房屋局會面之事宜	瞭解居民大會之後的意見	聯絡舊居民小組的居民
	08/05/08	舊居民小組及新重建安置關注小組會議	・新舊組合併以擴大及鞏固關注重建問題小組 ・釐定小組工作方向 ・商討若政府相關部門拒絕與居民會面時的策略	・整合資料及數據 ・與上級商討方案
	09/05/08		收到政府相關部門的回覆公函：拒絕與居民會面	準備資料，利用傳播媒體
	12/05/08	工作員致電跟進房屋局	・瞭解其不安排職員出席講解會的原因 ・政府相關部門回應可以再去信約見面談時間	希望房屋局安排面談時間

261

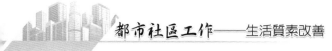

時期	日期	工作項目	目的	方向
行動期	15/05/08	關注小組會議	・商討若政府相關部門不允許面談時的應變策略 ・商討再次去信政府相關部門事宜	鼓勵居民不要放棄並思考另外的方法
	17/05/08	關注小組會議	・商討信件內容 ・是此與政府相關部門面談的目的 ・出席面談的組員名單	圍繞再次拜訪房屋局的準備工作
	19/05/08	・早上：房屋局回覆接受居民的拜訪要求 ・晚上：關注小組會議	・草擬問題內容大綱給組員代表及傳真致政府相關部門 ・組員代表之分工	・訂定問題內容之統一性 ・為明日面談作準備
	20/05/08	與房屋局會面	・反映問卷調查結果 ・居民之意見及問題反映	圍繞問卷調查結果與之作討論
	24/05/08	關注小組會議	・組員代表向其他沒有出席之組員講述該天的情況以及政府相關部門之回應 ・工作員向組員道別及與中心職員進行工作上的交接	・評估是次社區組織是否達成目標 ・向組員報告有關面談的訊息 ・鼓勵組員繼續努力

五、評論

　　居住問題一直受到社會大眾關注，尤以直接受重建影響的人士，對居住單位的安置問題、分配是否合理或有足夠的單位作安置、賠償問題等較為關心。工作員若能把握機會，以這類議題激發居民參與，往往較易成功。但是協助居民爭取權益必須是理性、合理要求是基本原則。是次案例，工作員以居民所關心的安置問題，動員居民深入瞭解安置需求的調查，讓管理當局能瞭解居民需要，作合適的配對計畫與安排。

　　案例發揮了居民參與的功能，工作員掌握居民對安置的關心及無奈心態，以居民住屋需求調查作爲組織居民的啓動點，建立居民「我能感」，進而推動居民理性向相關部門表達意見，以全面性調查收集及整理資料，讓政府瞭解重建工作時須考慮居民的實際需要情況。

　　是次的組織工作包含新成員與舊有關注組成員共同推展調查工作，在共同目標的建立與成員關係發展非常重要，工作員能融合新舊群體的關係，主要運用了會議的表達功能及參與的功能，給予參與者互動平台機會。前者讓各參加者表達其對事件的看法與立場，後者是在調查的參與發揮了互相合作，派發問卷及回收問卷的行動，增強參與者的互動及聯繫。

　　本案例主要特性是發揮了政府與民間橋樑的作用，政府部門往往受其職權及員工工作安排，未能即時瞭解居民的需要。工作員運用社區工作的特色組織居民，由居民自行收集居民意見，根據客觀的資料向政府表達訴求，有利政府瞭解及根據民情推動社會發展，減輕因發展帶來對居民的影響。

 ## 案例五：同地段分座推展工作——大廈維修

一、案例背景[9]

　　這案例是工作員在社區探索時，發現UWH大廈第三座大廈大門鐵

---

8 案例主要內容由余佐明、莊梅芬提供。

閘日久失修，對居民及行人出入造成危險，遂主動瞭解居民對問題的意見。

　　UWH大廈在發展地段上爲三座，各座有獨立樓梯與出入大門，設計上三座沒有共同的大廈平台，形成三座是獨立個體。但法規上，各座若要成立大廈管理委員會改善大廈質素，必須三座業主共同組成。爲了解決各座居民面對的大廈問題，工作員嘗試以單幢式推展組織工作，改善大廈大門維修工作，保障居民安全。

　　UWH大廈第三座是舊式私人業權的唐樓，樓齡二十三年，未符合澳門政府所提供的「低層樓宇維修資助計畫」改善大廈質素。第三座樓高五層，整座共有21戶住宅。大廈內的住戶包括：業主、租客及員工宿舍。大廈正面對大廈大門鐵閘日久失修問題及大廈門口的環境衛生問題。

二、問題探索

　　工作員經深入的觀察及直接接觸居民，發現UWH大廈第三座出現大廈鐵閘日久失修的問題及UWH大廈門口的環境衛生問題，對居民的居住安全造成一定影響。工作員決定在UWH大廈深入瞭解居民的需要，協助居民解決此問題，從而提升居民參與大廈事務的動力。

三、問題分析

　　工作員透過接觸居民的形式，除了可與居民建立關係外，也可以瞭解到居民對大廈及社區問題的需要，由家訪方式得知現居住在UWH大廈的業主，占大廈總戶數71%。根據與居民接觸資料顯示，業主與租客比例：業主71%（15戶），租客29%（6戶）。住戶關注大廈內的主要問題包括：

1.環境衛生問題：61%。

2.治安問題：43%。

3.安全問題：62%。

4.居民表示願意維修或更換大廈鐵閘問題：71%。

(一)組織工作的動力與阻力分析

　　根據居民表示願意維修或更換大廈鐵閘問題，工作員進行組織工作的動力與阻力分析。

◆動力

1.因大廈大閘不能使用會導致出現偷竊、打劫等治安問題。

2.同時亦因大閘未能使用而出現牆壁被畫、雜物堆積、流浪漢到處便溺而出現的環境衛生問題。

3.有部份熱心參與大廈事務的居民（如N先生、N小姐、L小姐），他們分別是退休人士及全職的家庭主婦，有充裕的時間，較願意關心大廈事務。

4.由於居民的鄰舍關係良好，在召開會議及組織行動時，群組互動起著很大的推動作用。

◆阻力

1.大廈住戶的業主與租客比例為15:6，然而租客大多為勞工及新移民，對大廈問題漠不關心。故此，推動他們聯絡出租單位的業主較困難。因此會阻礙居民的行動，較難令居民組織起來。

2.大廈由於未能參與低層樓宇維修資助計畫，即要住戶自行支付維修鐵閘費用。

3.大廈內有三個單位是屬於物業管理有限公司，作為員工宿舍，他們不一定會同意支付維修大廈之鐵閘費用。

(二)其他問題

1. 工作目的。
2. 協助更換大廈鐵閘的問題。
3. 協助居民向民署反映大廈門口環境衛生及安全問題。
4. 提高居民關注樓宇保養的意識及解決大廈問題的能力。

四、組織工作各期推展陳述

(一)探索期

1. 社區觀察：工作員除了透過社區觀察發現大廈問題外，亦瞭解大廈問題對居民的影響程度，以便在接觸居民期間有更多的話題與居民討論。
2. 接觸大廈居民：工作員透過家訪形式，與居民建立關係，並瞭解居民對大廈及社區問題的需要，尋找一些工作員未能察覺到的問題（如大廈門口環境衛生問題、商鋪造成的噪音問題）。
3. 關注問題發展所涉及的人士，以便工作員對大廈問題作出分析及介入。另外透過接觸居民瞭解大廈居民的動力及阻力。
4. 資料收集：根據工作員的統計及分析，居民對於大廈鐵閘日久失修甚為關注。有見及此，工作員針對這個問題，尋找一些社會上的資源，如房屋局的低層樓宇維修資助計畫等資料。

(二)組織期

1. 組織居民：工作員在多次接觸居民的過程中，發現大廈內有多位居民對大廈事務較為熱心，因此，工作員主動在大廈內發出召開會議通告，進行居民會議，共同討論大廈問題，試圖尋找共同的解決目標，改善大廈的居住環境。

2.會議：在第一次會議中，有十三位居民出席。在會中出席者均表達對大廈問題，如大廈衛生問題、大廈居住安全問題、大廈鐵閘日久失修，導致癮君子隨意進入大廈吸毒、陌生人破壞大廈公共場所等。有六成七的大廈居較爲關注大廈鐵閘日久失修問題，以致引申其他大廈居住安全問題。有六成一的居民表示大廈門口對出的紙皮回收商，經常放置大量回收物品於大廈對出之行人道，導致出現大量老鼠及蟑螂，出現衛生問題。同時因囤積大量紙皮，造成居民出入的危險。與會者同意爲大廈大閘進行維修，並共同推出N先生爲代表，查詢更換該鐵閘價錢。

除鐵閘問題外，居民表示對於大廈周邊的紙皮商鋪造成該大廈門口的環境衛生問題，要向民署反映。

在第二次會議中，工作員推動居民分享他們查詢更換鐵閘價錢的資料，負責收集更換大廈鐵閘資料的居民講述，關於更換大廈鐵閘報價的資料，他們分別找五間不同的製造鐵閘的公司，取得關於更換大廈鐵閘的報價資料。關於大廈更換鐵閘所選擇的商鋪，居民最後選擇了一間最便宜的不鏽鋼「SH」工程公司，每戶計畫收取「一千元」，當完成工程後把餘下的款項平均退還給各戶，居民推選出N先生及L先生負責收錢。由於得到居民的協助，收款方面最後只剩下「EF物業管理公司」的兩個租用給員工使用的宿舍還未得到回覆。另一方面，在大廈門口環境衛生及安全問題上，居民一致要求向民政總署遞信要求跟進這些紙皮回收鋪頭。

會議，工作員建議居民訂立初步解決方案：(1)關於未回覆的「EF物業管理公司」，工作員會協助居民一同親自到「EF」物業管理公司瞭解及遊說業主集資；(2)由N先生及L先生負責收錢，聘請「不鏽鋼工程公司更換鐵閘」；(3)關於大廈門口環境衛生問題，由於居民要求遞信給政府相關部門，要求相關部門派人瞭解大廈門口環境衛生問題並處理。工作員建議居民草擬簽名同意書的內容，並鼓勵居民推動未出席會議的居民簽署同意書。

在第三次會議中，工作員與居民瞭解21戶業主收集款項「更換鐵閘」的情況，據負責收取款項的居民表示，到目前為止已收取了19戶業主的款項，尚欠兩戶5C、5D是屬「EF物業管理公司」。居民表示他們在上星期分別四次拜訪筷子基「EF物業管理公司」的負責人，最後終於說服「EF物業管理公司」之負責人支持UWH大廈門口鐵閘更換工作，並同意承擔5C、5D單位的費用。

另外，關於「向政府相關部門遞信反映大廈環境衛生問題」，住戶L小姐表示收集居民的簽名「關於遞信相關部門要求檢控商鋪」已超過半數，對於居民提出希望工作員能夠作出協助，工作員表示可以協助居民上門收集簽署，住戶C先生詢問在工作員的協助下一同到相關部門遞信可以出席的人數，有四個居民表示能一同遞信，遞信時間暫定在11月30日，工作員會協助居民完成遞交的程序。

在第四次會議中，參加會議的居民人數眾多，所有住戶鐵閘的更換工程能完成，感到非常高興。大廈鐵閘採用不鏽鋼材料製成，居民用磁石對鐵閘進行驗貨，對不鏽鋼鐵閘的質量與設計感到非常滿意。工作員向所有住戶派發信箱及鐵閘鎖匙時，住戶們熱烈議論紛紛，不斷向工作員說謝謝。為了感謝工作員對他們的協助，所有出席的住戶表示要在大廈天台上為工作員舉行致謝會。

(三)行動

◆協助居民收集款項

收集款項更換大廈鐵閘的過程較為困難的，是要協助居民尋找大廈租戶的真正業主，並說服其不願意支付款項的業主付款，這段時間，在工作員的陪同下，組織的居民向仍未交維修費用的業主逐戶敲門收集鐵閘費用，第一日的集資行動因著居民之間的相互幫助，聯絡租戶的真正業主而收集了大部份的鐵閘費用，最後只剩下「EF物業管理公司」租給員工作為宿舍的5C及5D單位，經過居民五次對此公司的拜訪，終於說服了EF物業管理公司。最後收錢行動是完滿，百分之一百完成。

◆向政府相關部門遞信反映大廈環境衛生問題

關於「向政府相關部門遞信反映大廈環境衛生問題」，居民收集簽名戶數過半，在居民會議有四名住戶表示可一同前往將信件遞交相關部門，並要求工作員陪同前往遞交，遞信時間在11月30日完成。

五、評論

早年建成的大廈大多是低層發展，興建計畫各有特色，工作員必須依法規為需要人士找出解決問題的方法。是次案例工作員根據大廈居民的習性及需要，發動組織工作。工作員依大廈法規的限制下，組織居民以單幢式，推展保障居民安全的大廈維修工程。

工作員根據分析結果以主動召開會議的方法，召集大廈居民對問題的關注進行討論，由於居民參與度高，且住戶人數少，工作員透過會議發揮居民間的凝聚力，讓居民自行決定如何改善大廈質素。

案中居民決定維修大廈鐵閘，但擔心無法收取員工宿舍單位的維修費用。在此問題上，工作員運用機構資源，以第三方及機構的影響力，介入協助居民向以公司名義擁有的業權的單位收取維修費用。解決收費問題，達致工作目的，但未能發揮培育居民解決問題的能力。反之，機構介入收費的角色，易培養居民對服務中心的依賴，值得注意。

案例六：同地段分座推展工作——大廈安全

一、案例背景[10]

UWH大廈第一座為三座舊式唐樓組成，過往第三座居民成功為大廈鐵閘進行維修。因此，工作員針對大廈情況，嘗試以參照方式激發居民參與改善大廈安全工作。

第一座與第三座相似，同樣全棟大廈樓高五層，整座共有21戶住宅，事前工作員也作了整棟大廈的觀察：大廈缺乏安全性的大閘，出入口牆身石屎剝落以及大廈天台門鎖沒有上鎖等等。過往居民曾經嘗試組織居民維修大閘，可惜無功而返。

二、工作員對大廈問題的探索

工作員於9月下旬向全棟大廈居民作詢問工作。最終，成功接觸17戶居民，工作員接觸居民所得的資料顯示，17戶的居民全部的第一意願都是維修大閘，其次為大廈公共地方的牆身石屎剝落問題及照明不足。

三、組織工作目的

改善大廈安全問題，其包括大廈閘門維修、牆身翻新及安裝出入

10案例主要內容由黎曉霖、譚嘉瑜提供。本案例與案例五是同屬一地段，因此工作員以參照式激發居民改善大廈公共地方環境的動力。

口的照明裝置。

四、組織工作簡述

(一)探索

　　瞭解到UWH大廈其餘兩座已完成大廈閘門修建工作。另外透過在大廈領域用觀察及親自現場的觀察方法，瞭解居民的生活及居住情況。當確立目標後，便與居民建立關係及探討困擾居民的社區問題。最後，得出居民有意修建大廈閘門及居住環境，故協助居民處理此問題作為介入是次服務的工作方向。

(二)策動

　　工作員以二人一組的洗樓方式進行逐戶接觸居民的調查工作，並從面談中發現居民對於大廈閘門修建有非常高的意欲，於是工作員從中尋找活躍居民。方便日後可以從活躍中瞭解大廈的最新近況及其他居民的資訊。

(三)鞏固

　　主動召開居民會議，創立互動平台，透過開放式的提問技巧，讓居民在會議中各自表達對問題的意見，工作員在會議前後，透過電話聯絡及接觸居民邀約各居民出席會議，並在會議中推動及協助居民商議解決方案。

五、組織工作會議概要

(一)第一次會議

開會日期：2013年10月12日

時間：晚上9時至10時

地點：UWH大廈第一座門口

開會目的：(1)商議大廈閘門維修前情況；(2)瞭解大廈閘門報價進展

出席人數：13戶

會議內容概要：居民們的一致通過，決定更換大廈大閘之方案。並決定：

    1.同意翻新大廈公共地方的牆身。

    2.裝置大廈門口燈。

    3.跟隨第二座修建大廈閘門的工程公司與報價。

    4.同意單位居民L先生負責裝置大廈門口燈。

    5.收集費用由本來一直為大廈收樓梯燈費的S小姐負責。

    6.開戶口、定日子開會、收集資金之確實金額等，則待大廈居民詢問及報價後才決定。

(二)第二次會議

開會日期：2013年10月24日

時間：晚上9時至10時

地點：UWH大廈第一座門口

開會目的：(1)討論工程價錢（事前已張貼於大廈出入口）是否符合大廈居民要求並決定工程公司；(2)討論工程的費用收集之確實時間

出席人數／單位：出席13戶當中有3戶是新參與者

會議內容概要：工作員講及報價單內容後，由其他住戶補充報價內容。此時，住戶紛紛討論，其中一個討論議題是大閘不加設密碼鎖。因有住戶反映，第二座的居民對大閘不加設密碼鎖分享經驗，及後居民決議大閘不加設密碼鎖。會議決定，包括：

1. 一致通過由該住戶承包工程，包括：大廈閘門（不包含密碼鎖），整座UWH大廈的牆身翻新，大廈出入口之電燈等。
2. 會議同意每戶支付一千元澳門幣作爲工程費。居民相信沒有太大困難會收不到錢。若收不到錢後，再開會決定。
3. 在會上收集維修費，並記錄。共有13戶交付費用，餘下9戶，交給收樓梯燈費的S小姐。

　　激發點的出現，在第一次居民大會後的第二天，有道友在UWH大廈內的樓梯躺著不動，使大廈的居民驚慌，他們透過電話的聯繫、拍門通知其他居民，並由熱心住戶報警。這事情促使居民對修建大閘的工作重視，更驅動居民的互動。

六、工作員工作手法自我分析

(一)適當提醒會議進行（用過往工作員的自我經驗）

　　工作員曾參與早前UWH大廈第二座會議之旁聽角色，明白會議期間會有不同的聲音出現，而參加者有時會不停討論其話題，令原本討論的主體問題變得無影無蹤，而自己則會興致勃勃地繼續討論下去。工作員從上次的經驗中明白此道理後，會對太長時間之討論進行適當的話題轉移，令整個話題重回本來討論的主體問題上。

(二)適當的沉默

雖然不停的討論的確會令進度較慢，也可在有限的時間內，工作員作適當的沉默，聆聽各居民的討論，讓他們作小小的討論，以免他們感覺自己連丁點的討論也得不到允許而反感。另一方面，當場面氣氛太過熾熱，大家都不停地討論時，工作員也可作適時的沉默，令有些居民覺察，從而要其他居民重回議題上。

(三)顧及沉默者的意見，每次的意見後均向其作詢問

是次會議上，工作人員有兩名，分配一名為發言之主導人，另一名則為觀察、筆錄及顧及沉默者之角色。在會議上，總有一些與會者較為沉默，他們未必沒有想法而作沉默，有時可能基於其性格及當時的情況（很多人在你一言，我一語時），所以就不大作聲。此時另一名工作員就要充分做好此角色之工作，聆聽整個會議事情之發展，並及時詢問他們的意見，令他們不感自己不在其中，自己也是在參與會議中。工作員要顧及每個人之意見，所以要令每個人的意見都要得以發表出來，即使最後全體居民未必贊成其意見，但也要做好保障每個住戶均有發言權的角色，尊重好每位居民的意見表達。

(四)適時地做回領導者之角色

作為發言之主導人的工作員角色，要適當讓參加會議者作討論，但一些整合、總結的工作，工作員就要在這時做好領導者之角色，為居民作整件事件的結論及整合等等，只有好好地擔任此角色，才不會令整個會議發展變得散亂及無組織性地閒談下去。在會議中擔任領導者之角色，也會間接建立自己的值得信任之形象角色，令居民會更信任工作員的能力，放心讓工作員繼續組織下次會議的開展。

(五)不作無謂的責任承擔

此句子是因爲基於工作員在此事件中必須爲公正之角色，所以所有在組織工作內的金錢保管及收集，工作員是不能干涉及進行承擔之工作，避免日後利益上之衝突。

(六)讓居民做回領導者之角色

第一次會議作爲發言之主導人的工作員角色，要適當讓參加會議者作討論，但一些整合、總結的工作，工作員就要在這時做好領導者之角色，爲居民作整件事件的結論及整合等等，只有好好地擔任此角色，才不會令整個會議發展變得散亂及無組織性地閒談下去。但第二次的會議，居民開始有能力主導會議，因此，工作員將主導權交回居民，工作員是做一個整合居民意見的角色，讓居民開始爲自己充權。

(七)工作員成就感

工作員在是次的組織工作期間，由接觸居民到協助居民完成整個更換大廈閘門都充滿成功感。

七、評論

本案例其特性是大廈共三座，各有其獨有的大廈門口，形成大廈居民之間的見面及互動機會降低，居民關注的問題以自身大廈問題爲主，推動大廈組織的進程需要瞭解其組織的合法性及居民主要關注的問題。另外，依地緣關係工作員運用鄰座的經驗，建立居民對決問題的信心，讓舊區同類型樓群改善居住環境的依據，使社會發展有序地進行。

次的組織工作表徵是協助居民解決大廈治安問題，更深層次是聯繫居民的關係，使他們能互相幫助。工作員介入，成功協助他們處理大廈的治安、維修的問題，而且在開會報價及集資的過程中，令居民的互動增加，有更多的話題讓居民一起討論，由平日閒談一、兩句到有共同話題需要去討論改善，從案例中可看出居民的關係及對大廈的歸屬有明顯的提升。

工作員由接觸居民到召開居民大會，到居民集資改善大廈的安全，看出出席者對大廈的關心，對收款能力的信心，看出居民的主動性。從工作員自我分析環節瞭解工作員在組織工作過程中經常自我反思，思考工作員的行為對居民的影響與反應。這思維對社區工作者而言是必須，推動組織工作需要作出靈活應變，工作員在資訊不足或時間急促下，往往可能出現錯誤的決策。自我反思，是工作員成長的主要歷程，案例工作員的自我反思分析可作為大家的參照。

 ## 案例七：大廈清潔問題

一、背景資料[11]

服務單位收到WCH大廈47/48座W先生的求助，希望中心協助處理部份住戶未有繳交大廈樓梯的電燈費用問題。

大廈公共地方的供電，一向都是由W先生的家裡接駁出去，每月需要每戶交付10元給W先生。但事隔至少有半年的時間，仍有業主未有繳交費用，再加上之前服務單位曾經有幫助居民處理大廈問題，因此W先生希望單位同事幫忙處理有關收費的問題。

---

[11]案例主要內容由吳惠娟、施偉強提供。

另外，部份業主欠大廈清潔費問題，由居民代表告知沒有繳交樓梯燈費的業主，不但沒有繳交電燈費，而且沒有交樓梯的清潔費。由於沒有聘用管理公司處理大廈清潔及安全問題，W先生是大廈的主動及熱心居民，過往他與部分大廈業主共同處理改善大廈生活質素工作，有可能透過他動員及激發其他居民共同解決此問題，因此服務單位決定介入協助。

二、工作員對問題探索

WCH大廈建於1981年，樓齡三十三年，由私人建築商興建，大廈共有四座，每一座樓高五層，每層有兩條樓梯二十個單位。工作員在WCH大廈47/48號觀察期間，發現大廈的衛生環境惡劣，在與居民訪談中得知，此座每星期都有清潔阿姨到這裡收集垃圾及清潔大廈樓梯。由於清潔阿姨未能收齊所有住居的清潔費，已決定不為這座大廈收集垃圾及清潔大廈樓梯，因而產生大廈環境衛生問題。

除此之外，WCH大廈一直是沒有業主委員會管理會管理大廈的問題與環境，經家訪，得知有部份居民習慣了「各家自掃門前雪」，以致大廈內的問題長期被積壓，直接影響到居民生活，最終業主尋求工作員幫忙的原因。

工作員在WCH大廈47/48號進行家訪工作過程中，不少居民向工作員表達希望能解決大廈問題和改善環境的意願，有些居民更表示希望成立大廈業主委員會，方便處理一些繳交費用的問題，甚至可以向政府相關部門申請有關的維修資助計畫幫助他們。

三、問題歸納

1. 樓梯燈收費問題：大廈的樓梯燈的供電情況，一向都是由四樓的C家裡的電箱駁線運作，因而大廈的業主定期繳交樓梯燈費給W先生。但是，近這幾個月，甚至更久的時間，有數個單位沒有繳交費用給W先生，可能是導致大廈公共地方部份沒有照明。

2. 清潔問題，由於大廈清潔費已相當低，當有部份業主不支付費用，直接影響清潔者的收入，大廈會面對缺乏清潔人手而造成環境衛生問題。

3. 治安問題：大廈的閘門經常鎖不上，有居民反映，經常會看到一些不是本大廈的居民進內流連，擔心會造成大廈的治安問題。

上述情況，樓梯燈收費及清潔問題可歸納為同一收費問題，亦是居民較為關心的問題，工作員嘗試以這兩問題展開居民組織工作。

四、居民參與的動力與阻力分析

(一)動力

1. 有部份熱心居民（如C小姐、W先生、W小姐），願意與工作員聯絡，關心大廈事務，而且樂於參與為大眾居民服務。

2. 居民的鄰舍關係良好，在召開會議及組織行動時，起著很大的推動作用。

3. 住戶有著共同的話題，希望改善居住環境。所以會較容易推動居民，組織他們共同解決問題。

(二)阻力

1. 過往部份住戶繳交電費和清潔費經常出現的問題，未能自動自覺呈交大廈公共地方供電費用和清潔給負責的人士，令他們精神受到困擾。不交費用沒有任何監管與壓力，不處理問題對他們而言是獲益者。
2. 居民對本身處理問題能力缺乏信心，他們雖然知道問題確實存在，但擔心自己未能代表其他居民，解決問題。

五、期望活動能達致的目的

1. 藉著改善居民的居民環境為介入點，協助居民解決大廈問題。
2. 組織居民成立大廈關注組。
3. 提升居民改善大廈環境的能力。

六、組織工作推展陳述

初接觸WCH大廈的時候，主要以解決收取樓梯燈的費用問題，在瞭解過程並發現清潔阿姨不會為大廈繼續服務。因此工作員需要與大廈居民商討如何處理大廈的衛生問題，包括聘請清潔員以及清潔收費問題。透過清潔收費問題，共同處理樓梯燈收費問題。工作員決定以召開居民會議的平台，讓有關心大廈問題的居民表達意見及瞭解居民的參與動力。

在這階段工作員透過與居民的接觸和會議，觀察瞭解參與居民的特性，從中發掘有潛能的人選，希望加以推動，成為關注組的領袖。

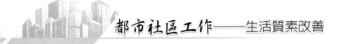

<table>
<tr><td colspan="2" align="center">第一次居民會議</td></tr>
</table>

時間：2014年1月25日
地點：WCH大廈地下
會議目的：1.讓居民互相認識
　　　　　2.商討及決議聘請大廈清潔員及收費問題
　　　　　3.商討及決議大廈樓梯燈收費及公共電燈設置事宜
出席人數：居民13名
內容重點：
　　會議大居民都能表達對大廈問題的一些想法，決議大廈樓梯燈的收費，為每年的1月份繳交樓梯燈費。
　　出席的業主全認為大廈有聘請清潔員的需要，認同大廈的衛生清潔非常重要，希望能聘請大廈原先的清潔阿姨工作，但在聘請前因有部份業主至今仍尚欠清潔費，有部份業主在當晚會議中更提議現在立即連同數位業主上去協助清潔阿姨收取費用。基於部份業主持反對意見，最終沒有行動。

(一) 策動與居民參與

　　在第一次居民會議，工作員認為出席的業主對大廈的協助參與度高，出席業主對大廈環境衛生的問題持積極的態度，工作員便發動多次居民會議，包括三次居民會議及三次核心會員會議，推動居民組織大廈互助組，推動居民參與大廈的行動。當中有，收集居民意見表、進行收費行動。

<table>
<tr><td colspan="2" align="center">第二次居民會議</td></tr>
</table>

時間：2014年3月1日
地點：WCH大廈地下
會議目的：1.跟進聘請大廈清潔員及收費問題
　　　　　2.與居民討論聘請清潔員及收費的方法
　　　　　3.安排後續的聯絡人
出席人數：居民12名
內容重點：
　　在會議當中，業主不斷提出一些顧慮的因素，反映出業主們確實關心大廈的清潔問題。
　　會議主要討論大廈清潔問題的方案包括：
　　1.在大廈門口張貼聘請清潔員廣告。
　　2.提議各業主留意和詢問附近大廈的清潔員，會否有興趣應徵清潔員工作。
　　對於收費金額，居民同意需要等下次的時候再傾談。

第三次核心居民會議

時間：2014年3月22日
地點：業主家中
會議目的：1.跟進聘請大廈清潔員及收費問題
　　　　　2.與居民討論三間清潔公司的報價
出席人數：4名居民（W小組、C小組、L小組、W先生）
內容重點：
　　是次的會議出席者為熱心參與解決大廈問題的居民。工作員挑選出幾位較有潛質的居民成為關注組成員，作為處理大廈問題的核心人物。
　　在會議上，就W小姐拿到三間清潔公司的報價單進行討論，出席的業主都紛紛討論報價單的內容，認為報價合理。與會者同意在全體居民大會時討論及表決聘用哪間公司。
　　會議建議在居民大會中，向居民說明清潔公司的部份要求內容。
　　與會者擔心聘請清潔公司後如何向居民收取費用。
　　工作員在會議上，提出成立關注組，為日後聘請清潔公司等的跟進工作，出席者認同工作員的建議，這建議會在居民大會討論及決定。

(二)行動

　　基於居民熱心參與處理大廈清潔及收費問題，工作員嘗試依居民的能力推動居民參與大廈的實質行動，包括：向未繳費用的單位收取費用、收集清潔公司報價資料，及收集47/48號二十個單位居民對報價公司的意見。

　　整個行動可分成兩階段：

1.前階段：WCH大廈原本是由一名清潔阿姨負責清潔大廈的環境，可是那位阿姨也是面臨著與W先生同樣，有數名住戶沒有繳交費用的問題，因而需要向過往未繳費的業主收取欠款。工作員組織數位居民聯同清潔阿姨，上門向那些欠清潔費的住戶收取，最後成功從5戶中收取4戶的費用。由於清潔阿姨因私人的原因，未能繼續擔任大廈的清潔工作，所以大廈需要清潔員處理大廈清潔工作。聘請專責人士處理大廈清潔工作涉及較多事項，故成為後階段行動的工作重心。

2.後階段：針對聘請清潔員的問題，工作員頻繁與大廈居民進行
會議，瞭解他們對於聘請清潔公司的建議；包括找三間清潔公
司的報價單、設計聘請清潔公司投票意向書、傾談聘請清潔公
司的收費方式等。除以上的行動外，工作員還聯同居民一同收
集其他居民的意向書。

第四次居民會議

時間：2014年3月27日
地點：TS服務中心
會議目的：1.跟進聘請大廈清潔員及收費問題
　　　　　2.與居民商討三間清潔公司的報價及意向
　　　　　3.組織居民上門去詢問未能出席的業主對於聘請清潔公司的意向
　　　　　4.與居民探討成立大廈委員會的意向
出席人數：4名居民（W小組、C小組、L小組、W先生）
內容重點：
　　會議上工作員向居民派發已整理的三間清潔公司報價資料，並向出席的業主作解釋。

　　與會者認為需要開設聯名戶口，作繳交費用之用途，工作員亦同意，因為這個戶口可以用作將來大廈其他繳費之用。

　　另外，工作員針對未能出席的業主，他們未能投取心儀的清潔公司，則建議希望有業主能陪同工作員在隔天上門去詢問其他業主的意見，而負責與工作員上門的是C小姐。

　　居民表示三間清潔公司的報價合理。

　　會議表決同意向47/48號大廈住戶，收集對於聘請清潔公司的意向，收集意向由工作員與核心居民成員共同進行。

　　在會議上，討論文書工作的安排，並選出由W小姐負責。W小姐有事早退會，建議在日後居民會議再確認。

第五次居民會議
時間：2014年4月17日 地點：業主家中 會議目的：1.工作員向核心業主匯報收集意向表的狀況 　　　　　2.與居民探討有關聘請清潔公司的詳細事宜 出席人數：4名居民（W小組、C小組、L小組、W先生） 內容重點： 　　在會議上，工作員匯報大廈住戶對於聘請清潔公司的意向結果。全大廈共有20戶，收到回覆共17戶，另外還有3戶還沒有表達意見。針對此情況，C小姐則提議可以沿用之前的做法，一同上門去收集意向書，希望在居民大會上，得出投票結果，選出清潔公司，去處理大廈的清潔工作。 　　會議紀錄整理過後，張貼在大廈的「當眼處」，以便未能出席會議的居民知道聘請事宜。

(三)轉捩點：居民主導

第一次至第五次的會議都是由工作員主持帶領會議，參加會議的居民最初只是七嘴八舌，令會議時間增長及未能針對會議目的進行討論。經過多次的會議過後，居民也漸漸與工作員合作。在會議上，能針對議題表達自己的意見。

尤其是在最後一次的會議上，雖然也是工作員作主持，但大部份時間是交給互助組的成員去講出建議，並讓他們發起行動，向未交回意向書的住戶收取。

第六次居民會議
時間：2014年4月19日 地點：WCH大廈地下 會議目的：1.跟進聘請大廈清潔員及收費問題 　　　　　2.公布上星期所收取的大廈聘請清潔公司業主投票意向書 　　　　　3.商討大廈聘請清潔公司的收費及繳費方式 　　　　　4.與居民探討成立大廈關注組的意向 出席人數：9名居民 內容重點： 　　工作員簡述是次會議的議程，及商討的大廈現存問題事宜。 　　報告所收集的大廈聘請清潔公司業主投票的意向書。 　　在會議上，工作員就有關成立的聯名戶口的問題進行諮詢，探查有沒有業主願意跟進這工作，結果有五名業主負責，反應良好。並同意成立互助組。

七、評論

這案例是服務單位在2011年在WCH大廈協助居民共同安裝大廈鐵閘，爲居民帶來改善生活質素。數年後，大廈的清潔服務出現改變，導致居住環境轉差。這是居民組織工作經常遇到的問題，居民主動向中心求助，協助居民解決大廈清潔問題，表示著居民對服務單位的信心，在關係發展上較易建立。所以案例的工作員與居民關係建構發展較快，有利組織工作的推動。

不少大廈改善環境可透過正式的管治機關，行使合法權力讓居民付出應有的費，改善生活。而這案例是基於法律限制，大廈不能單以同屬樓梯的住戶成立管理機關，管治大廈環境，工作員運用居民關係，鼓勵居民參與，以非大廈管理實體的居民關注組爲大廈提供監管工作，以多名業主名義招聘清潔公司，及設定大廈樓梯清潔及收集住戶垃圾等費用收取規則，減少居民的衝突。

案例以過往協助居民改善生活質素問題的經驗，再次激發居民參與。是次組織工作，工作員以居民所關心的問題作爲切入點，成功激發居民對問題的關注及參與決問題。在多次居民會議讓居民深入討論如何在可行情況下解決監管大廈清潔及收費問題。工作員成功推動居民以成立大廈關注組的方式監管及處理大廈日後各類問題，讓居民具代表性地進行保障大廈環境。

工作員靈活運用會議場地吸引居民參與是案例的特色，他針對會議特性，在大廈樓梯、居民家中、服務單位等多個不同地方進行會議。會議場地的訂定往往影響居民出席情況，也含有居民對問題參與的程度。在居民家中進行會議也代表著居民對工作員的信任，及居民的關係良好。

以居民大會爲開始推展組織工作與先組織小部份居民討論社區問

題的方法目的並無太大的差異。案例以先召開居民大會方式瞭解居民對問題的看法，然後以核心小組進行執行工作的會議，使問題能在短時間內解決，可謂目的達致。但過程仍有很多改善空間。

　　社區組織的行動，並不像社會運動，居民的社區行動層次需要依居民能力及所關注的問題作決定，工作員在案例中推動居民參與的行動主要有找清潔公司報價及動員核心成員一起收集居民意向，其作用包括培育居民建立居民自決、少數服從多數的原則，作出解決問題的方法，有助培育居民日後的自助能力。

　　在組織過程，工作員的主導角色明顯，如在六次會議以主持者身分協助居民，忽略居民在組織過程中成長的機會。另外，居民在會議表達非理性思維，工作員未加以引導，如：要全數收集居民意向、動員所有與會者向某業主收取欠款等思維值得工作員介入，引導居民建立理性行為。工作員對於聘請公司的法律事宜及居民的衝突根由，未作出深入瞭解，應注意。

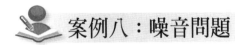

案例八：噪音問題

一、背景資料[12]

　　工作員在由民政總署（以下簡稱民署）的「社區座談會」上與該居民首次見面，並在過程中發現該居民向民署提出有關吠聲問題。

　　2015年1月1日會依澳門第8/2014號法律「預防和控制環境噪音」（簡稱噪音法）施行，工作員在一會議所與居民閒談時得知，他們所

---

[12]案例主要內容由陳思嘉提供。

居住的地區在深宵時分受到噪音滋擾。主要談及的地點為「澳門逸園賽狗場」犬隻吠聲問題。

澳門狗場於1931年8月首次啟業，曾經停業二十五年，並於1963年重開，現屬於澳門博彩控股有限公司旗下物業。位於白朗古將軍大馬路與青洲大馬路交界，而內園的犬舍位置正座落於青洲大馬路方向。

估計受影響的居住大廈包括：

位於白朗古將軍大路的國豐大廈、國富大廈、粵德大廈、粵發大廈，和座落於青洲大馬路逸麗花園第一及第二座，以及位於蘇沙醫生街的逸麗花園第三座。當中又以逸麗花園第二及第三座居民最受影響，主要原因犬舍與此兩廈居民僅一街之隔，第二座之窗戶更正面對犬舍，第三座之窗戶則正面對台山街市，所以此兩廈與吠聲聲音最近，因而最受影響。

二、工作員對問題的探索

經數次行區共約接觸了三十位居民及兩間地鋪店員，居民反應如下：小數住在面向狗場位置的居民對表示有聽到吠聲，而非面向狗場的居民則表示聽不到。

大部份積極回應的都是受到吠聲困擾的居民，當中又占大多數為面向狗場的居民；而不成功訪問的居民也表示非面向狗場，因而不受影響。

針對成功受訪居民面對各類噪音百分比分析如下：

在成功的受訪過程中，居民所關注的噪音包括吠聲（97%）、垃圾車（3%）、樓層薄（3%）、裝修（3%）、車聲（9%）、交通燈（6%）；自行安裝隔音玻璃以降低噪音滋擾（9%）、認為完全沒有影響（3%）、已接受吠聲（52%）。根據調查結果顯示，當中超過95%的居民均認同有吠聲存在，超過50%的居民已接受吠聲的存在，而在受訪過程中，認同「吠聲」存在的居民當中過半表示非常受影響，而「已接受」的居民幾乎全部表示「無辦法」、「習慣了」、「無可奈何」而接受（所有數據內容詳見家訪紀錄）。因此，工作員對於此計畫的目標是組織更多居民成立狗場吠聲關注組，除希望透過關注組的成立使居民能爭取適當權益，提高自身生活質素，也希望培育居民關心社區，共同建立更舒適的生活環境。

三、組織工作動力及阻力分析

(一)動力

1.法律的支持。

2.已有居民關注噪音對居民影響。

3.台山社區的城市規劃使居民關注這問題。

4.大廈與狗房只有一街之隔，所以影響最大。

(二)阻力

1.居民工作制度二十四小時輪班工作，影響參與。

2.歷史因素，但由於狗場早於上世紀三十年代已成立，至今已有八十多年歷史，這個自然成為社區的阻力。

3.居民已接受吠聲的存在。

雖然有一名居民因噪音問題曾向中心職員投訴，表達不滿。基於與居民在區內進行噪音調查，調查結果顯示，居民對噪音問題關注度低，因此，工作員決定終止組織工作。

四、評論

在地少人稠的地方，噪音對生活質素會造成重大影響，案例是工作員在一會議場所與居民閒談時得知，他們所居住的地區在深宵時分受到噪音滋擾。投訴問題表徵是成立，社區工作員若不及早介入，深入讓居民瞭解問題對居民的影響，小小的社區問題往往演變成社會問題。預防是社區工作的其中一種功能，工作員能作適當的介入，協助及引導居民，可讓問題不再惡化，減低問題對社會的影響，被免成為政治話題，給有心人士利用。案例發揮了社區工作的預防功能，工作員針對居民的投訴，與投訴人聯同部份居民針對該區噪音問題進行社區調查，瞭解受滋擾的地區居民看法。

這是一個居民求助個案，表徵上與法規上有所依據。在社區組織觀念上應啓動組織工作，但當工作員在社區內初步瞭解時，發現與居民求助的觀點有別，因而與求助者共同推展居民意見調查，作深入收集居民對噪音問題的意見，讓求助者客觀地瞭解噪音問題對居民影響。是次調查的策略是正確，工作員先掌握受影響區域作初步瞭解，及後與求助者共同進行針對直接受影響的單位住戶調查，給予求助者客觀的結果，降低求助者的不滿。調查結果與工作員初步收集所得的訊息相近，工作員作出結案終止決定是正確。

是次案例明確具有社區工作的特徵，包括問題的存在、有居民參與、有明確的對象。但是在實證探索後，問題的存在與影響關係不高，這證明了社區工作並不是為組織而工作，工作員需要依受影響居民的參與度作出應否推展組織工作的決定。

這案例展現出居民組織工作並不是任何求助是必須為居民推展組織工作，工作員必須有所依據，才可展開組織工作。同時值得注意，居民求助的社區問題若表徵成立，而不介入探討問題對居民影響，容易發展成爲社會問題。

 ## 案例九：道路問題

一、背景資料[13]

　　工作員發現社區內交通異常塞車，嘗試與當區最大屋苑的管理委員會成員瞭解居民對塞車問題的意見。他們認爲交通問題是最需要改善的，因爲該區人口密集，除了區內的居住人口外，也與鄰近關閘的關係，有很多賭場的專車巴士及旅客，塞車是經常出現的情況。 除此之外，近期巴波沙大馬路常有修路的工程，令到該區的交通常常改道，他們亦表示修路會造成交通的困擾。反映出TSD區是很需要改善交通的問題。該區經常塞車，居民在自行駕駛電單車、私家車以及乘坐交通工具時，都面對著一定的困難。

二、組織工作的動力與阻力分析

　　工作員針對上述意見及實地探索，分析居民需要及參與推展組織工作的動力與阻力。

(一)動力

　　1.表達意見者大多是有參與解決社區問題經驗的居民。

　　2.有特定的互動及組織力強的管委會成員願意參與改善TSD區的

---

[13]案例主要內容由葉敏芝小姐提供。

交通問題。

3.已成立地區關注組，對於整個社區有歸屬感及解決問題的意識。

4.關注組成員對社區問題瞭解深入。

(二)阻力

1.管委的成員認為自己已經盡力為改善大廈居住問題，無時間再處理社區內出現的問題。

2.管委成員的工作不被居民認同感心灰意冷。

3.服務單位人力資源短缺，欠足夠支援。

基於上述的分析，居民參與改善社區問題動力強，工作員可針對居民參與的動力提升管委會成員再被認同，有能力改善大廈以外的問題。

三、目的、目標

(一)目的

1.組織居民參與關注小組，提升對社區的歸屬感。

2.協助居民向有關政府當局提出改善社區問題的意見。

(二)過程目標

1.管委的居民重組居民關注組。

2.就TSD區的問題及情況，深入探索。

四、推展策略

共分四期：分別是探索期、組織期、策動行動期以及檢討期。

(一)探索期

◆資料收集

在探索期間，工作員收集了大量交通問題的相關資料，包括：報紙、社區觀察及與居民交談等，瞭解到TSD的交通情況，發現巴波沙大馬路的交通壓力很大，經常有很多車輛經過及出現塞車的情況。

◆與TSD區的管委居民建立關係

工作員主動拜會SSS花園的管理委員會（這管委會可說是TSD區最大型屋苑，亦是交通問題嚴重地段之一），與他們建立初步的工作關係，瞭解他們對於社區／居民的意見及需要。工作員為了與他們加深認識，都參與他們每星期的管委聚會，並在會議上，提出對社區問題的發現，期望管委的成員對交通問題提供意見，如何改善問題對居民的影響。

◆成立居民關注組

由於管委會成員對於社區的問題保持著很敏銳的觸角及有動力做改善社區的工作，便推動成立居民關注組，將居民從關注大廈問題層面發展為關注社區問題層面。

◆召開會議

於2008年4月2日，召開第一次的TSD區關注組會議，第一次會議有七位的管委會代表出席，並對TSD區的問題自由發表意見，最後組員認為區內最需要改善的是交通及衛生問題；針對交通問題，他們就著減輕巴波沙大馬路的交通壓力商討方案；而衛生問題，居民認為需要從居民的意識著手，增加居民公民意識。在交通問題上，與會者認為若改變SSS花園道路設計，開拓路口引導SSS花園車輛向另方向行走，可減輕巴波沙大馬路的交通壓力。因此，工作員對這建議推動組織工作。

(二)組織期

TSD區關注組會議商議後，針對減輕巴波沙大馬路的交通壓力是首先處理的事項，制定工作計畫，包括：

◆實地地區探索及資料收集

組員在區內進行觀察、資料收集的工作，包括拍照、計算在SSS花園的車輛數量等。

◆商討改善交通的方案，結果成員針對實地探索所得，提出建議

1. 建議一：希望將SSS第一巷接近福建學校的安全島開通，直接讓狗場來往方向的車輛，能直接駛至SSS停車場，不用繞道往巴波沙大馬路及關閘廣場，減輕巴波沙大馬路交通量。
2. 建議二：將SSS第一街油站旁停車場出口的路牌（單行線指示符號），向後約移五米，可使到停車場的出口合法地右轉，方便車輛駛出其他地區（如碼頭或三角花園等地方）。

(三)行動策動期

在收集到足夠的資料後，關注組決定去信政府相關部門，反映意見，希望該部門能考慮居民所需，改善道路塞車問題。

◆會談

關注組在工作員的協助下完成給予政府相關部門的建議書，發出信件要求會面，並獲得接見要求。因此，工作員召開關注組會議，討論出席的代表及表達意見的重點。會中疏導代表的緊張情緒及注意表達的技巧。

◆政府相關部門回應

在拜訪完畢後，政府相關部門主動向澳門各界傳媒發布接待關注組成員的消息，並表達關注組對社區交通問題的建議。關注組成員及工作員知道由政府相關部門主動發布都感到興奮及驚訝，證明了提議是受政府及居民所關注。

(四)檢討及跟進期

檢討期進行的工作有三：

◆關於交通問題建議的跟進

向政府相關部門反映意見後，相關部門回覆表示會因應實際情況，結合居民關注組的建議進行綜合研究及分析，瞭解居民的建議是否可以實行。

由於關注組的成員認為應該要等候相關部門的消息，待適當的時候再跟進；居民亦都明白各項建議上都需要長時間才有結果。

◆居民關注組的發展

關注組雖然在從前已經成立，但在工作員接觸時已經解散，故是次再成立關注組，組員與工作員商討關注組的延續性及支援的工作，居民表示都期望能夠與機構有更好的溝通，使關注組能夠繼續組織社

區的活動。

◆如何動員更多的居民參與

關注組的成員有著很強的社區歸屬感及參與社區組織的動員力，但相反TSD區的居民對社區問題反應較為冷淡，對於社區的意識亦都偏低，所以令到關注組的成員感到沮喪。關注組建議多辦康樂性的活動，吸引更多居民參與關注組工作。

五、評論

在都市發展迅速的情況下，往往衍生出各類的問題，也成為社區工作的介入點。民生問題對居民有直接影響，如本案例的塞車問題，成為工作員的介入方向。案例的工作手法主要憑工作員的社區觀察開始，發現問題。組織推展對象以當區大型屋苑的管理委員會成員為主，探索他們對塞車問題的意見，根據居民意見建立組織方向，在組織思維是客觀，能以居民需要作主導。

根據居民所提供的意見，工作員以關係發展為主軸，運用SSS花園管理委員會成員與服務單位的互動，建立良好的專業關係，讓工作員參與委員會會議，透過參與該委員會會議的機會，工作員策動組織工作，針對SSS花園居民面對的交通塞車問題，鼓勵居民從大廈層面的關注工作提升至社區層面。從大廈的道路設計及重組方向，激發居民以大廈環境為本，提出疏導社區的塞車問題。

案例將大廈與社區融為一體，思考如何解決區內交通問題，居民向政府相關部門的建議可謂大膽假設，關注組根據居民用車的行為需要，作出改變現有道路設計的建議。

實地查證是本案例的特色，工作員聯同居民在相關交通點採集資料，作為建議解決問題方案的依據，有利與相關部門進行良性溝通。

最後政府接納關注組第一項建議方案，將SSS第一巷接近FK學校的安全島開通，令來往方向的車輛能直接駛至SSS停車場，不用繞道往巴波沙大馬路及關閘廣場，減輕巴波沙大馬路交通量。

　　從居民關注大廈問題推展至關注社區問題，可說是案例的成功之處，也是社區工作強調由居民所需考慮，鼓勵及培育居民參與解決社區問題的核心理念。

參考書目

一、英文部份

Adams, J. S. (1963). "Toward an understanding of inequity". *Journal of Abnormal and Social Psychology, 67*, 422-436.

Adamson, Dave (2010). "Community empowerment: Identifying the barriers to 'purposeful' citizen participation". *International Journal of Sociology and Social Policy, 30*(3), 114-126.

Adu-Febiri, Francis (2008). "Introduction: Community development, community empowerment and the human factor". *Review of Human Foctor Studies Special Edition, 14*(1), 1-8.

Alinsky, Saul D. (1945). *Reveille for Radicals*. University of Chicago Press.

Alinsky, Saul D. (1971). *Rules for Radicals: A Practical Primer for Realistic Radicals*. US: Random House.

Allport, Gordon W. (1947). "The Genius of Kurt Lewin". Read at the Kurt Lewin memorial meeting, American Psychological Association, September, 1947.

Aranda, Maria P. (2008). "Relationship between religious involvement and psychological well-being: A social justice perpective". *Health of Social Work, 33*(1), 9-21.

Ashford, LeCroy & Lortie (2001). *Human Behavior in the Social Environment: A Multidimensional Perspective*. Thomson Learning.

Bandura, A. (1977). *Social Learning Theory*. General Learning Press.

Barker, Robert L. (2003). *The Social Work Dictionary*. Washington, D.C., NASW Press.

Bassett-Jones, Nigel & Geoffrey C. Lloyd (2005). "Does Herzberg's motivation theory have staying power?". *Journal of Management Development,*

24(10), 929-943.

Bassham, Irwin, Nardone & Wallace (2005). *Critical Thinking: A Student's Introduction*. McGraw-Hill Higher Education.

Batten, T. R. & Madge Batten (1967). *The Non-directive Approach in Group and Community Work*. London: Oxford University Press.

Betts, Lucy R. & Ken J. Rotenberg (2008). "A social relations analysis of children's trust in their peers across the early years of school". *Social Development, 17*(4), 1039-1055.

Blau, P. M. (1964). *Exchange and Power in Social Life*. New York: John Wiley and Sons.

Blom, B. (2004). "Specialization in social work practice: Effects on interventions in the personal social services". *Journal of Social Work, 4*(1), 25-46.

Bourdieu, P. (1979). *Distinction: A Social Critique of the Judgment of Taste* (R. Nice, Trans. In 1984). Cambridge, MA: Harvard University Press.

Brayne H., H. Carr & D. Goosey (2015). *Law for Social Workers*. Oxford University Press.

Brisson, D. S. & C. L. Usher (2005). "Bonding social capital in low-income neighborhoods". *Family Relations, 54*, 644-653.

Brown, Yoshioka & Munoz (2004). "Organizational mission as a core dimension in employee retention". *Journal of Park and Recreation Administration Volume, 22*(2), 28-43.

Burt, Ronald S. (2004). "Structural holes and good ideas". *American Journal of Sociology, 110*(2), 349-399.

Campo, Uchino, Vaughn, Smith & Holt-Lunstad (2009). "The assessment of positivity and negativity in social network: The reliability and validity of the social relationships index" *Journal of Community Psychology, 37*(4), 471-486.

Cary, Lee J. (1975). *Community Development as a Process*. University of

Missouri Press.

Cerulo, Karen A. (1997). "Identity construction: New issues, new directions". *Annual Review of Sociology, 23*, 385-409.

Chak, Amy (2002). "Understanding children's curiosity and exploration through the lenses of Lewin's field theory: On developing an appraisal framework". *Early Child Development and Care, 172*(1), 77-87.

Chan, R. K. H., C. K. Cheung & I. Peng (2004). "Social capital and its relevance to the Japanese-model welfare society". *International Journal of Social Welfare, 13*(4), 315-324.

Chatman, Jennifer A. (1991). "Matching people and organizations: Selection and socialization in public accounting firms". *Administrative Science Quarterly, 36*(3), 459-484.

Christine, Stephens (2007). "Community as practice: Social representations of community and their implications for health promotion". *Journal of Community & Applied Social Psychology 17*, 103-114.

City of Vancouver (2012). *Greenest City 2020 Action Plan*. Canada.

Coleman, J. S. (1990). *Foundations of Social Theory*. Cambridge: Harvard University Press.

Coleman, J. S. (1993). "The design of organizations and the right to act". *Sociological Forum, 8*(4), 527.

Collins, James C. & J. I. Porras (1991). "Organizational vision and visionary organizations". *California Management Review, 34*(1), 30-52.

Compo, Ychino, Vaughn, Reblin, Smith & Holt-Lunstad (2009). "The assessment of positivity and negativity in social networks: The reliability and validity of the social relationships index". *Journal of Community Psychology, 37*(4), 471-486.

Conway, Tony & Stephen Willcocks (1997). "The role of expectations in the perception of health care quality: Developing a conceptual model". *International Journal of Health Care Quality Assurance, 10*(3), 131-140.

Cook, K. S. & J. M. Whitmeyer (1992). "Two approaches to social structure: Exchange theory and network analysis". *Annual Review of Sociology, 18*, 109-127.

Corley, Aileen & Ann Thorne (2006). "Action learning: Avoiding conflict or enabling action". *Action Learning: Research and Practice, 3*(1), 31-44.

Dalla, Ellis & Cramer (2005). "Immigration and rural America- Latinos' perceptions of work and residence in three meatpacking communities". *Community, Work and Family, 8*(2), 163-185.

Daly, Desmond & Brian H. Kleiner (1995). "How to motivate problem employees". *Work Study, 44*(2), 5-7.

Daniels, Major Chip (2005). "Making values-based, mission-focused decisions". *Leader to Leader, Fall Supplement, 1*, 48-59.

DiEnno, Cara & Ryan Hanschen, et al. (2014). *Community Organizing Handbook*. University of Denver, Center for Community Engagement & Service Learning.

Dodge, K. A. (1986). "A social information processing model of social competence in children". In M. Perlmutter (Ed.), *Minnesota Symposia on Child Psychology, 18*, 77-125. Hillsdale, NJ: Erlbaum.

DuBois, Brenda L. & Karla K. Miley (2014). *Social Work An Empowering Profession*. Pearson Education, Inc.

Dunham, Arthur (1970). *The New Community Organization*. New York, Thomas Y. Crowell Co.

Durkheim, Emile (1951). *Suicide: A Study in Sociology*. The Free Press, Glencoe, USA: Illinois.

Emirbayer, M. & E. M. Williams (2005). "Bourdieu and social work". *The Social Service Review, 79*(4), 689-751.

Enserink, Bert & Joop Koppenjan (2007). "Public participation in China: Sustainable urbanization and governance". *Management of Environmental Quality: An International Journal, 18*(4), 459-474.

Erez, M. & Zidon, I. (1984). "Effect of goal acceptance on the relationship of goal difficulty to performance". *Journal of Applied Psychology, 69*, 69-78.

Farley, O. W., L. L. Smith & S. W. Boyle (2006). *Introduction to Social Work*. Boston: Pearson Education.

Farr, J. (2004). "Social capital.A conceptual history". *Political Theory, 32*(1), 6-33.

Field, John (2003). *Social Capital*. Great Britain: TJ International Ltd, Padstow, Cornwall.

Gamble, D. N., & M. Weil (2010). *Community Practice Skills- Local to Global Perspectives*. US: Columbia University Press.

Gerald, L. B., C. A. Martha, R. H. Moorman (2005). "The moderating effects of equity sensitivity on the relationship between organizational justice and organizational citizenship behaviors". *Journal of Business and Psychology 20*(2), 259-273.

Glaze, Sharon, Sophie Carole Daniel & Kenneth M. Short (2004). "A study of the relationship between organizational commitment and human values in four countries". *Human Relations, 57*(3), 323-345.

Goodwin, Glenn A. & Joseph A. Scimecca (2006). *Classical Sociological Theory: Rediscovering the Promise of Sociology*. USA: Thomson Wadsworth.

Granovetter, M. S. (1985). "Economic action and social structure: The problem of embeddedness". *American Journal of Sociology, 91*(3), 481-493.

Hardcastle, Powers & Wenocur (2004). *Community Practice- Theories and Skills for Social Workers*. N.Y.: Oxford University Press.

Hays, R. A. (2002). "Habitat for humanity: Building social capital through faith based service". *Journal of Urban Affairs, 24*(3), 247-269.

Henderson, Paul & David N. Thomas (2005). *Skills in Neighbourhood Work* (3rd ed.). Routledge, Taylor & Francis Books Ltd.

Hepworth, Dean H. & J. A. Larsen (1990). *Direct Social Work Practice- Theory and Skills* (3rd ed.). USA. Wadsworth Inc.

Hernandez, Santos & Ellen Dunbar (2006). "Social work education and practice in Mexico". *Social Work Education, 125*(1), 52-60.

Hintermair, Manfred (2009). "The social network map as an instrument for identifying social relations in deaf research and practice". *American Annals of the Deaf, 154*(3), 300-310.

Hitt, Michael A., Ho-uk Lee & Emre Yucel (2002). "The importance of social capital to the management of multinational enterprises: Relational networks among Asian and Western firms". *Asia Pacific Journal of Management, 19*, 353-372.

Hofferth, S., L., J. Boisjoly & G. J. Duncan (1999). "The development of social capital". *Rationality and Society, 11*(1), 79.

Homans, G. C. (1958). "Social behavior as exchange". *The American Journal of Sociology, 63*, 597-606.

Home Affairs Department (2008). *A Guide on Building Management Ordinance* (Cap. 344). Hong Kong: Hong Kong Government Logistics Department.

Huang, Cheng & Chou (2005). "Fitting in organizational values: The mediating role of person-organization fit between CEO charismatic leadership and employee outcomes". *International Journal of Manpower, 26*(1), 35-49.

Huntoon, L. (2001). "Government use of nonprofit organizations to build social capital". *Journal of Socio-Economics, 30*(2), 157.

Jarrett, R. L., P. J. Sullivan & N. D. Watkins (2005). "Developing social capital through participation in organized youth programs: Qualitative insights from three programs". *Journal of Community Psychology, 33*, 41-55.

Jeffries, Ann (1996). "Modeling community work: An analytic framework for practice". *Journal of Community Practice, 3*(3/4), 101-125.

Kadushin, G. & R. Kulys (1995). "Job satisfaction among social work discharge planners". *Health & Social Work, 20*(3), 174-186.

Khinduka, S. K. (1971). "Social planning: Community organization and community development". In NASW *Encyclopedia of Social Work*. New

York, NASW.

Knapp, Peter (2003). "Hegel's universal in Marx, Durkeim and Weber: The role of Hegelian ideas in the origin of sociology". *Sociological Forum, 1*(4), 586-609.

Korte, Russell F. (2007). "The socialization of newcomers into organizations: Integrating learning and social exchange processes". Academy of Human Resource Development, Indianapolis, IN.

Kramer, Michael W. (2005). "Communication and social exchange processes in community theater groups". *Journal of Applied Communication Research, 33*(2), 159-182.

Lahiri-Dutt, Kuntala (2006). "'May God give us chaos, so that we can plunder': A critique of 'resource curse' and conflict theories". *Development, 49*(3), 14-21.

Larance, L. Y. (2001). "Fostering social capital through NGO design". *International Social Work, 44*(1), 7.

Lawson, Tony & Joan Garrod (2000). *The Complete A-Z Sociology Handbook*. London: Hodder & Stoughton Educational.

Leaper, R. A. B. (1968). *Community Work*. London: The National Council of Social Service.

Lee, Seongsin (2007). "Vroom's expectancy theory and the public library customer motivation model". *Library Review, 56*(9), 788-796.

Lee, So Young (2006). "Expectations of employees toward the workplace and environmental satisfaction". *Facilities, 24*(9/10), 343-353.

Lin, Nan (1999). "Social networks and status attainment". *Annual Review of Sociology, 25*(1), 467.

Lin, Nan (2001). *Social Capital: A Theory of Social Structure and Action*. Cambridge University Press.

Lineros, Jose Victor & Maria Hinojosa (2012). "Theories of learning and student development". *National Forum of Teacher Education Journal, 22*(3), 1-5.

Locke, Edwin A. (1968). "Toward a theory of task motivation and incentives". *Organizational Behavior and Human Performance, 3*, 157-189.

Locke, Edwin A. (1996). "Motivation through conscious goal setting". *Applied and Preventive Psychology, 5*, 117-124.

Locke, Edwin A. (2001). "Motivation by goal setting". *Handbook of Organizational Behavior, 2*, 43-54.

Lockie, S., M. Franetovich, S. Sharma & J. Rolfe (2008). "Democratization versus Engagement? Social and economic impact assessment and community participation in the coal mining industry of the Bowen Basin, Australia".

Maccheroni, F., M. Marinacci & A. Rustichini (2012). "Social decision theory: Choosing within and between groups". *Review of Economic Studies, 79*, 1591-1636.

MacKay, David J. C. (2005). *Information Theory, Inference, and Learning Algorithms*. Cambridge University Press.

Marr, Bernard & Chris Adams (2004). "The balanced scorecard and intangible assets: similar ideas, unaligned concepts". *Measuring Business Excellence, 8*(3), 18-27.

Marx, Karl (1955). *The Poverty of Philosophy*. Progress Publishers.

Marx, Kurt (1887). *Capital: A Critique of Political Economy. Volume I: The Process of Capitalist Production*. Moscow, USSR, Progress Publishers.

Mathie, Alison & Gord Cunningham (2003). "From clients to citizens: Asset-based community development as a strategy for community-driven development". *Development in Practice, 13*(5), 474-486.

McNeely, Joseph (1999). "Community building". *Journal of Community Psychology, 27*(6), 741-750.

Michael, Andrew E. (2009). "Investigating relationships between person-environment fit, job satisfaction, and turnover intentions in Cyprus". *Northeast Business & Economics Association Proceedings, 7*, 125-129.

Miliband, Ralph (1977). *Marxism and Politics*. Oxford.

Molm, Linda D., Jessica Collett & David Schaefer (2006). "Conflict and fairness in social exchange". *Social Forces, 84*(4), 2331-2352.

Mondal, A. H. (2000). "Social capital formation: The role of NGO rural development programs in Bangladesh". *Policy Sciences 33*, 459-475.

Munford, Robyn & Jackie Sanders with Ann Andrew (2003). "Community development- action research in community settings". *Social Work Education, 22*(1), 93-104.

Muris, Peter (2006). "Freud was right…About the origins of abnormal behavior". *Journal of Child and Family Studies, 15*(1), 1-12。

Netting, F. Ellen, Peter M. Kettner, Steven L. McMurtry & M. Lori Thomas (2012). *Social Work Macro Practice*. Pearson Education Inc.

Offstein, Evan H. & Ronald L. Dufresne (2007). "Building strong ethics and promoting positive character development: The influence of HRM at the United States Military Academy at West Point". *Human Resource Management, 46*(1), 95-114.

Passey, A. & M. Lyons (2006). "Nonprofits and social capital: Measurement through organizational surveys". *Nonprofit Management & Leadership, 16*, 481-495.

Payne, Malcolm (2005a). *Modern Social Work Theory*. USA: Chicago, Lyceum Book, Inc.

Payne, Malcolm (2005b). *The Origins of Social Work- Continuity and Change*. USA: N.Y., Palgrave MacMillan.

Pooley, Pike, Drew & Breen (2002). "Inferring Australian children's sense of community: A critical exploration". *Community, Work & Family, 5*(1), 5-22.

Portes, A. & J. Sensenbrenner (1993). "Embeddedness and immigration: Notes on the social determinants of economic action". *American Journal of Sociology, 98*(6), 1320.

Portes, Alejandro (1998). "Social capital: Its origins and applications in modern sociology". *Annual Review of Sociology, 24*(1), 1.

Portes, Alejandro (2000). "The two meanings of social capital". *Sociological Forum, 15*(1), 1.

Putnam, R. D. (1995). "Bowling alone: America's declining social capital". *Current, 373*, 3.

Requena, F. (2003). "Social capital, satisfaction and quality of life in the workplace". *Social Indicators Research, 61*, 331-360.

Robbins, S. P. & Coulter, M. (2005). *Management, International Edition*. USA.: Pearson Education, Inc.

Rokeach, M. (1973). *The Nature of Human Values*. New York: Free Press.

Ross, Murray, G. (1955). *Community Organization: Theory and Principles*. New York, Harper and Brothers Publishers.

Rothman, J. (1968). "Three models of community organization practice". *Social Work Practice*. New York: Columbia University Press.

Rotter, J. B. (1945). *Social Learning and Clinical Psychology*. Prentice-Hall.

Ruud Van Der Veen (2003). "Community development as citizen education". *International Journal of Lifelong Education, 22*(6), 580-596.

Samuel, John (2007). "Public advocacy and people-centred advocacy: Mobilizing for social change". *Development in Practice, 17*(4/5), 615-621.

Schneider, G., T. Plümper, S. Baumann (2000). "Bringing Putnam to the European regions: On the relevance of social capital for economic growth". *European Urban and Regional Studies, 7*(4), 307-317.

Skinner, B. F. (1953). *Science and Human Behavior*. New York: Macmillan.

Smith, S. D., C. A. Reynolds & A. Rovnak (2009). "A critical analysis of the social advocacy movement in counseling". *Journal of Counseling & Development, 87*, 483-491.

Smith-Eivemark, Jane (2004). "The role of a mission leader within a large Catholic health system". *Work, 23*, 79-82.

Snavely, K. & M. B. Tracy (2002). "Development of trust in rural nonprofit collaborations". *Nonprofit and Voluntary Sector Quarterly, 31*(1), 62-83.

Sosin, Michael & Sharon Caulum (2001). "Advocacy: A conceptualization for social work practice". *Social Work, 28*(1), 12-17.

Spencer, Herbert (1896). *The Study of Sociology*. USA: D. Appleton and Company.

Ted, H. S. (2004). "Equity sensitivity theory: Do we all want more than we deserve?". *Journal of Managerial Psychology, 19*(7), 722-728.

The World Bank (2013). *Planning, Connecting, and Financing Cities-Now: Priorities for City Leaders*. Washington, DC.

Turner, Jonathan H. (1990). "Emile Durkheim's theory of social organization". *Social Forces, 68*(4), 1089-1103.

Turner, Val D. & Elisha A. Chambers (2006). "The social mediation of a moral dilemma: Appropriating the moral tools of others". *Journal of Moral Education, 35*(3), 353-368.

U.N. Economic and Social Council (1956). Official Records of the 24th Session Annexes, Agenda Item 4, 20th Report of the Administrative Committee on Coordination to the Council CE/ (2931). Annex Ⅲ, P.14.

Vroom, V. H. (1964). *Work and Motivation*. John Wiley and Sons, New York.

Watson, David & Janice West (2006). *Social Work Process and Practice*. US: Palgrave Macmillan.

Watson, George W. & Steven D. Papamarcos (2002). "Social capital and organizational commitment". *Journal of Business and Psychology, 16*(4), 537-552.

Wheeler, Kenneth G. (2002). "Cultural values in relation to equity sensitivity within and across cultures". *Journal of Managerial Psychology, 17*(7), 612-627.

Wong, Joe & Eddie Hui (2006). "Research notes- power of expectations". *Property Management, 24*(5), 496-506.

Wong, Wan-Chi (2001). "Co-constructing the personal space-time totality:

Listening to the dialogue of Vygotsky, Lewin, Bronfenbrenner, and Stern". *Journal for the Theory of Social Behaviour, 31*(4), 365-381.

Wright, Sarah (2004). "Child protection in the community: A community development approach". *Child Abuse Review, 13*, 384-398.

Yamaguchi, Ikushi (2003). "The relationships among individual differences, needs and equity sensitivity". *Journal of Managerial Psychology, 18*(4), 324-344.

Zhao, Yong & Yezheng Liu (2010). "How to change an organization to fit the dynamic environment: A case study on a telecom company of China". *International Journal of Business and Management, 5*(5), 226-234.

二、中文部份

丁惠民譯（2003）。Daniel Dana著。《調解衝突技巧立即上手》（*Conflict Resolution*）。台北：美國麥格羅‧希爾國際股份有限公司台灣分公司。

于淼（2010）。〈佛洛德無意識創造力理論及現象學方法論釋義〉。《醫學與哲學》（人文社會醫學版），第31卷，第5期（總第404期），頁9-19。

中國大百科全書總編輯委員會（社會學）編輯委員會（1998）。《中國大百科全書‧社會學》。北京：中大百科全書出版社。

中國大百科全書總編輯委員會（建築、園林、城市規劃）編輯委員會（1998）。《中國大百科全書‧建築、園林、城市規劃》。北京：中大百科全書出版社。

中國社會工作百科全書編委會（1994）。《中國社會工作百科書》。北京：中國社會出版社。

內政部社區發展雜誌社（2000）。《社會工作辭典》。台北：內政部社區發展雜誌社出版。

方陽春（2005）。〈個體—群體價值觀與工作績效的關係研究〉。《武漢大學學報》（哲學社會科學版），第58卷，第6期，頁824-829。

王巧瓏（1999）。《澳門的社會與文化》。北京：新華出版社。

王宏亮等譯（2007）。《人類行為與社會環境——生物學、心理與社會學視角》。北京：人民大學出版社。

王卓祺（1986）。〈社區中心服務策略的選擇〉。收錄於《社區發展展資彙編1985-1986》。香港：社會服務聯會社區發展部出版。

王思斌（1998）。《社會工作導論》。北京：北京大學出版社。

王思斌（2004）。《社會工作導論》。北京：北京大學出版社。

王思斌（2006）。〈中國大陸社區工作的知識與實踐〉。收錄於張振成等主編，《華人社會社區工作的知識與實務》。台北：松慧出版社。

王省淑（2011）。〈社會訊息處理教育方案對國小注意力缺陷過動障礙兒童人際認知問題解決能力之成效〉。國立台北教育大學特殊教育學系學位論文。

王培勳（2000）。〈社區〉。收錄於蔡漢賢主編，《社會工作辭典》，頁254。台北：內政部社區發展雜誌社印行。

王興國（1994）。〈社區工作〉。收錄於陳良瑾主編，《中國社會工作百科全書》，頁452。北京：中國社會出版社。

台灣中華書局辭海編輯委員會主編（2000）。《辭海》（上冊），頁350。台北：中華書局。

甘炳光（2011）。〈新建城區社區發展的實踐與創新〉。《社區發展季刊》，第135期，頁399-409。

甘炳光、胡文龍、馮國堅、梁祖彬編（2006）。《社區工作技巧》。香港：中文大學出版社。

甘炳光、梁祖彬、陳麗雲、林香生、胡文龍、馮國堅、黃文泰（2005）。《社區工作理論與實踐》。香港：中文大學出版社。

甘炳光、梁祖彬、陳麗雲等（1998）。《社區工作——理論與實踐》。香港：香港中文大學出版社。

白秀雄（2000）。〈社區〉。收錄於蔡漢賢主編，《社會工作辭典》，頁241。台北：內政部社區發展雜誌社印行。

江仲有（2004）。《調解技巧》。香港：萬里書店。

吳武典、洪有義、張德聰著（2005）。《團體輔導》。台北：心理出版社。

吳夢珍（1992）。《小組工作》。香港：香社會工作人員協會出版。

呂新萍（2005）。《小組工作》。中國：中國人民大學出版社。

李亞旭（2004）。〈論佛洛德精神分析學說的三種解釋方式〉。《西華師範大學學報》（哲社版），第2期，頁18-21。

李宗派（2002）。〈美國社區發展型態之討論〉。《社區發展季刊》，第100期，頁38-250。

李易駿（2015）。《當代社區工作——計畫與發展實務》。台北：雙葉書廊。

李英明（2002）。《社會衝突論》。台北：揚智文化。

李振福（2003）。〈城市化對城市治安環境的影響〉。《平頂山師專學報》，第18卷，第5期，頁1-5。

汪正龍（2004）。〈佛洛德與馬克思——關於佛洛德學說與馬克思理論比較中的幾個問題〉。《南京師範大學文學院學報》，第1期，頁1-17。

汪崇金、盧洪友（2014）。〈強互惠理論的研究進展及其評析——基於公共品博弈實驗研究〉。《中國財政經濟理論前沿（7）》，頁81-105。上海：社會科學文獻出版社。

汪憶怜（2004）。〈社區志願組織發展歷程之探討——以台中縣東海村社區志工隊為例〉。《社區發展季刊》，第107期，頁426-448。

冼玉儀、劉潤和（2006）。《益善行道》。香港：三聯書局。

周永新（1998a）。《社會工作學新論》。香港：商務印書館。

周永新（1998b）。《社會福利的觀念和制度》。香港：中華書局。

周業謙、周光淦譯（2005）。Jary, David & Julia Jary著，《社會學辭典》（*HarperCollins Dictionary of Sociology*）。台北：貓頭鷹出版。

孟宏斌（2013）。〈新型城鎮化戰略下農村征地衝突及其演化：理論綜述〉。《東南學術》，第5期，頁48-56。

官有垣、杜承嶸（2008）。〈台灣南部民間社會組織的自主、創導、與對社會的影響：社團法人與財團法人之比較〉。《社區發展季刊》，第

122期，頁6-28。

拉杰斯、高斯達、安棟尼斯、塞魯爾（1999）。《澳門社會工作機構的評估》，澳門社會事務暨預算政務司辦室出版。

林振春（1998）。《社區小百科》。台北：師大書苑。

林晉寬（2001）。〈團隊成員特質對團隊信任程度之影響〉。《中華管理評論》，第4卷，第1期，頁1-15。

林崇傑、徐燕興、楊少瑜（2011）。《美國紐約土地使用分區檢討、老舊窳陋地區再生經驗及重要計畫鬆綁機制》。台北市都市更新處。

林萬億（2002）。《當代社會工作：理論與方法》。台北：五南圖書出版股份有限公司。

林慶怡、陳朝暉、鄧華譯（2001）。Kevin Lynch著，《城市形態》（*The Image of the City*）。北京：華夏出版社。

林蘭因、羅秀華、王潔媛（2004）。〈動員社區資源照顧社區老人——以龍山老人服務中心下午茶外展服務方案為例〉。《社區發展季刊》，第106期，頁186-201。

社區發展社論（2004）。〈社區發展與社區營造之植基土地與關照人民的省思〉。《社區發展季刊》，第107期，頁1-4。

社會工作辭典編審委員會（2000）。《社會工作辭典》。台北：內政部社區發展雜誌社。

邵金華編（2009）。《加拿大社會工作》。北京：中國社會出版社。

姚瀛志（2002）。〈澳門社區工作的反思〉。《廿一世紀社區工作新趨勢》，頁194-209。澳門：澳門街坊會聯合總會出版。

姚瀛志（2003）。〈融入社會的另類服務策略——衍生產品〉。《澳門2003》，頁431-443。澳門：澳門基金會出版。

姚瀛志（2004）。《社區工作——實踐技巧、計劃、與實例》。香港：益信國際出版。

姚瀛志（2005）。〈價值共創——互助服務平台〉。收錄於姚瀛志主編，《澳門社會工作實務彙編——期望與分享》，頁37-81。澳門：澳門社會工作人員協進會出版。

姚瀛志（2006a）。〈澳門社區工作——同學實踐之轉變〉。收錄於張振、許臨高、蘇景輝、羅秀華主編，《華人社會社區工作的知識與實務》，頁37-51。台北：松慧有限公司出版。

姚瀛志（2006b）。〈平台共創、合作安居——社區鄰里共融服務〉。《澳門社會福利發展：特與趨勢》，頁297-305。澳門：澳門大學澳門研究中心。

姚瀛志（2007）。〈澳門社會服務質素探討〉。《社區發展季刊》，第120期，頁137-148。

姚瀛志（2009a）。〈從社會資本角度探討社區中心與居民關注組之合作伙伴關係〉。《社區發展季刊》，第126期，頁350-358。

姚瀛志（2009b）。〈澳門社區工作回歸十年——從生實習看展望〉。收錄於澳門社會服務團體慶祝回歸十周年活動籌備委員會主編，《澳門社會服務十年回顧與展望》，頁57-65。

姚瀛志（2010）。《澳門社區中心發展——革新與展望》，頁263-277。香港：社會服務聯會。

姚瀛志（2011a）。《社區組織理論與實務技巧》。台北：揚智文化。

姚瀛志（2011b）。〈使命認同與志願者組織管理〉。《青年探索》，第169期，頁127-133。

姚瀛志（2012）。〈澳門青年議政行為與青年培育探討〉。《青年探索》，總第175期，頁27-31。

姚瀛志（2013）。〈澳門社區服務未來發展策略探討〉。《澳門公共行政雜誌》，第99期，頁71-81。

姜椿芳、梅益（1998）。《中國大百科全書·社會學》。北京：中國大百科全書出版社。

柯江林、孫健敏、石金濤、顧琴軒（2010）。〈人力資本、社會資本與心理資本對工作績效的影響——總效應、效應差異及調節因素〉。《管理工程學報》，第24卷，第4期，頁29-47。

洪清德（2004）。〈使命感，客戶網路和供應商網絡：影響我國電子資訊產業代工和自品牌策略抉擇因素的探討〉。《管理學報》，第21卷，第4期，頁451-476。

洪鎌德（2010）。〈國際關係學說中的批判理論〉。《台灣國際研究季刊》，第6卷，第3期，頁1-30。

胡錦漢（2001）。《公文寫作》。澳門：澳門廣告學會。

香港城市大學應用社會科學系（2014）。《九龍城市區更新計畫社會影響評估報告》。香港：九龍城市區更新地區諮詢平台。

唐子俊、唐慧芳、孫肇玢譯（2004）。Rutan & Stone著，《心理動力團體治療》（*Psychodynamic Group Psychotherapy*, 3rd ed.）。台北：五南圖書出版股份有限公司。

孫貴林、段黎明（2008）。〈新佛洛德學派對佛洛德人格理論的改造〉。《齊齊哈爾大學學報》（哲學社會科學版），頁37-39。

徐天佑（2008）。〈運用訊息熵理論驗證區域環境中城鎮系統之人口發展與變化——以桃園地區為例〉。《環境教育學刊》，第8期，頁1-10。

徐西森（2004）。《團體動力與團體輔導》。台北：心理出版社。

徐震（1985）。《社區發展——方法與研究》。台北：中國文化大學出版部。

徐震（2004）。〈台灣社區發展與社區營造的異同——論社區工作中微視與鉅視面的兩條路線〉。《社區發展季刊》，第107期，頁22-31。

徐震、李明政、莊秀美、許雅惠（2005）。《社會問題》。台北：學富文化。

徐震、李明政、莊秀美、許雅惠（2005）。《社會問題》。台北：學富文化事業有限公司。

浦東陸家咀功能區域管理委員會（2009）。《社區工作示範案例》。上海：上海教育出版社。

區初輝（1986）。〈社區發展工作「政治化」：社區工作機構的課題〉。《社區發展資彙編1985-1986》。香港：社會服務聯會社區發展部出版。

張永宗（2003）。〈批判理論與質的研究〉。《生活科技教育月刊》，第36卷，第2期，頁15-25。

張立鵬譯（2006）。Heywood, Andrew著，《政治學》（*Politics*）。北京：中國人民大學出版社。

張兆球、蘇國安、陳錦漢（2006）。《活動程序──計畫、執行和評鑑》。香港：香港城市大學出版。

張艾俐、崔寶江、趙鑫（2015）。〈休閒即文化：休閒在文化層次中的多元角色與呈現〉。《興大體育學刊》，第14期，頁87-97。

張麗梅、胡鴻保（2013）。〈從功能論到歷史功能論──兼談經驗材料對理論的修訂功能〉。《廣西民族研究》，第4期（總第114期），頁50-56。

張麗華譯（1995）。Hall, Peter著（1992），《都市與區域規劃》（*Urban and Regional Planning*, 13rd ed.）。台北：巨流圖書有限公司。

張福建（2006）。〈公民權與正義社會：羅爾斯公民觀念的分析〉。公民權台灣社會變遷基本調查第八次研討會。中央研究院政治學研究所籌備處、社會學研究所主辦，2006年5月26日。

梁祖彬（1998）。〈社區工作的歷史源流及發展〉。收錄於甘炳光著《社區工作理論與實踐》。香港：中文大學出版社。

梁漱溟（1936）。《鄉村建設大意》。鄒平：鄉村書店。

梁漱溟（1937）。《鄉村建設理論》。鄒平：鄉村書店。

梁錦滔、李志輝、莫慶聯（1986）。〈民生關注組：社區工作者實踐園地〉。《社區發展展資彙編1985-1986》。香港：社會服務聯會社區發展部出版。

深圳市東西方社工服務社、香港家庭福利會編著（2009）。《社區社工活動手冊》。武漢：長江出版社。

莫邦豪（1986）。〈社區工作概念與實踐的再探討〉。《社聯季刊》，第98期，頁1-5。

莫邦豪（1994）。《社區工作原理和實踐》。香港：集賢社。

許傳盛（2004）。〈從社區總體營造的觀點談我國社區工作之願景──以彰化縣為例〉。《社區發展季刊》，第107期，頁213-224。

許賢發（1976）。〈街坊福利會與香港社會服務聯會之關係〉。《社聯季刊》，第56期，頁2-7。

許臨高主編（2003）。《社會個案工作——理論與實務》。台北：五南圖書出版股份有限公司。

郭定平（1994）。《多元政治》。香港三聯書店。

陳正男、莊立民、巫柏青（2001）。〈組織成員對學習型組織概念態度之研究——個案企業之質化與量化分析〉。《中華管理評論》，第4卷，第1期，頁1-20。

陳永泰（1997）。〈屯門社區居民實況〉。《社聯季刊》，第62期，頁5-12。

陳孚西（1976）。〈非營多層大廈社區發展計畫〉。《社聯季刊》，第56期，頁20-24。

陳良瑾（1994）。《中國社會工作百科全書》。北京：中國社會出版社。

陳淑敏（2005）。〈論全球化與本土化交會下的新社區〉。《社區發展季刊》，第110期，頁401-414。

陳喜貴（2004）。《維護政治理性：雷蒙‧阿隆的政治哲學》。北京：中央編譯出版社。

陳銘薰、方妙玲（2004）。〈心理契約違犯對員工工作行為之影響之研究——以高科技產業為例〉。《輔仁管理評論》，第11卷，第2期，頁1-32。

陳麗雲、羅觀翠主編（1994）。《社區工作——社區照顧實踐》。香港：香港社會工作人員協會出版。

陳益祥（2001）。〈以徑路分析探討自我效能、目標設定相關變項與直排輪表現的關係〉。《國立台北師範學院學報》，第14期，頁759-772。

陸漢斯（1976）。〈社區發展與睦鄰〉。《社聯季刊》，第56期，頁25-27。

麥海華（1986）。〈從環境改善到政治參與？鄰舍層面社區發展計畫的檢討與前瞻〉。《社聯季刊》，第98期，頁25-27。

勞動和社會保障部教材辦公室，上海市職業培訓指導中心組織（2006）。《社會工作者》。北京：中國勞動社會保障出版社。

曾中明（2011）。〈我國社政組織的演變與發展〉。《社區發展季刊》，第133期，頁6-22。

曾志雄（2005）。〈社區特性與集合住宅重建之關聯性研究——以921震災台中縣全倒之集合住宅為例〉。台北：銘傳大學媒體空間設計研究所碩士論文。

曾華源（2004）。〈衝突或和諧優先：都市社區總體營造規劃之省思〉。《社區發展季刊》，第107期，頁64-77。

馮可立（1986）。〈社區發展與政治〉。《社區發展展資彙編1985-1986》。香港：社會服務聯會社區發展部出版。

黃文彥（2006）。〈合作與參與：社區發展的困境與策略〉。《社區發展季刊》，第115期，頁408-418。

黃惠惠（2004）。《團體工作概論》。台北：張老師文化事業股份有限公司。

黃源協（2000）。〈社區照顧服務模式之探討〉。《社會政策與社會工作學刊》，第4卷，第3期，頁179-220。

黃源協（2004）。〈社區工作何去何從：社區發展？社區營造？〉。《社區發展季刊》，第107期，頁78-87。

廉曉紅、鄭榮、李諾麗等譯（2007）。Lewicki, Saunders & Minton著。《談判學》（*Negotiation*, 4th ed.）。北京：人民大學出版社。

楊中信（1997）。〈以溝通模式為架構之系統性展示手法理論〉。《博物館學季刊》，第11卷，第2期，頁1-10。

楊孝濚（2004）。〈社區營造條例、社區法與社區發展實質運作〉。《社區發展季刊》，第107期，頁32-41。

楊宗義、陳渝苓（2015）。〈休閒即文化：休閒在文化層次中的多元角色與呈現〉。《興大體育學刊》，第14期，頁87-97。

楊森（1983）。《社會政策與社會運動》。香港：廣角鏡出版社。

楊森（1986）。〈一九九七與社區發展〉。《社聯季刊》，第98期，頁1-5。

楊韶剛等譯（2006）。弗洛伊德著，《弗洛伊德心理哲學》。北京：九州出版社。

萬江紅主編（2006）。《小組工作》。武漢：華中科技大學出版社。

廖俊松（2004）。〈社區營造與社區參與：金鈴園與邵社的觀察與學習〉。《社區發展季刊》，第107期，頁33-145。

廖朝明（2010）。〈從社會學理論探究原住民族自治〉。《台灣原住民研究論叢》，第7期，頁83-114。

廖渾範譯（2003）。佛洛伊德等著，《佛洛伊德傳》。台北：志文出版社。

管郁君、林淑瓊（2004）。〈高科技產業投資成立研發中心與組織績效之關係——以資源基礎理論觀點探討〉。《中華管理評論國際學報》，第7卷，第3期，頁1-21。

趙立珍（2005）。〈新「空巢」家庭現象及其影響下的城市問題〉。《福建建築》，第3期（總第93期），頁59-61。

趙維生、黃昌榮編（1999）。《青年工作與充權：理論與實踐》。香港：香港政策透視出版。

劉文軍譯（1999）。Hiltrop, Jean M. & Shella Udall著，《如何談判》（*The Essence of Negotiation*）。北京：中信出版社。

劉曉春、張意真譯（1997）。Reid, K. E.著，《社會團體工作》（*Social Work Practice with Groups: A Clinical Perspective*, 2nd ed.）。台北：揚智文化。

蔡宏進（2005）。《社區原理》。台北：三民書局。

蔡勇美、郭文雄著（1984）。《都市社會學》。台北：巨流圖書有限公司。

蔡漢賢主編（2000）。《社會工作辭典》。台北：內政部社區發展雜誌社印行。

蔣玉嬋（2004）。〈地方文化產業營造與社區發展〉。《社區發展季刊》，第107期，頁241-252。

鄭會圻（2013）。《調解——談判突破困局》。萬里書店。

賴兩陽（2006）。〈台灣社區工作法制化過程探析：兼評社區營造條例草案〉。收錄於張振成等主編，《華人社會社區工作的知識與實務》。台北：松慧出版社。

謝秀芬（2003）。《社會個案工作——理論與技巧》。台北：雙葉書廊。

鍾育明（2004）。〈可控性、信任與購前期望關係之探討〉。《輔仁管理評論》，第11卷，第2期，頁111-144。

鍾倫納（2008）。《民主議決和組織策略》。香港：三聯書店出版。

簡如君、廖容仙（2013）。〈以Herzberg雙因子理論探究傳產業員工之工作滿意〉。亞東技術學院102年度專題成果暨競賽展。

魏季李（2015）。〈非營利福利機構與政府的服務契約委託過程的決策與影響研究：以臺灣兒童暨家庭扶助基金會為例〉。《社會政策與社會工作學刊》，第19卷，第2期，頁109-144。

羅家德、朱慶忠（2004）。〈人際網絡結構因素對工作滿足之影響〉。《中山管理評論》，第12卷，第4期，頁795-823。

關信平（2006）。〈中國大陸的城市社區建設與社區服務發展〉。收錄於張振成等編，《華人社會社區工作的知識與實務》。台北：松慧出版社。

蘇文欣（1977）。〈從屯門社區工作者的經歷中反映出社區發展在新市鎮扮演的角色〉。《社聯季刊》，第62期，第21-25。

蘇景輝（2003）。《社區工作——理論與實務》。台北：巨流圖書有限公司。

鐘威、楊承志（2010）。〈舊城改造房屋拆遷中的政府角色分析〉。《中國房地產》，第9期。2011年9月18日讀自中國全文期刊數據庫。

饒本忠（2008）。〈論東南亞國家城市化的特徵及其成因〉。《新鄉學院學報》（社會科學版），第22卷，第4期，頁26-31。

三、網上參考資料

McLeod, S. A. (2015). "Skinner- Operant Conditioning". Retrieved from www. simplypsychology.org/operantconditioning.html (20/9/2016)

Smith, M. K. (2004). "Jane Addams and Informal Education". the encyclopedia of informal education, www.infed.org/thinkers/coyle.htm

World Bank (2006). http://web.worldbank.org (11/7/2006)

女青年會，http://cdforum30.ywca.org.hk/，擷取日期23/7/2009。

中華百科全書，楊文達，http://ap6.pccu.edu.tw/，擷取日期27/12/2016。

社會工作局，www.ias.gov.mo/stat/2008/q4/，擷取日期19/5/2009。

社會科學文獻出版社，www.ssap.com.cn/010-65269967

香港社會服務聯會，http://www.hkcss.org.hk/，擷取日期23/7/2009。

香港社會福利署，http://www.swd.gov.hk/，擷取日期24/7/2009。

網絡社會學通訊期刊，http://www.nhu.edu.tw/~society/，第52期，2006年1月
　　15日。擷取日期10/2/2010。

澳門民法典，http://cn.io.gov.mo/澳門民法典第一千三百四五條，擷取日期
　　18/9/2010。

澳門法令，http://cn.io.gov.mo/澳門法令第41/95/M第八條，擷取日期，
　　18/9/2010。

澳門社工局2010年6月統計資料（www.ias.gov.mo），擷取日期29/6/2010。

澳門高等教育輔助辦公室，http://www.gaes.gov.mo/，擷取日期21/9/2010。

澳門統計暨普查局，www.dsec.gov.mo，擷取日期15/5/2009。

澳門街坊總會網頁，http://www.ugamm.org.mo/，擷取日期19/5/2009。

社工叢書

都市社區工作——生活質素改善

作　　者 / 姚瀛志
出 版 者 / 揚智文化事業股份有限公司
發 行 人 / 葉忠賢
總 編 輯 / 閻富萍
特 約 執 編 / 鄭美珠
地　　址 / 新北市深坑區北深路三段 260 號 8 樓
電　　話 / (02)8662-6826
傳　　真 / (02)2664-7633
網　　址 / http://www.ycrc.com.tw
E-mail / service@ycrc.com.tw
ISBN / 978-986-298-277-8
初版一刷 / 2018 年 1 月
定　　價 / 新台幣 400 元

國家圖書館出版品預行編目資料

都市社區工作：生活質素改善 / 姚瀛志著.
-- 初版.-- 新北市：揚智文化,2018.01
面； 公分.--（社工叢書）

ISBN　978-986-298-277-8（平裝）

1.社區工作

547.4　　　　　　　　　　　　106021272